成都地铁大线网行车组织
精细化提升理论与实践

李向红　刘江林　李静　邓捷　◎　著

西南交通大学出版社
·成　都·

图书在版编目（CIP）数据

成都地铁大线网行车组织精细化提升理论与实践 / 李向红等著. —成都：西南交通大学出版社，2023.3
 ISBN 978-7-5643-9123-2

Ⅰ. ①成… Ⅱ. ①李… Ⅲ. ①地下铁道–铁路网–行车组织–研究 Ⅳ. ①U231

中国版本图书馆 CIP 数据核字（2022）第 254475 号

Chengdu Ditie Daxianwang Xingche Zuzhi Jingxihua Tisheng Lilun yu Shijian
成都地铁大线网行车组织精细化提升理论与实践
李向红　刘江林　李　静　邓　捷　著

责 任 编 辑	周　杨
封 面 设 计	GT 工作室
出 版 发 行	西南交通大学出版社 （四川省成都市金牛区二环路北一段 111 号 西南交通大学创新大厦 21 楼）
发行部电话	028-87600564　028-87600533
邮 政 编 码	610031
网　　　址	http://www.xnjdcbs.com
印　　　刷	四川煤田地质制图印务有限责任公司
成 品 尺 寸	170 mm × 240 mm
印　　　张	12.75
字　　　数	227 千
版　　　次	2023 年 3 月第 1 版
印　　　次	2023 年 3 月第 1 次
书　　　号	ISBN 978-7-5643-9123-2
定　　　价	80.00 元

图书如有印装质量问题　本社负责退换
版权所有　盗版必究　举报电话：028-87600562

前言 PREFACE

近年来我国城市轨道交通建设持续快速发展，基本能够适应我国经济社会发展的需要，使得城镇居民对交通基础设施服务的保障性和满意度得到明显提升。但是在都市群、重点城市群和大城市，城市轨道交通公共服务在线网运输能力和服务的供需精细化匹配方面仍然存在较明显短板。

同时，我国城市轨道交通发展所面临的形势也更加复杂多变。在国际层面，新一轮科技革命和产业变革深入发展，公共卫生安全问题冲击全球经济；在国内层面，我国开启全面建设社会主义现代化国家新征程，城市经济空间开发利用、人口结构分布、消费需求特征和要素供给模式等正在发生深刻变化，对城市轨道交通系统在完善客运服务和精准运输组织等方面提出了更高要求。

特别是在努力实现碳达峰碳中和、积极引导低碳出行、提升大容量城市公共交通服务能力和品质的新发展战略决策下，具有一定规模的、典型的城市轨道交通系统，在线网基础设施和运营服务的均衡协同、与经济社会发展的深度融合及新理念和新技术具体化为线网运营服务品质的创新逻辑等方面的研究和实践，具有重要的现实意义和推广价值。

成都轨道交通集团有限公司成立于2004年，是负责成都城市轨道交通规划、建设、运营、TOD综合开发和沿线资源经营的大型国有企业，下辖的成都地铁运营有限公司成立于2010年，主要承担城市（城际）轨道交通运营及管理、设备设施的维修维护及相关系统的建设工作。成都地铁已开通运营11年，截至2022年7月，全线网已开通运营13条线路，累计运营里程558公里，日均客运量超500万乘次，最高单日客流量722.43万乘次，列车正点率99.99%，兑现率100%，运送乘客累计超70亿乘次，城市轨道交通占公共交通出行分担率超过50%。

作为典型的城市轨道交通大线网系统，成都地铁具有较高的运营管理水平，自开通以来未出现过30分钟以上的延误，线网客运强度、列车服务可靠度和线网准点率等关键运营指标均保持在国内同类系统前列，并持续服务于成都市带动投资、稳定增长和促进转型的总体发展战略，始终贯彻"轨道引领、公交优先"的原则，加快建设"轨道+公交+慢行"的绿色交通体系。

作为运营管理的核心工作，城市轨道交通系统的网络化运营组织与管理工作受到了越来越多的关注，通过多年的运营实践，成都轨道交通大线网行车组织有关部门积累了大量的运营经验和工作成果，对其进行适时总结和凝练提升，将城市轨道交通大线网运营的有关理论与实际需求紧密结合，或能丰富城市轨道交通运营管理的有关理论与方法，分享典型大线网运营组织的实证资料和实用思路，引发对城市轨道交通大线网行车组织新问题的关注与探讨，为推动行业高质量发展提供有价值的信息。

本书是关于成都城市轨道交通大线网精细化行车组织理论与实践的专著，旨在对成都城市轨道交通大线网行车组织工作进行经验总结与理论提升，主要内容包括城市轨道交通大线网运能适应性分析方法，线网运输能力计算方法，应急行车组织方法，市域快线、长大线路和通勤线路等特殊线路的行车组织优化实践等。

本书以成都城市轨道交通大线网运营服务的"能力评估-能力计算-能力提升"为基本思路，较为系统地介绍了现阶段成都城市轨道交通大线网行车组织工作的技术成果，可供国内外同行和成都轨道集团运营人员参考，也可供高等院校和职业院校城市轨道交通运营管理专业的师生选用。

本书的主要内容：

第一部分围绕"能力评估"问题，主要包括第 2 章"城市轨道交通大线网运能适应性分析方法"，以城市轨道交通大线网这一复杂巨系统为研究对象，针对运能适应性分析这一复杂问题，分析了问题特征和管理需求，提出了开展大线网运能适应性的分析框架与方法步骤，并以成都轨道交通全线网的运营现状分析和运营效果评估进行了实例研究，作为成都轨道交通线网运力评价及能力提升的数据和分析基础。

第二部分围绕"能力计算"问题，主要包括第 3 章"城市轨道交通大线网运输能力计算方法"，分别从车站、线路和线网三个层面递进开展研究，根据城市轨道交通线网运输能力利用的工作需求，在车站层面选择以车站最大容纳人数为代表的能力系列指标，在线路层面选择以限制区间通过能力为代表的能力系列指标，在线网层面选择以全网总客流承载数量为代表的能力系列指标，提出覆盖城市轨道交通系统点、线、网的全线网能力计算理论与方法，并对成都轨道交通线网进行实例测算与验证。

第三部分围绕"能力提升"问题，面对城市轨道交通大线网的应急管理需求和特定线路精细化提升需求，分别在第 4 章"城市轨道交通大线网应急行车组织方法"、

第 5 章"市域快线行车组织研究与实践"、第 6 章"长大线路多点发车组织研究与实践"和第 7 章"通勤线路异型交路组织研究与实践"中，进行了相应的理论探索和方法探讨，并用于成都轨道交通全线网和 1 号线、6 号线、18 号线等典型线路进行了实例运算，提供了运营实践经验。

本书围绕"城市轨道交通大线网行车组织精细化提升"这一核心问题，以线网服务能力的评估、计算和提升为基本逻辑组织各章内容，其中，第 1 章为线网能力评估方法，第 2 章为线网能力计算方法，第 3 章~第 6 章为线网能力提升方法，聚焦线间应急联动条件和典型线路类型下的运输组织方法，并均附有实例测算与分析，紧扣"行车组织精细化"这一特色主题，符合我国城市轨道交通网络结构日趋复杂、客流量增长迅速、突发事件传播快、运营效率需求突出的发展态势对行车组织工作的要求，为深化城市轨道交通的运营实践奠定了基础。

在当前产业界和学术界已对城市轨道交通网络化运营理论、技术与方法已进行了长期和充分探索的基础上，本书不寻求建立覆盖网络化运营全部问题的理论与方法体系，而是针对城市轨道交通大线网运营服务的需求与特点，力求突出理论方法与运营实践深度结合的特色，为城市轨道交通大线网背景下的关键环节和实际问题提供具有实用性的解决思路和可操作的管理方法，为城市轨道交通网络化运营提供科学客观的成都经验和成都做法。

本书由成都轨道交通集团有限公司李向红、刘江林、邓捷和李静主撰，由李静负责统稿。参加编写的人员还有西南交通大学交通运输与物流学院教师朱志国、王琳及其团队研究生赵成骏、崔林琦、黄卓、袁欣、徐杭、孟的加哈和张荣坤。本书在著述过程中参考、引用了许多专家的研究成果及成都地铁运营有限公司的实践经验，在此表示衷心的感谢！

著 者

2022 年 9 月

目 录

第1章 绪 论 ·· 1
1.1 城市轨道交通大线网行车组织所面临的形势 ················ 2
1.2 城市轨道交通大线网精细化行车组织研究的主要内容 ········ 3

第2章 城市轨道交通大线网运能适应性分析方法 ············· 5
2.1 开展城市轨道交通大线网运能适应性分析的重要性 ·········· 6
2.2 运能适应性分析的问题特征 ····························· 7
2.3 城市轨道交通大线网运能适应性分析方法的原理 ············ 16
2.4 成都轨道交通线网运能运用现状 ······················· 22
2.5 成都轨道交通大线网客流与运力匹配度评估与问题分析 ······ 42
2.6 本章小结 ··· 53

第3章 城市轨道交通大线网运输能力计算方法 ··············· 54
3.1 城市轨道交通能力概述 ······························· 55
3.2 城市轨道交通车站承载能力 ··························· 55
3.3 城市轨道交通线路能力 ······························· 59
3.4 城市轨道交通线网承载能力 ··························· 62
3.5 城市轨道交通大线网运输能力计算方法 ·················· 66
3.6 城市轨道交通大线网运输能力提升策略 ·················· 69
3.7 成都城市轨道交通大线网运输能力计算案例 ·············· 71
3.8 本章小结 ··· 92

第 4 章 城市轨道交通大线网应急行车组织方法 ·································· 93
    4.1 基于复杂网络特性的线间联动关系分析 ································ 94
    4.2 基于客流分析的应急情况下的线间联动关系分析 ···················· 98
    4.3 应急情况下的线间联动关系 ·· 102
    4.4 本章小结 ··· 117

第 5 章 市域快线行车组织研究与实践 ·· 119
    5.1 快慢车系统能力损失研究 ··· 120
    5.2 基于并站站点的越行点确定 ·· 124
    5.3 快慢车开行方案设计与评价 ·· 130
    5.4 成都地铁 18 号线快慢车行车组织优化实践 ··························· 134
    5.5 市域快线延时/全时运营的可行性分析 ·································· 150
    5.6 本章小结 ··· 156

第 6 章 长大线路多点发车组织研究与实践 ·· 157
    6.1 长大线路多点发车技术采用原则 ··· 158
    6.2 首班车多点发车技术确定方法 ·· 159
    6.3 评价指标 ··· 163
    6.4 成都市轨道交通 6 号线多点发车组织实践分析 ······················ 164
    6.5 本章小结 ··· 173

第 7 章 通勤线路异型交路组织研究与实践 ·· 174
    7.1 通勤线路客流分析 ·· 175
    7.2 通勤线路 Y 形交路 ··· 176
    7.3 成都地铁 1 号线 Y 形交路行车组织优化实践 ······················· 177
    7.4 本章小结 ··· 183

参考文献 ·· 184

第 1 章

绪 论

1.1 城市轨道交通大线网行车组织所面临的形势

以城市轨道交通为骨干的城市公共交通系统是解决大城市交通问题的必由之路，已成为越来越多城市建设者和管理者的共识。而随着城市轨道交通网络规模的扩大，城市轨道交通的服务对象不再仅是一条线路上各站点吸引范围内的客流，还包括经换乘站由其他线路进入的客流，线路间相互关联度的增强直接导致了网络客流的演化规律更加复杂。同时，由于居民出行需求量的迅速攀升，城市轨道交通的客流量明显增大，网络客流呈现高密度、高强度和阶段性的特点，原有单线运营管理模式和运输组织方法逐渐显现出不足，难以适应客流和车流在城市轨道交通网络的时间和空间上的复杂分布所带来的网络化运营管理新问题。

成都城市轨道交通网络是具有代表性的城市轨道交通大线网系统，以复杂的线路网络（已开通线路 13 条，线网里程 558 km，运营车站 373 座，其中换乘站 46 座）和较大的客流量（年日均客运量超 400 万乘次，公共交通出行分担率超 50%）为基础，以线间客流叠加作用明显、列车运行关联程度较高、运营中断突发事件影响容易传播等为特征，以不断提高网络整体通行能力、合理匹配网络资源、提高运输组织效率和生产安全水平为目的，持续面临着对于运营效率和服务质量的全方位提升需求，同时也在大规模线网客运组织、行车组织和运营服务等方面持续面临着诸多的挑战。

网络化行车组织是城市轨道交通大线网运营工作的核心内容。相对于单线条件下的运营管理模式，城市轨道交通大线网条件下的网络结构较为复杂，在一定时期内客流持续增长，造成客流规律多变、客流统计困难、行车计划编制与行车组织调整难度大、运营安全风险多发等诸多问题。同时，随着利用城市轨道交通出行的人数和时间增加，乘客对城市轨道交通运营的服务质量需求也在不断提升，特别是大规模线网运营所带来的多元化出行需求以及复杂的线间关系，产生了客流与运力精准匹配难度较大等问题。

1.2 城市轨道交通大线网精细化行车组织研究的主要内容

本书以成都轨道交通 2020 年开通的运营线网为实例,针对轨道交通大规模线网运能适应性评估、运输能力计算与评估方法体系、应急情况下的线间联动关系和特殊线路行车组织方法等问题进行研究,尝试提出应对大线网运营管理的理论方法与实践经验。本书主要内容如下:

第 2 章为"城市轨道交通大线网运能适应性分析方法"。给出了城市轨道交通大线网运能适应性分析的理论与方法基础,并以成都轨道交通既有线网的客流和行车数据为基础,提取了客流的时空分布和数量特征以及各线路的运力分布与运用特征;根据城市轨道交通大线网运营服务的一般要求、基本规律和典型特征,结合成都轨道交通的客流和线网特点,以成都轨道交通大线网客流与运力分析问题为对象,给出了运能适应性分析方法的应用实例。

第 3 章为"城市轨道交通大线网运输能力计算方法"。分别从车站、线路和线网三个层面递进开展研究,根据城市轨道交通线网运输能力利用的工作需求,在车站层面选择以车站最大容纳人数为代表的能力系列指标,在线路层面选择以限制区间通过能力为代表的能力系列指标,在线网层面选择以全网总客流承载数量为代表的能力系列指标,提出覆盖城市轨道交通系统点、线、网的全线网能力计算理论与方法,并对成都轨道交通线网进行了实例测算与验证。

第 4 章为"城市轨道交通大线网应急行车组织方法"。开展了轨道交通大线网整体应急服务基础能力的分析和探索,从基础设施的网络拓扑特征入手,以线网某区间故障状态下的应急运输组织需求为背景,构建了基于复杂大线网结构的线间联动关系分析模型,提出有关线、站联动关系的搜算算法,研究满足输送乘客人数最大化和减少乘客延误等待时间双目标的多线联动运输组织方案编制方法,并通过全网实例测算给出线间联动关系表,针对典型区间故障的应急情况给出了线网自救方案与应急运输组织的对策与建议。

第 5 章为"市域快线行车组织研究与实践"。针对城市轨道交通大线网中重要且特殊的市域快线类型,提出根据客流特点和功能定位来设计运营组织模式的基本理论与方法,并以成都地铁 18 号线为实例,展示了以多样化停站方案和选择性延时服务等创新举措为代表的运营组织模式设计方法与方案。

第 6 章为"长大线路多点发车组织研究与实践"。针对城市轨道交通大线网中典型长大线路行车组织工作中存在的问题和难点，研究了在城市轨道交通大线网条件下长大线路的乘客出行和客流分布规律，从运营交路、开行时间及发车间隔等角度，同时考虑保持和提升线网客流服务水平的要求，以成都地铁 6 号线为例，给出了提升其运营组织效率的行车组织优化方法与方案。

第 7 章为"通勤线路异型交路组织研究与实践"。针对城市轨道交通大线网中的通勤线路运营组织难点和工作需求，分析了大线网条件下的线路区间、车站及客运设备瓶颈识别方法，提出了以异型交路和大站空车组织模式为主要手段的行车组织优化方法与方案，并以成都地铁 1 号线为实例进行测算，开展了有关运营组织效率的评估。

城市轨道大线网精细化行车组织研究所采用的研究方法有：

（1）在数据获取与分析方面。

综合选用成都地铁 AFC 数据、成都地铁 App、高德地图、百度地图等信息源所提供的乘客出行数据，最大化满足采购人数据分析的需求，客流数据的来源丰富可靠；采用建立在 SQL 数据库基础上的深度学习等大数据分析与处理方法，技术先进、成熟、可靠，保障了研究结果的可信度。

（2）在模型构建与算法设计方面。

① 在客流分析方面，采用具有较高可操作性和良好实用性的成都轨道交通网络客流分析与预测平台，该系统经长期试用、反复调整完善，目前可实现成都轨道交通网络路径生成与搜索功能，并可实现在路径选择基础上的客流分配，分析模型较为成熟。

② 对城市轨道交通线网结构及线间联动关系的分析，采用数学模型和仿真模型并行建构方法，模型建构技术可靠，算法设计方法成熟，可实现性强，并可实现两种模型及算法的相互验证，结论可靠且具有良好的拓展性。

第 2 章

城市轨道交通大线网运能适应性分析方法

城市轨道交通线网运能运力对所在城市居民出行需求的适应性分析,是开展行车组织优化工作的基础。由交通运输需求与供给理论可知,城市轨道交通系统中的客流时空分布情况,是居民出行需求与城市轨道交通线网运输能力供给相互作用的结果,可以通过城市轨道交通车站闸机交易数据得以反映。本章阐述在城市轨道交通大线网条件下开展运能适应性分析的重要意义、基本思路与具体方法,并以成都轨道交通线网为实例,说明该方法的应用过程。

2.1 开展城市轨道交通大线网运能适应性分析的重要性

对城市轨道交通线网层面的客流进行统计和分析,是城市轨道交通网络化运营长期关注的重要内容。掌握线网客流的分布特点和发展情况,并准确预测其变化规律,直接支持了客流统计、客流预测、票务管理、客运组织和应急处置等城市轨道交通运营管理的其他环节和工作,特别是在大线网运输组织业务方面,对客流规律的准确认识是城市轨道交通运输计划编制、行车组织调整和其他运营指挥决策的基础。

从现有城市轨道交通网络化运营的理论和应用体系来看,作为核心内容和重要基础的客流分析工作的常规做法是,以多源客流数据采集和统计为基础,针对网络客运量持续增长、网络客流分布不均衡、换乘规律难以把握和新线接入后网络客流分布变化大等特点,并辅以特定城市如北京、上海、广州、深圳、香港和青岛等城市轨道交通线网客流统计数据与分布特征的实例。上述成果为城市轨道交通线网客流问题的研究提供了丰富的实证资料,其中针对各城市轨道交通线网客流分布的统计资料,也为线网客流分布特征中普适性规律的相互对照与印证提供了扎实的分析基础。

但是,考虑到线网客流的时空分布及发展情况并不仅仅是居民出行需求的单一反映,而是城市轨道交通供需关系作用的结果,相比于直接研判客流分布规律的常规做法,从线网运能对轨道交通出行需求的满足或匹配程度这一角度来开展分析,即,在说明线网客流分布特征的基础上,结合线网运力资源配置情况,用线网对需求的运能适应性程度来研判和解释客流的分布及发展规律,可能更加符合开展线网客流分析的目的,并对以运输计划编制、行车组织调整和运营指挥决策为代表的线网运能运力供给具有更准确和更精细的指导作用。

特别是对于城市轨道交通大线网系统来说,一方面,线网覆盖区域规模、多类型交通方式整合程度和土地开发利用实际情况等因素的综合作用，使得在客流增长的总趋势下，客流需求的生成与分布研究具有相当大的难度和复杂性，因而仅从需求侧开展研究可能并不准确、完整；另一方面，城市轨道交通线网建设规模扩大，其提供的运输能力是伴随着相应线路运营开通而实现的，在车站数量和运营里程上呈现出阶梯式新增的观感，但是由于客流 OD 与路径选择可能性的增加，针对供给侧的研究，如提升行车组织效率和增加线网综合运输能力等，也必须要纳入需求分布和分配规律才能更好地提升运能利用效果。这样，以特定供给水平上的需求数量和分布数据为基础，即研究线网运能的适应性，就成为进行行车组织问题研究和分析的前提和基础。

另外，从城市轨道交通大线网运营管理的理念发展趋势来看，行车组织领域的研究和实践已经开始逐步超越"满足出行需求"这一以数量分析为基础的阶段，而逐步进入了"供需合理匹配"这一以服务效能精细化提升为目标的阶段。在这种城市轨道交通网络化运营管理需求的大背景下，传统上研究客流分布特征与规律的问题，也就在对交通运输供需分析理论认识进一步的深化下，转化为了研究城市轨道交通线网客流与运能适应性的问题。

2.2 运能适应性分析的问题特征

轨道交通线网客流与运能的适应性分析领域已有综合性和系统性的学术研究成果，体现了数据科学和技术装备发展对城市轨道交通运营管理理论与实践的重大指导作用。但是，考虑到对于具有一定规模的城市轨道交通大线网来说，作为研究对象的供需作用关系复杂，作为数据基础的客流及行车资料统计量极大，因而，运能适应性分析方法的完整性和通用性、计算数据的长期可得性以及分析结果的可展示性等影响该方法可操作性的要素，对于城市轨道交通运营部门所面对的运营管理现场工作的长期持续开展来说，就变得非常重要。为了兼顾运能适应性方法的科学性和实用性，本书综合考虑了专业研究团队和线网运营部门的学术成果、工作经验和管理需求，以系统的视角，从该问题所包含的土地利用、轨道线网和乘客行为三类要素及与该问题密切相关的规模尺度（认知角度）、状态尺度（分析角度）和效用尺度（评价角度）三个方面，剖析运能适应性问题的主要特征，作为运能适应性方法设计的基本依据。

2.2.1 运能适应性问题中的系统要素

从系统科学和系统工程的角度来看，分析运能适应性问题应首先把握其构成要素。在交通供需分析领域，经济社会各组织机构或部门、交通运输运力供给和出行需求已被公认为是三个典型的要素子系统，对所有供需活动及行为的分析均围绕着这三类要素子系统进行。因此，对照这一成熟规范的理论基础，可以将城市轨道交通大线网运能适应性问题的构成要素细化为土地利用、轨道线网和乘客行为这三大类。

其中，土地利用可以看作是城市经济社会空间活动组织的具象化表现。城市用地的规模、强度和空间分布是城市交通产生的原因，决定了城市交通发生的方式，同时也通过可达性等反映了城市交通服务水平对经济活动作用的结果。二者通过土地政策、社会经济和运输条件等多因素的共同作用，形成了复杂的互动循环体系。本问题中的土地利用包括了反映经济社会活动、产生和影响交通出行的各类动态和静态因素和现象。

轨道线网是城市交通服务供给的一种，与其他出行方式一起，形成了出行需求实现的基础。各类出行主体考虑交通条件及其所影响的商业、居住和产业等用地区位，选取不同的区位行为，产生和更新城市经济活动空间，这种出行活动和行为选择的变化，也在不断促进或改变着交通的生成，进而对交通设施的建设和使用产生影响。本问题中的轨道线网包括了城市轨道交通线网基础设施、行车组织和乘客服务等居民出行所依托的运输条件。

乘客行为反映了在交通基础设施分布的支持（或短缺）下，城市经济活动空间的相互作用强度与方式。土地利用情况对乘客出行发生的数量和时机等特征有直接的影响，同时，乘客的个人属性和家庭特征不同，也直接影响其出行强度和出行规律。作为大型城市公共交通的骨干，占有较高比例的轨道交通乘客的出行行为对于描述土地利用和交通条件的作用关系具有代表性的意义。本问题中的乘客行为专指城市轨道交通乘客在各种情境下对出行的 OD 点、出行路径、车次、票制及交通方式的选择行为。

土地利用、轨道线网和乘客行为这三大类构成要素，共同组成了运能适应性分析时的对象主体。

2.2.2 运能适应性分析的规模尺度

将覆盖范围广和结构关系复杂的城市轨道交通大线网看作复杂系统，从系统科学和系统工程的视角，开展以精细化行车组织效能提升为目标的研究，关于其线网运能对出行需求的匹配情况和适应能力的辨识，应当从覆盖宏观、中观和微观的全规模尺度出发。

1. 宏观尺度

在宏观尺度上理解运能适应性，应持续关注和重点把握全线网客流量在相对较长时期内发展变化的整体规律及趋势。城市轨道交通线网规划和建设规划均是在城市发展战略、城市总体规划和土地利用规划的基础上，根据客流预测的结果，充分考虑线路与城市发展之间的关系后，所确定的城市轨道交通线网布局及建设时序。在规划和设计阶段所确定的方案中，建设标准及设施和装备配置标准等基本上就决定了各线路开通运营后的生产力资源配置数量，因而也决定了全线网所能提供的运输能力的理论上限。

当然，在确定这一运能框架时，也可能会出现与建设期与运营期的城市经济社会空间组织活动及需求存在差异，而导致运能持续虚糜或紧张的情况。即使在运营期内，随着城市发展政策的变迁以及线网整体结构和居民出行行为的变化，也可能会发生城市轨道交通客流培育、转移或增减等各种情况，相应时期的运能适应性也会发生变化。

前述三大构成要素在较长时期内均可能发生变化及相互作用，特别是对于具有一定规模的城市轨道交通大线网来说，这种关联作用可能牵涉的因素非常多，因而更为复杂，这样，对于长期运能适应性分析结果的理解和解释就具有重要意义。可以看出，要理解运能适应性，应先从宏观尺度上把握城市轨道交通乘客出行需求与线网运力供给的匹配程度在一个较长时期内的整体变化规律。

宏观层面的运能适应性分析结论，前向可用于支持提升规划和设计决策水平，后向可为中、微观运能适应分析提供运能利用的全景解释性框架。

2. 中观尺度

从中观尺度上理解运能适应性，应重点把握全线网客流量在特定时期内的时空分布规律及趋势。为指导城市轨道交通运营管理的现场工作实践，需要回答在城市轨道交通出行供需发展的特定态势大背景下，其中某一特定时期内，特定的线网结构及生产力资源配置的条件所提供的运输能力，在什么程度上支持或限制了同时期的出行需求。这样，中观层面的运能适应性分析应从时空分布特征方面入手，在前述三大构成要素均相对稳定的条件下，研判线网中各线路通过乘客的进、出站和换乘行为而形成的关联关系，即由乘客行为所反映的线网总体运力资源配置与运用情况如何。

由于集计的城市轨道交通乘客行为在不同场景下的时空特征差异通常较为明显，特别是对于具有一定规模的城市轨道交通大线网来说，在开展中观层面的运能适应性分析时，就应当对运营场景予以划定，这也为后续的微观层面的运能适应性分析提供了同标准的分析框架。

从城市轨道交通运营管理工作的实践经验来看，运营场景的分析主要是从在时间上给出分析条目，即首先区分工作日、双休日和节假日，考虑到在大线网的覆盖度所带来的乘客行为复杂性，还可以将工作日做周一、周五和其他工作日的区分，在节假日可以进行不同类型节假日以及特定节假日内各日的单独分析，同时还可以将节假日和与之关联的特定工作日进行联合分析；其次，按每日全日客流分布的规律，再进行分时研究，典型的划分方法为早、晚高峰期和平峰期，但对于大线网来说，各条线路情况不一，可能并不具有常规的高-平峰期分布特征，因此，可在特定日条目内再找出有代表性的时段进行分析；最后，天气变化（如降雨等）、大型活动（如体育赛事）及公共卫生事件管控要求（如室内人数要求）等均会使线网客流表现出与常规日客流不一样的时空特征，在大数据技术的支持下，对其进行分析测算是有助于对线网客流规律的精确认知的。最后需注意，上述以时段划分的客流分析均同时包含了对应的区间方向，以综合反应线网客流的时空不均衡本质特征。

为了保持运能分析的工作量稳定、可持续并始终对生产管理工作具有指导作用，中观层面的运能适应性分析应能够针对特定时期内结构稳定的线网给出运能适应性的基本结论。可以看出，要理解运能适应性，应在宏观分析后，从中观尺度上，在把握线网客流的关联规律的基础上给出运能利用的总体判断。

中观层面的运能适应性分析结论，可用于判断特定时期内或比较特定时期之间，线网整体运输能力的绝对值及其利用情况，能够同时为宏观和微观运能适应性分析提供依据和线索。

3. 微观尺度

从微观尺度上理解运能适应性，其目的是直接指导行车组织工作计划、运行调整与（可能的）应急处置工作，因此，应以车站和线路为基本单元，以量化的方式表示出各车站和线路的时空客流分布以及运能利用率。

常规的线网客流计划编制和客流分析工作在采集进出站闸机交易数据等基础信息后，通常以线路（或车站）和以全日（或分时）为单位进行客流指标的计算和展示，在为客流统计分析、客运信息管理和旅客信息服务等上层系统提供应用服务的同时，为精细化行车组织提供的数据分析支持在完备性、准确性和时效性方面仍略显不足。特别是在具有一定规模的城市轨道交通大线网运营条件下，具有相似高峰客流比例和客流不均衡度统计指标的线路，可能存在差异较大的客流峰期或断面分布，这样，精细化行车组织所需的客流时空分布和运能利用率统计，就应在更为细致的时间和空间粒度上开展。在车站层面的情况也类似，对于车站客流承载能力的判断，通常按照车站实际控制区域的人员数量密度进行估算来施加客流控制，但是车站客流承载能力与车站构型、行车密度和客运组织方式密切相关，特别是换乘站客流承载能力还与网络行车组织的协调程度有关。在精细化行车组织的视角下，这一能力的准确计算和使用，不仅对行车组织的效率提升有着重要帮助，而且还能更好地实现乘客服务水平的提升。

面对线网行车组织的精细化管理要求，需要能够在时效性和精细化方面开展运能适应性分析，因而更符合微观角度下对客流与线网运力组织方面的认知，也因此呈现出"线线不同"的特点，但仍能在城市轨道交通运营管理的作业层面提供具有可操作性的经验总结，也更能客观反映出作为子集的多类型线路对线网大系统综合运输能力生成和提升的非线性特征。可以看出，要理解运能适应性，应在微观层面，分布聚焦各线路所涉具体情况，对其进行精细化分析，探究其客流时空分布的规律。

微观层面的运能适应性分析结论，可作为短期线网内全部或部分线路行车计划编制与运输组织调整的重要依据，也可通过连续计算与观测，将有关指标作为不同场景下分析运力资源利用和行车组织效率的长期参照。

2.2.3 运能适应性分析的状态尺度

城市轨道交通客流与行车等数据的采集时间、方式及数据之间的关联分析手段等，均会直接影响运能适应性的分析结果，特别是城市轨道交通大线网的网络结构复杂、规律变化无序、特征分析期长，因此，开展运能适应性分析，还应注意从系统发展观的角度，在静态尺度和动态尺度上根据需要予以分析和解释。

1. 静态尺度

一般来说，自然界的所有物质和现象均处于由空间和时间构成的四维时空之中，任何过程，包括城市轨道交通运营过程都是与空间和时间相关的过程。无论以何种时间步长进行城市轨道交通客流与行车数据的统计，均提供了一个时间断面或是将过程数据压缩至一个时间断面上而形成的所谓"静态"分布。对过程的理解很重要，但是基于现行规范和稳定的信息采集以及统计技术，对城市轨道交通静态运营状态的把握，依然是理解其动态管理过程的基础。

在这个意义上，城市轨道交通线网运能适应性的断面数据非常重要，可以借用信息处理领域的"关键帧"概念来理解，即断面数据是在城市轨道交通线网行车组织对出行需求满足/限制的状态序列中，能够反映特定时间点或时期内现象和规律的"特征帧"。关键帧的提取是进行动态过程分析的基础，也就是说，城市轨道交通运能适应性的静态分析与动态分析均不可或缺且关联密切。也正因此，其特征提取需要利用大数据分析技术，进行有选择地提取，以保证采样过程能够进行动态调节，来获得具有较强表达能力的断面数据，同时尽量克服城市轨道交通大线网由于其较大规模而带来的数据处理计算量大且存在误差，或关键断面数据选取的冗余。

在城市轨道交通运营管理的实践中，选取断面数据的常规做法一般有两种：一是计算行车偏差，二是计算线路断面满载情况。前者是从时间轴入手，分析一条线路的全日客流分布和行车方案匹配情况，以用尽量少的列车运送尽可能多的乘客为原则，判断行车组织与客流分布的差异。后者是从空间轴入手，分析一条线路各区间在各方向上的断面客流量和相应行车计划所给定的行车量的匹配程度，通过选取线路、日期和整点时段等方式，给出断面满载率，由此了解客流和运力的匹配情况。

上述做法在与运行图的微调和优化方面关联性尚不强，一个重要的原因是运营部门仅能根据经验来推断静态统计结果的持续性和再现时间，推测过程及结果尚未获得具有说服力的科学方法支持，因而也无法在行车组织层面给出是否以及如何对列车运行计划开展微调的科学依据，而只能将静态统计结果及其推测作为参考，总体上仍依据经验来组织列车运行。

尽管如此，在静态尺度上的运能适应性分析仍很重要，特别是在微观层面上开展静态尺度的运能适应性分析，其统计和运算结果一方面仍具有较强的参考意义，另一方面还可以在大数据技术的支持下，通过机器学习等新的技术手段，再辅以人工标注和辨识，实现对出行需求与运力供给连续作用、关联演变的更加准确的推断和预测，从而真正帮助行车组织人员认识和实现客流规律与行车计划的可执行联动。

2. 动态尺度

为了更方便地展示城市轨道交通大线网的客流与运力资源匹配程度，将其在空间和时间上的动态变化过程简化为特定时空维度上的静态问题，是具有一定合理性并能在一定程度上指导生产实践的，但是，大线网所提供的大规模数据还需要更加先进的分析手段，以使其能够更加准确地揭示和展示线网运能适应性的本质规律。目前，在学术研究和现场实践层面正在积极探索的，是采用机器学习的方法提取各静态断面的特征，而形成客流与运能匹配状态的动态演变序列。

无论是使用机器学习还是其他分析手段，对运能适应性认识的静态尺度和动态尺度在本质上具有统一性，在多个静态断面数据逐渐加载的条件下开展动态统计与计算是可行的。而在动态计算中，时间步长的选取与运营场景的状态持续时间及临界点变换的阈值密切相关，极大地影响着计算效率，其值的选择应既能保证统计精度，又能使计算量尽可能小。一般来说，分析视角越宏观，时间步长越大；分析视角越微观，时间步长越小，如对于城市轨道交通线网客流的全日分线分时段及分方向的断面统计。相对来说，在某一运营场景状态的延续期间，选择较大的时间步长依然可以保证分析精度；在运营场景变化的过渡阶段，更小的时间步长则倾向于更能发现场景状态转移的因素并对其予以解释。这样，在静态断面的基础上形成动态演变的分析序列时，更易于发现运能适应性变化的模式。其中，选择表征状态变化的关键参数（群）及其阈值非常重要。

受大数据技术应用的推动，在动态尺度上对于城市轨道交通大线网运能适应性的计算和分析技术作为一个新兴的课题正处于探索中。在目前静态断面已能够提供一定结论的基础上，动态演变过程分析应能揭示更多出行需求与线网运力供给相互作用的规律，从而将进一步拓展城市轨道交通供需关系理论的适用范围，进一步解释出行需求与线网运力作用的生成性和互动性。将当前关于城市轨道交通线网运能适应性分析的研究从传统统计工作的"现象-性质"的研究思维，逐步转化为数据科学的"过程-关系"的研究思维，建构起多情境依存的分析范式，也更易于综合使用多种分析方法，灵活选择不同的研究视角，特别是将出行需求的人文表达与线网运力供给的科学实证研究结合起来，就超越了传统研究的实证主义取向，而更加符合城市轨道交通线网运能适应性研究这一工程问题的多属性特征。

需要说明的是，对于城市轨道交通大线网运能适应性在动态尺度上的分析，可以首先在微观层面开展，其对于由最基础数据所表征的运营场景状态及状态转移的描述，能够最大限度地保持和再现出行需求与线网运力供给之间的作用关系，并通过未来大数据分析技术的应用，推动对运能适应性动态过程的研究向纵深发展，在对理论研究有所贡献的同时，也更能适应现阶段对于供给侧——精细化行车组织效能提升的工作需求。

2.2.4 运能适应性分析的效用尺度

城市轨道交通大线网是典型的开放性工程系统，作为公共交通基础设施的一种，其评价指标首先适于使用传统的交通供给指标——运输能力，同时考虑到作为城市基本公共服务的一种，也适用于使用服务水平——描述乘客接受公共交通服务过程中的体验——这一指标来进行评价，即在运输能力和服务水平这两种系统效用的尺度上开展对城市轨道交通大线网运能适应性的分析和评估是合理且必要的。

1. 运输能力尺度

"运输能力"是交通运输系统中的重要基本和基础概念之一，也是衡量城市轨道交通系统效能水平的重要参数，对于运输能力的分析和计算是充分发挥城市轨道交通系统的潜力、最大限度地满足乘客出行需求以及科学、高效地开展城市轨道交通运营工作的基本前提和基础。

虽然传统的轨道交通运输能力有多种形式和计算方法，如车站和线路通过能力等，但是在城市轨道交通领域，开展运能适应性分析时，运营部门更加关注在特定时空断面上运载的乘客数量及其变化趋势，即，城市轨道交通线网运输能力的最终形式通常体现为交通系统输送乘客的数量，考虑到城市轨道交通的行业生产特点和管理需要，一般将该能力附加在一定的路网特征、时间阶段、既定设备和特定的行车组织方法前提下来予以说明，并且通常会对整体线网在各车站和各线路的协调需要及随机因素等予以考虑，而最终以城市轨道交通线网/线路等的综合运输能力来表示。对运能适应性分析的理解，不能脱离对"运输能力"的通用认知及常规计算方法。

使用上述运输能力的概念和计算结果来分析运能适应性，比较常见的做法是进行城市轨道交通线网规模的测算或评价，用于反映城市轨道交通线网应具有的合理规模。在城市轨道交通运营管理实践中，比较有代表性的一种方法过程为：根据预期的交通服务人口、居民出行率、轨道交通出行比例、乘客平均乘距和高峰小时系数等，计算预期的高峰小时客运周转量；根据车辆类型、车厢内立席密度、列车编组数量、高峰小时发车数量和高峰小时输送能力利用率等，计算高峰小时期望输送能力；用上述两者之比来得到预期合理的城市轨道交通线网规模。

这种运能适应性分析的方法还可采用其他类型（如全日客流的数据）作为参数之一来获得结果，具有较好的拓展性。这种方法更多适用于对未来规划和建设的指导，且极大地依赖于现有经验数据的支持。同时，这种做法通过立席密度等指标，反映出了城市轨道交通线路中日益重要的服务水平要求，目前正在逐渐成为城市轨道交通线网运能分析领域受到重视的研究方向。

2. 服务水平尺度

随着城市轨道交通网络化运营的规模逐渐扩大，近年来，在其运营管理领域出现了一系列新的运营管理理念和技术课题，如，对于服务水平的理解和应用逐渐成为城市轨道交通运营管理部门所面临的重要挑战。

服务水平是评价交通系统所提供的交通运输产品质量的重要指标，研究服务水平的一般目的是确定交通设施合理的设计标准，以便改进交通产品质量和提升产品竞争力。在运输能力的计算中，实际上已经暗含了"可接受的服务质量"这一前提。美国运输研究委员会（TRB）较早推出了有关运输行业服务水平的分级量化标准，并不断更新，成为全世界交通设计与管理的重要参照。

在世界范围内，多领域、长时间的有关研究成果和实践经验已经显示出，装备良好、能力充足的交通基础设施并不一定意味着较高的公共交通服务质量，公共出行服务体验影响着乘客对于服务水平的感知。通常认为，交通系统的服务水平和运输能力是一组对偶概念，前者是交通质量指标，后者是交通供给指标。服务水平的保障或提升，往往意味着需要付出运输能力的损失以及随之而来的运营成本增加。对服务水平的认知离不开对服务质量的评价，这一点在居民出行结构持续调整、乘客主观质量感知多样、人均公共交通资源不均衡和服务交互频繁的我国城市轨道交通运营领域更为突出，越来越成为一个重要但同时又在多个维度上不易达成共识的课题。

我国目前在公共交通系统服务水平方面的运营规范和计算标准中，对运营环节的服务水平明确概念和服务水平等级参考准则等暂无指导依据的现状，也使得对城市轨道交通线网运能适应性分析中，几乎没有直接使用服务水平的尺度进行度量的实例，更为多见的情况是在计算运输能力时把单位面积承载人数或人均利用空间的参考值直接代入，这些与服务水平有关的参数作为定值出现并且没有进行专门讨论。

究其原因，居民的公共交通出行体验是一个发散性、差异化和综合性并存的感知变量，而城市轨道交通线网负荷的变化又具有显著的时变特征，且对其进行控制与管理的流程较一般的单环节服务系统来说难以驾驭，影响服务水平的因素既有宏观政策和规划方面的，也有管理和经营方面的，作用机理复杂。

虽然在定量描述服务水平方面具有难度，但是我国学界和业界对于城市轨道交通服务的关注已逐渐从强调能力、频率、速度/时间和正点率等客观指标，向全面和细化研判乘客的主观感知而转变。我国学术界已取得的研究成果建议，在服务水平尺度上分析运能适应性，首先在城市轨道交通线网的运营级管理部门建立服务水平监测与管理机制是可行的做法。运营层面的服务水平是乘客易于直接感知的实际服务水平，除继续完善常规的用户满意度调查等手段外，可以积极利用大数据技术建立城市轨道交通线网服务范围内的数据分析系统，利用经校核后的多源数据，将乘客出行体验的重要参数与表征运营效率的主要指标进行关联分析，以便更恰当地评估城市轨道交通线网运营服务的整体效果。

当然，上述工作具有相当的难度，特别是需要充分重视和超前开展城市轨道交通系统服务水平的理论与方法等基础性的研究工作，才能尽快适应我国城市轨道交通发展处于从重视数量与规模，向强调服务质量和效率转变这一时期的运营管理工作需求。而对于城市轨道交通大线网行车组织精细化提升工作来说，可以同时结合线网运行经验、乘客调查和数据推算的结果，来实现运输能力和服务水平两种尺度在开展运能适应性分析时的统一。由于服务水平本身的多因素影响性和不确定性，在运营实践中简化定量处理流程、选用可靠性较高的经验参数以及比对多种方法从而形成有说服力的结果，是具有可操作性的做法，且能够形成城市轨道交通大线网行车组织工作持续创新的增长点。

2.3 城市轨道交通大线网运能适应性分析方法的原理

本书以国内外既有的学术研究成果和运营实践经验为基础，从以成都城市轨道交通线网为代表的大线网运营管理工作实际需要出发，按照城市轨道交通大线网作为典型的复杂巨系统的辨识与研究方法，围绕土地利用、轨道线网和乘客行为这三类关键要素，纳入在规模、状态和效用尺度上的度量特征要求，进行城市轨道交通大线网运能适应性分析方法的设计。

2.3.1 运能适应性分析问题的复杂性来源

从前述关于城市轨道交通大线网运能适应性分析的问题特征可以看出，其构成要素关系、时空形成尺度和量变状态机制等与普通工程和管理问题相比，具有典型的复杂性特征及带有轨道交通行业特色的复杂性根源。

首先，与城市轨道交通大线网系统相关的要素众多，土地利用、轨道线网和乘客行为这三类关键要素中的每一类均包含大量虚实个体，应对小规模问题的技术与方法面临着问题难度因数目量变而可能带来的质变所引起的巨大挑战。

其次，开展运能适应性分析时需要辨识各组成要素之间的作用关系，这样的相互作用涉及工程技术、人文社会、经济管理和行为认知等多领域的综合作用，其非线性特征和互馈关系错综复杂，构建出表征运能适应性过程的模型十分困难。

再次，这些关键要素之间的相互作用在时间和空间范围内持续延展，是系统整体演化的根本推动力，使运能适应性的分析结果既表现出一定的规律性，又在一定程度上体现出不可预测性，但是这种迭代演化机制又是城市轨道交通大线网系统所具有的内在性质，分析运能适应性时无法避免。

最后，由于城市轨道交通大线网系统具有许多组成部分以及各组分间错综复杂的连接关系而表现在结构和功能上的复杂性，再叠加上由于该系统结构上的多样性导致人们认识能力的局限性而表现在认识和理解上的复杂性，也是分析运能适应性问题时需要面临的复杂性挑战。

2.3.2 运能适应性分析方法设计的理论基础

从定性到定量的综合集成法是钱学森先生等人在1990年提出的解决复杂系统问题的方法论，它强调将专家群体、数据和各种信息同计算机仿真有机地结合起来，把各种学科的理论和人的经验与知识结合起来，发挥综合系统的整体优势去解决问题。

综合集成方法论的主要特点：

（1）定性研究与定量研究有机结合，贯穿全过程；
（2）科学理论与经验知识结合，将知识综合集成解决问题；
（3）应用系统思想把多种学科结合起来进行综合研究；
（4）根据复杂巨系统的层次结构，把宏观研究与微观研究统一起来；
（5）必须有计算机和信息科学技术等的支持。

实践已经证明，能够有效处理开放的复杂巨系统（如城市轨道交通大线网系统）

的方法，就是定性和定量结合的综合集成方法（Meta-synthesis），其基本原理是，由科学理论、经验知识和专家判断相结合，提出经验性假设（判断或猜想），这些假设虽不能用严谨的科学方式证明，但可用经验性数据和资料以及具有丰富参数的模型对其确实性进行检测；而这些模型也必须建立在经验和对系统的实际理解上，经过定量计算，通过反复对比，最后形成结论；而这样的结论就是我们在现阶段认识客观事物所能达到的最佳结论，是从定性上升到定量的认识。

定性和定量相结合的综合集成方法，就其实质而言，是将专家群体（各种有关的专家）、数据、模型和各种信息与计算机技术有机结合起来，把各种学科的科学理论与人的经验知识结合起来，这三者本身也构成了一个系统。该方法的成功应用，就在于能够发挥这个问题处理系统的整体优势和综合优势。

可以看出，综合集成方法非常适合应对城市轨道交通大线网系统这样的研究对象以及运能适应性分析这样的复杂系统问题。本书中对城市轨道交通大线网运能适应性分析方法的步骤设计，就采用了综合集成方法的思想，结合城市轨道交通大线网本身的工程与管理特点与需求来完成。

2.3.3 运能适应性分析方法的主要步骤

从城市轨道交通大线网运能适应性问题的复杂性和专业性特征来看，其方法框架应设置为矩阵式，以便反映其主要思路与规律迭代，其中，横轴为综合集成方法的基本环节，纵轴为需求与运量的适应性分析迭代步骤。

1. 综合集成方法的主要环节

首先，在进行特定规模尺度层面的运能适应性分析时，特别是在进行总体分析框架建立的过程中，应由运营领域的专家主持，召集有关领域专家和运营管理人员共同提出符合指定规模尺度的运能适应性分析预期结果形式，其中包含了时间、空间和运输生产力资源布置等多方面的限制条件。由于进行运能适应性分析通常是为特定运营和管理目标服务的，因此，在不同的服务目标和规模尺度上，具有不同的运能分析目标和方法框架，这一点通常应由专家组首先予以明确，并可能在后续过程中仍需要各领域专家共同修改和补充。

其次，在进行现状分析时，有关领域专家和其他研究人员一起选择和确定数据采集的途径，判断统计数据的可靠程度，并通过科学方法论证和选定可用数据。由于运量数据通常需要进行纵、横向比较，因此，在做出统计分析的结果后，还需要综合多领域专家和研究人员的意见，选定特定基点或标尺，对数据进行结构化。对于一些定性的数据，特别是在宏观尺度上，如用地性质与运量生成的关系等，需要以城市规划或城市设计领域的专家为主来提出量化的方法，并与其他如运营领域的专家和研究人员共同来完成量化过程，如构筑层次分析所使用中的判断矩阵等。考虑应对精细化运营管理的需要，应由运营管理人员为主，与多领域专家共同选定典型线路或线网区域的案例或实例，确定实例研究的内容及方法，并共同分析实例研究的结果。如果涉及运能适应性的趋势问题，即对运能适应性状况的预测或者对运输需求的预测问题，在此阶段应由多领域专家共同论证和选定预测方法。此外，作为方法的初始环节，此时还应完成用于分析的各类数据库，如用于调用和分析的原始数据、战略决策支持数据及运营对策支持数据等，形成统一的数据仓库。

再次，在建立分析模型阶段，多领域专家与研究人员的合作更为灵活密切，应共同确定对象系统的结构、功能、演变过程及与外部环境的相互作用，确定影响对象系统行为的主要因素及其影响的模式，并在此基础上分别构筑出对象系统的概念模型（定性模型）并转换为数学模型（定量模型）或半定量模型，实现数字化。在这一步骤，由于所需分析的问题呈现出不同的层级和分析阈特征，涉及的模型不能一概而论，应根据问题的需要选择专家与方法。如在线网层面进行宏观分析时，线网基础设施网络建构是对象系统行为分析的基础，这时，信息科学和网络科学领域的专家和研究人员对于线网数字化形式构建的方法和网络特征提取技术的贡献就非常重要，同时，城市规划和城市设计领域的专家和研究人员对于从土地利用和综合交通网络角度来表现客流生成的量化和可视化技术的贡献也非常重要。在本阶段，多领域专家应根据问题需要，共同确定分析模型的有关参数、边界条件及初始条件，并共同讨论试算或初步运算的结果，以便对模型做出必要的修正。通过多次的模型运行—专家讨论—修正模型的反复，对所建模型获得共识。对于运能适应性分析问题，一般来说，可以建立三个层次的模型库并综合集成在模型库管理系统中以便进行模型的即时调用、关联修正及同步更新，可以采用统计模型（主要用来进行数据处理和初步分析，如早高峰客流数据提取模型等）、分析模型（主要用来描述某一子系统或某一系统功能，如车站客流承载力分析模型等）及决策模型（主要用来描述外部采取的特定运营管理决策，如调整行车间隔等）的三层次模型，必要时还可以建立包括数据库、模型库、知识库、方法库、文字图形库及人-机界面的决策支持系统。

最后，在结论分析和提出建议阶段，多领域专家共同评议模型运算的结果，综合利用定性规律与定量技术来论证和研判结论的准确性和合理性，并根据需要从技术、经济、法规和行为等多方面来对结论进行阐释，并提出应对运能适应性研究中所出现的问题和不足的具体建议。由于此阶段涉及对于结论的阐释，一方面需要多位专家与研究人员共同讨论，以对运能适应性的结论进行说明，另一方面还需要注意应用可视化的手段展示运能适应性分析结论及采用所提出的建议后的可能效果。

2. 运能适应性分析的主要步骤

首先，进行知识体系构建，具体包括三层：底层的基础知识是对客观事实和基础数据的认定，如线网基础设施设备、运营管理决策和乘客实体等，任务事件知识以运营过程为主体，主要描述各实体之间的关系；中层的提炼知识是经过统计、推理和演绎等方法对运营中的某一环节或区域所进行的结构分析或总结，主要为乘客行为模式和运营方式等的规则和规律，以模型为主要表现形态；高层的综合知识是在对城市轨道交通系统运行规则和机理等把握的基础上所抽象形成对运能发展与利用的预测和评估。

其次，进行出行需求与运能作用态势辨识。一般来说，在这一步骤中可以运用多源数据和多模态信息，进行关联融合，从中挖掘关联关系，特别是用来改善运量数据采集时造成的特定样本稀缺或信息不完全等情况，迭代构建多模态城市轨道交通运能利用知识图谱，同时，对于细粒度精细化管理需求，面向特定任务区域引入基于时间-空间关联的联合分析策略，改善大差异信息融合，计算时间复杂度，并利用其支撑大规模关联计算。

再次，进行运能适应性演进预测。态势的演进预测是在对于运能利用情况辨识和理解的基础上，利用乘客的行为规律及其与运营决策的博弈关系，再叠加环境要素，对其进行适应性变化的整体预测。通常情况下，开展运能适应性演进态势的预测是对特定域的定性分析，当然，也需要辅以定量说明，通过大规模数据训练生成多方博弈模型，提供接近现实的、基于非完全信息的运营决策或给出决策支持的方法。

最后，进行运能适应性效果评估。态势评估是指依据特定规模尺度下的运能适应性情况及运营决策，综合评价运能适应程度与运营决策的效果，特别是说明对特定精细化管理手段的影响。现阶段，基于数字孪生技术构建分析环境和运算模型是可行的手段。其中，建立基于数据的运能适应性评估指标体系和评估模型来开展综合量化评估是重点和难点。

2.3.4 运能适应性分析方法中的关键技术

城市轨道交通运能适应性分析问题的规模巨大、结构复杂，应用综合集成方时，需要认真研究解决以下几项关键技术。

1. 定性变量及其相互关系的量化技术

运能适应性分析问题中存在大量的定性随机变量，其状态不能直接用数值来表示，如经济水平、用地特征、运营决策、乘客满意度等，这些变量之间的相互关系也相当复杂，通常需要经过量化处理才能够建立数学模型并进行准确运算。传统的量化方法是通过分级、对比、排序等处理将各个定性变量的状态化为一维向量（通常是等间距的），再进行回归分析、判别分析或对应因子分析等处理，以得出其数量关系。这种方法一般仅适用于有序的定性变量，而对于运能适应性这一涉及多学科的工程问题，还需要探索多类型定性变量间关系的量化手段。

2. 复杂巨系统的总体表征技术

运能适应性分析所涉及的大系统及其构成实体十分复杂，实际上很难对每一实体均开展准确研究，而即使能够对各个实体进行准确建模，也难以从总体上把握该复杂巨系统的特征及运动规律。因此需要从系统的微观结构及要素之间相互作用的认识出发，说明或预测系统总体的特征和运动规律，以便建立由微观到宏观的桥梁。

3. 价值体系的建立及表达技术

运能适应性的判断与决策需要依赖价值判断，特别是对于公共交通系统来说，价值体系的建立是必不可少的，而没有价值指标就不能建立分析标准，也就不可能进行综合集成。这里的价值，既包括乘客的价值认知，也包括运营者、公众和管理部门的价值选择，而对于多主体和多目标决策，需要建立一个包括有关价值准则及其优先顺序或价值融合的价值体系。

4. 群决策技术

在运用综合集成方法开展城市轨道交通运能适应性分析时，需要依靠决策者与领域专家群体来进行优先顺序确定、模型修改、结论解析和对策提出等方面的决策。在进行群决策时，由于参加决策的个体看问题的角度不同以及局部利益与全局利益的矛盾，还需要用适当的方法达到群体决策的最优化。

2.4 成都轨道交通线网运能运用现状

根据研究需求，本部分主要通过量化表征的方式，以 2021 年 10 月现状线网规模为背景，开展针对成都轨道交通全线网的运营现状分析和运营效果评估有关研究，有关成果将作为成都轨道交通线网运力评价及能力提升的数据和分析基础。因篇幅限制，本章仅采用特定线路情况和数据作为实例。

2.4.1 成都轨道交通客流需求在时空上的分布、流向变化及发展趋势分析

成都轨道交通线网工作日早高峰客流主要集中于 08:00—09:00，晚高峰客流主要集中于 18:00—19:00；双休日无明显早高峰客流，晚高峰客流主要集中于 17:30—18:30，晚高峰进、出站量不均衡系数分别为 1.8、1.6，客流需求时段分布一般不均衡；节假日无明显早高峰客流，晚高峰客流主要集中于 18:00—19:00，晚高峰进、出站量不均衡系数分别为 1.4、1.3，客流需求时段分布较为均衡。成都轨道交通线网周一全日出行人数较工作日无明显提升，其中周一早高峰出行人数较多，较工作日早高峰增加 1.4 万人次，增长约为 2.6%；晚高峰出行人数较工作日无明显变化；周五全日出行人数较工作日有较大提升，约增加 31.7 万人次，增长约为 9.8%，其中，周五早高峰出行人数较少，较工作日早高峰减少 3.1 万人次，降低约 5.5%，周五晚高峰出行人数较多，较工作日晚高峰出行人数约增加 6 万人次，增长约 14.5%。

成都轨道交通线网工作日全日总进站量为 423.8 万人次/日，周一全日总进站量为 432.1 万人次/日，较工作日增长约 2%。周五全日总进站量最大，为 476.1 万人次/日，较工作日增长约 12.3%。双休日全日总进站量为 338.7 万人次/日，较工作日减少约 20%，节假日全日总进站量为 324.3 万人次/日，较工作日减少约 23.5%。工作日总进站量分别是双休日与节假日的 1.25 倍、1.31 倍。

成都轨道交通线网工作日全日总换乘量为 251.4 万人次/日，周一全日总换乘量为 256.8 万人次/日，较工作日增长约 2.1%。周五全日总换乘量最大，为 285.4 万人次/日，较工作日增长约 13.5%。双休日全日换乘量为 198.5 万人次/日，较工作日减少约 21%。节假日全日换乘量为 184.6 万人次/日，较工作日减少约 26.6%。换乘主要集中在火车南站、中医大省医院、孵化园、太平园等站。

成都轨道交通线网工作日全日客运量为 566.9 万人次/日，换乘系数为 1.80，周

一全日客运量为 575.7 万人次/日，换乘系数为 1.81，周五全日客运量最大，为 635.7 万人次/日，换乘系数为 1.81。双休日全日客运量为 445.0 万人次/日，换乘系数为 1.81，节假日全日客运量为 416.6 万人次/日，换乘系数为 1.80。

成都轨道交通线网早高峰客流断面占全日比重最大，其中，1 号线早高峰客流断面较大，早高峰运能较为紧张，尤其在下行方向火车南站—高新区间；4 号线早晚高峰上下行客流断面较为不均衡，早高峰上行客流密度较大，晚高峰下行密度较大，且早高峰上行运能较为紧张。6 号线因线路较长，所经范围较广，土地利用性质不同，早晚高峰客流断面呈现出双峰形。9 号线与 17 号线早晚高峰上下行断面较为不均衡。

2.4.2　成都轨道交通各线路各峰期行车组织及调度情况分析

2.4.2.1　地铁 1 号线运输组织现状分析

成都地铁 1 号线一期（升仙湖—世纪城）于 2010 年 9 月 27 日开通，二期（世纪城—广都）于 2015 年 7 月 25 日开通，三期（韦家碾—升仙湖、四河—科学城、广都—五根松）于 2018 年 3 月开通。线路全长 41 km，全为地下线；共设置 35 座车站，全部为地下车站。

1. 运输组织概况

1 号线采用 6 辆编组的 4M2T 地铁 B 型车，列车定员 1 468 人次/列，最高运行速度为 80 km/h；采用站站停站方案；且采用贯通式交路方案，两条交路分别是韦家碾—科学城、韦家碾—五根松，如图 2-1 所示；上行方向为科学城—韦家碾、五根松—韦家碾，下行方向为韦家碾—科学城、韦家碾—五根松；韦家碾—科学城这一交路，上下行方向首班车时间均为 06:10，末班车时间均为 22:50；韦家碾—五根松这一交路，上行方向首班车时间为 06:15，下行方向首班车时间为 06:10，末班车时间为 23:00。表 2-1 为成都地铁 1 号线运输组织概况。

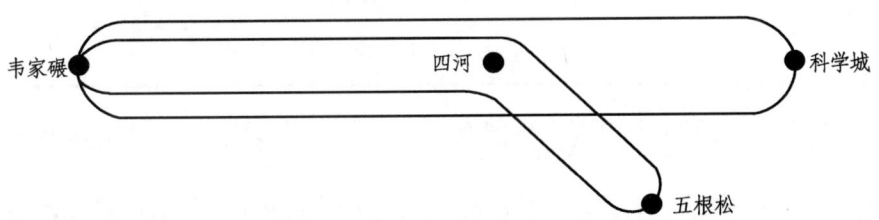

图 2-1　成都地铁 1 号线交路示意图

表2-1 成都地铁1号线运输组织概况

	列车开行对数/对		追踪间隔时间/s	
	韦家碾—五根松	韦家碾—科学城	韦家碾—五根松	韦家碾—科学城
工作日早高峰	15	15	240	240
工作日晚高峰	15	15	240	240
工作日平峰	7	7	560	560
双休日晚高峰	8	8	450	450
节假日晚高峰	8	8	450	450

2. 基本技术指标

1号线的运输组织分为工作日和双休日两种模式,其基本技术指标相同,包括区间运行时分及停站时分、折返时间、单程运行时分、全周转时间、旅行速度和技术速度等,如图2-2、表2-2所示。

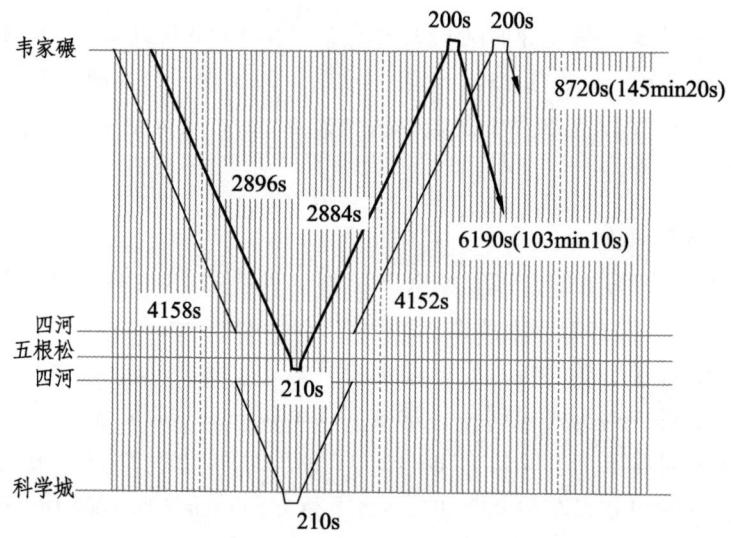

图2-2 成都地铁1号线现状全周转时间示意图

表2-2 成都地铁1号线现状基本技术指标

时间技术指标	数 值	
交路	主线交路	支线交路
起点车站	韦家碾	韦家碾
终点车站	科学城	五根松
起点折返时间/s	200	200

续表

时间技术指标		数 值	
终点折返时间/s		210	210
单程运行时间/s	上行	4 152	2 884
	下行	4 158	2 896
全周转时间/s		8 720	6 190
交路里程/km		37.474	25.83
旅行速度/(km/h)	上行	32.49	32.25
	下行	32.45	32.11

3. 高平峰运输组织分析

（1）高平峰行车密度。

目前 1 号线运输组织分为工作日和双休日两种模式，两种模式下低峰、平峰高峰的上线列车数、行车密度、各时段平均发车间隔如表 2-3 所示。

表 2-3 现状 1 号线高平峰行车密度统计

时段			上线列车数/列	发出列车数/(对/h)			实际最小行车间隔
				韦家碾—四河	四河—五根松	四河—科学城	
工作日	早高峰	07:00—10:00	60	30	15	15	2 min
	晚高峰	16:30—19:00	55	30	15	15	2 min
	平峰	06:20—07:00 10:00—16:30 19:00—20:30	28	14	7	7	4 min 40 s
	低峰	20:30—22:50	24	12	6	6	5 min 20 s
双休日	高峰	08:00—19:30	34	16	8	8	3 min 35 s
	平峰	06:10—08:00 19:30—20:30	28	14	7	7	4 min 25 s
	低峰	20:30—22:50	24	12	6	6	5 min 20 s

在新线开通确定 1 号线高平峰行车密度时，韦家碾—四河工作日早高峰行车密度不低于 30 对/h，晚高峰行车密度不低于 30 对/h，平峰不低于 14 对/h；四河—五根松、四河—科学城区段，工作日早高峰行车密度均不低于 15 对/h，晚高峰行车密度均不低于 15 对/h，平峰均不低于 7 对/h；韦家碾—四河双休日高峰行车密度不低于 16 对/h，平峰行车密度不低于 14 对/h，四河—五根松、四河—科学城区段双休日

高峰行车密度均不低于 8 对/h，平峰行车密度均不低于 7 对/h。

（2）全日行车计划。

按高峰时段、平峰时段、低峰时段将 1 号线运营时间重新分为小时段或半小时段，根据 1 号线工作日和双休日运行图分别统计各个小时段或半小时段内的发车数量，其中，A 交路为韦家碾—五根松，B 交路为韦家碾—科学城，并计算各时段发车间隔，结果如表 2-4、表 2-5、图 2-3 及图 2-4 所示。

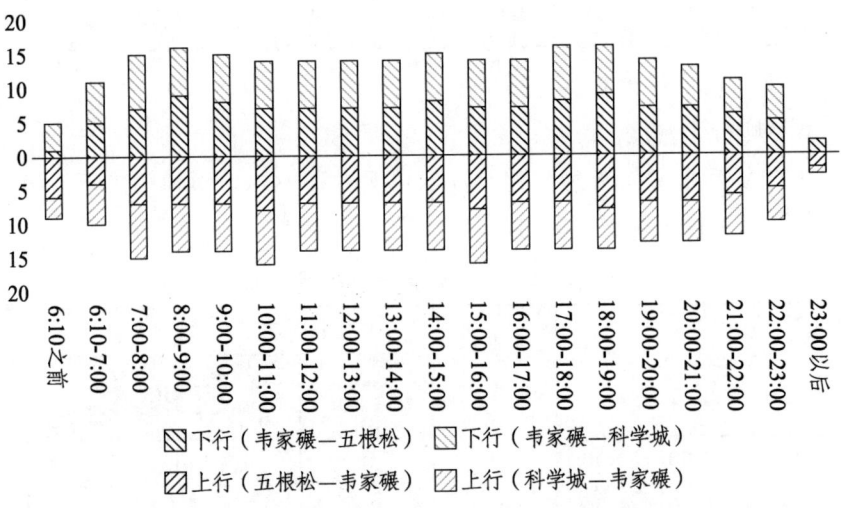

图 2-3　成都地铁 1 号线现状工作日分时段发车数量

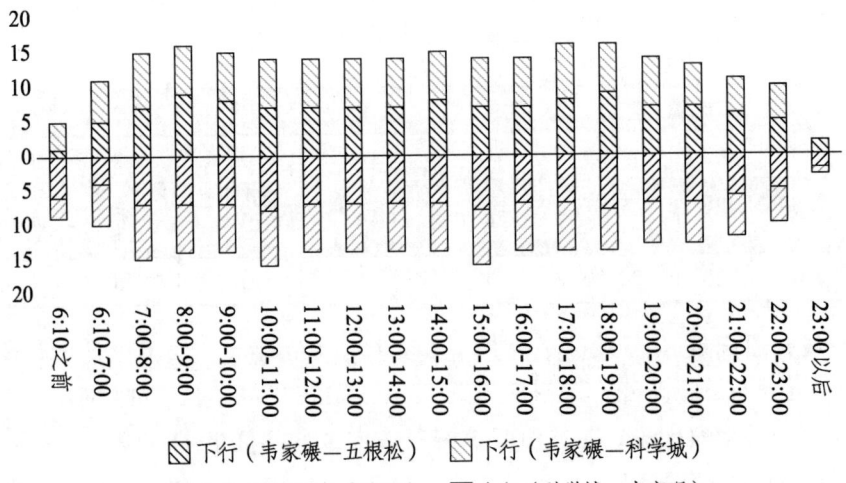

图 2-4　成都地铁 1 号线现状双休日分时段发车数量

表 2-4 成都地铁 1 号线现状工作日全日行车计划

时间段	发车数量/列						发车间隔		时段总计/列	
	下行			上行			下行	上行	下行	上行
	A交路	B交路	合计	A交路	B交路	合计				
06:10 之前	2	4	6	12	3	15	-	-	6	15
06:10—07:00	6	11	17	13	7	20	03 min 32 s	03 min 00 s	17	20
07:00—08:00	13	11	24	15	11	26	02 min 30 s	02 min 19 s	75	76
08:00—09:00	15	15	30	15	15	30	02 min 00 s	02 min 00 s		
09:00—10:00	14	7	21	10	10	20	03 min 51 s	03 min 00 s		
10:00—11:00	9	6	15	7	7	14	04 min 00 s	04 min 17 s	99	98
11:00—12:00	6	6	12	6	6	12	04 min 17 s	04 min 17 s		
12:00—13:00	6	7	13	7	6	13	04 min 37 s	04 min 37 s		
13:00—14:00	7	6	13	6	7	13	04 min 37 s	04 min 37 s		
14:00—15:00	6	6	12	7	6	13	05 min 00 s	04 min 37 s		
15:00—16:00	6	7	13	7	6	13	04 min 17 s	05 min 00 s		
16:00—17:00	10	11	21	12	8	20	02 min 51 s	03 min 00 s		
17:00—18:00	11	11	22	16	10	26	03 min 45 s	03 min 00 s	52	56
18:00—19:00	15	15	30	15	15	30	02 min 00 s	02 min 00 s		
19:00—20:00	16	8	24	9	8	17	02 min 30 s	03 min 32 s	41	33
20:00—21:00	12	5	17	8	8	16	03 min 20 s	03 min 45 s		
21:00—22:00	11	5	16	6	6	12	03 min 45 s	05 min 00 s	28	23
22:00—23:00	6	6	12	5	6	11	05 min 00 s	05 min 27 s		
23:00 以后	3	0	3	2	1	3	05 min 07 s	17 min 00 s	7	5
合计	174	147	321	178	146	324			载客车	640
备注	轧道车　韦家碾—五根松　下行：05:32　五根松—韦家碾：05:14 四河—科学城　下行：05:30　科学城—四河：05:40									

结合以上图表可知，1号线工作日列车运行采取两条贯通式交路方案。工作日早高峰时段为 07:00—10:00，超高峰为 08:00—09:00，最短发车间隔为 2 min；晚高峰时段为 16:30—19:00，最短发车间隔为 2 min；平峰时段为 10:00—16:30，平均发车间隔约为 4 min 17 s；考虑到运行图铺画等因素，首班车发车后以 9 对/h 的速度增长，晚高峰结束后到运营结束持续 4 h，以 3 对/h 递减。

表 2-5　成都地铁 1 号线现状双休日全日行车计划

时间段	发车数量/列						发车间隔		时段总计/列	
	下行			上行			下行	上行	下行	上行
	A交路	B交路	合计	A交路	B交路	合计				
06:10 之前	1	4	5	6	3	9	-	-	5	9
06:10—07:00	5	6	11	4	6	10	05 min 27 s	06 min 00 s	26	25
07:00—08:00	7	8	15	7	8	15	04 min 00 s	04 min 00 s		
08:00—09:00	9	7	16	7	7	14	03 min 45 s	04 min 17 s		
09:00—10:00	8	7	15	7	7	14	04 min 00 s	04 min 17 s		
10:00—11:00	7	7	14	8	8	16	04 min 17 s	03 min 45 s		
11:00—12:00	7	7	14	7	7	14	04 min 17 s	04 min 17 s		
12:00—13:00	7	7	14	7	7	14	04 min 17 s	04 min 17 s		
13:00—14:00	7	7	14	7	7	14	04 min 17 s	04 min 17 s	176	171
14:00—15:00	8	7	15	7	7	14	04 min 00 s	04 min 17 s		
15:00—16:00	7	7	14	8	8	16	04 min 17 s	03 min 45 s		
16:00—17:00	7	7	14	7	7	14	04 min 17 s	04 min 17 s		
17:00—18:00	8	8	16	7	7	14	03 min 45 s	04 min 17 s		
18:00—19:00	9	7	16	7	7	14	03 min 45 s	04 min 17 s		
19:00—20:00	7	7	14	7	6	13	04 min 17 s	04 min 37 s		
20:00—21:00	7	6	13	7	6	13	04 min 37 s	04 min 37 s	13	13
21:00—22:00	6	5	11	6	6	12	05 min 27 s	05 min 00 s	21	22
22:00—23:00	5	5	10	5	5	10	06 min 00 s	05 min 00 s		
23:00 以后	2	0	2	2	1	3	04 min 30 s	15 min 40 s	2	3
合计	124	119	243	124	119	243			载客车	492
备注	轧道车　韦家碾—五根松　下行：05:32　五根松—韦家碾：05:14 四河—科学城　下行：05:30　科学城—四河：05:41									

结合以上图表知，双休日高峰时段为 08:00—19:30，高峰时段韦家碾—四河的平均发车间隔为 3 min 45 s，四河—五根松、四河—科学城的平均发车间隔均为 7 min 10 s，平峰时段韦家碾—四河的平均发车间隔为 4 min 25 s，四河—五根松、四河—科学城的平均发车间隔均为 8 min 50 s，低峰时段韦家碾—四河的平均发车间隔为 5 min 20 s，四河—五根松、四河—科学城的平均发车间隔均为 10 min 40 s。考虑到运行图铺画及旅客出行习惯等因素，首班车发车后以 3 对/h 增长，高峰结束后到运营结束持续 3 h，以 3 对/h 递减。

（3）车底运用情况

根据 1 号线运输组织现状，统计计算得到的工作日和双休日两种模式下的车底运用统计见表 2-6。

表 2-6 成都地铁现状 1 号线车底运用统计

时段	车底数	车次数	最小车底运用次数	最大车底运用次数	平均车底运用次数
工作日	88	706	1	22	8.02
双休日	37	556	3	22	15.03

2.4.2.2 地铁 6 号线运输组织现状分析

成都地铁 6 号线于 2016 年 9 月 30 日开工建设一、二期工程（望丛祠—观东），于 2017 年 2 月 27 日开工建设三期工程（观东—兰家沟），于 2020 年 12 月 18 日开通运营一、二、三期工程。线路全长 68.76 km，共设 56 座车站，全部为地下车站。

1. 运输组织概况

成都地铁 6 号线列车采用 8（6）辆编组的 6M2T 型车辆，全车定员 2 414 人，最大载客量可达 3 466 人，最高运行速度 80 km/h；采用站站停站方案；采用望丛祠—兰家沟、望丛祠—张家寺及尚锦路—张家寺嵌套交路方案，如图 2-5 所示；上行方向为兰家沟—望丛祠，下行方向为望丛祠—兰家沟；首班车上下行采用多点发车方式，发车时间均为 06:10，末班车发车时间均为 22:30。表 2-7 为成都地铁 6 号线运输组织概况。

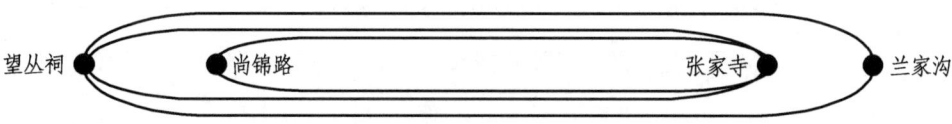

图 2-5 成都地铁 6 号线现行交路示意图

表 2-7 成都地铁 6 号线运输组织概况

	列车开行对数/对			追踪间隔时间/s		
	望丛祠—兰家沟	望丛祠—张家寺	尚锦路—张家寺	望丛祠—兰家沟	望丛祠—张家寺	尚锦路—张家寺
工作日早高峰	8	4	3	450	900	1 200
工作日晚高峰	6	3	4	600	1 200	900
工作日平峰	4	2	3	900	1 800	1 200
双休日晚高峰	6	3	3	600	1 200	1 200
节假日晚高峰	6	3	3	600	1 200	1 200

2. 基本技术指标

6 号线的运输组织分为工作日和双休日两种模式，但其基本技术指标相同，包括区间运行时分及停站时分、折返时间、单程运行时分、全周转时间、旅行速度和技术速度等，如图 2-6、表 2-8 所示。

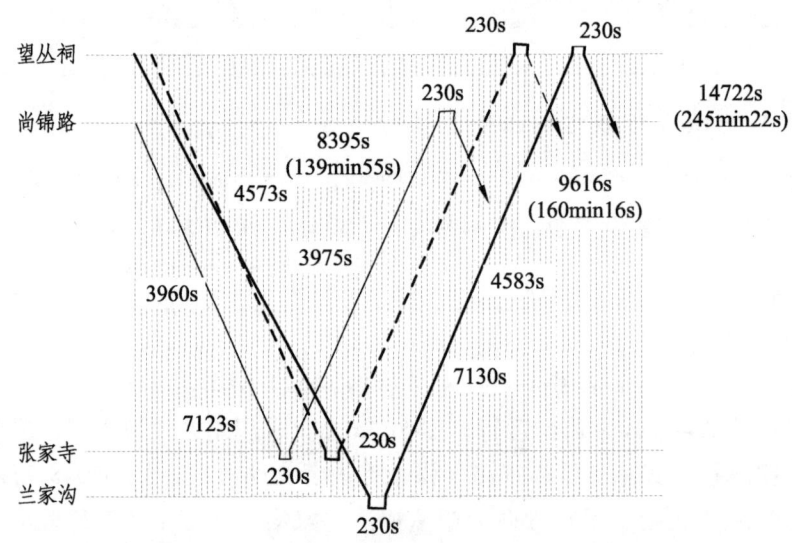

图 2-6 成都地铁 6 号线现状全周转时间示意图

表 2-8 成都地铁 6 号线现状基本技术指标

时间技术指标	数 值		
交路	大交路	望丛祠—张家寺交路	尚锦路—张家寺交路
起点车站	望丛祠	望丛祠	尚锦路
终点车站	兰家沟	张家寺	张家寺

续表

时间技术指标		数　值		
起点折返时间/s		230	230	230
终点折返时间/s		230	230	230
单程运行时间/s	上行	7 131	4 583	3 975
	下行	7 123	4 573	3 960
全周转时间/s		14 714	9 616	8 395
交路里程/km		68.193	44.217	38.670
旅行速度/(km/h)	上行	34.43	34.73	35.02
	下行	34.46	34.81	35.15

3. 高平峰运输组织分析

（1）高平峰行车密度。

目前 6 号线运输组织分为工作日和双休日两种模式，两种模式下低峰、平峰高峰的上线列车数、行车密度，各时段平均发车间隔如表 2-9 所示。

表 2-9　成都地铁 6 号线现状高平峰行车密度统计

时段			上线列车数/列	行车密度/(对/h)			实际最小行车间隔
				尚锦路—张家寺	望丛祠—尚锦路	张家寺—兰家沟	
工作日	早高峰	07:00—10:00	47	15	12	8	4 min 10 s
	晚高峰	16:30—19:00	42	13	9	6	4 min 50 s
	平峰	06:10—07:00	30	9		4	7 min 00 s
		09:30—16:30 19:00—20:30	30	9	6	4	7 min 00 s
	低峰	20:30—22:50	26	8		6	8 min 30 s
双休日	高峰	17:00—19:00	40	12	9	6	5 min 00 s
	次高峰	09:00—17:00	37	11	9	6	5 min 30 s
	平峰	06:10—09:00	30	9		4	7 min 00 s
		19:00—20:30	30	9	6	4	7 min 00 s
	低峰	20:30—23:00	26	8		6	8 min 30 s

在新线开通确定 6 号线高平峰行车密度时，尚锦路—张家寺工作日早高峰行车密度不低于 15 对/h，晚高峰行车密度不低于 13 对/h，平峰行车密度不低于 9 对/h；双休日高峰行车密度不低于 12 对/h，平峰行车密度不低于 9 对/h。

（2）全日行车计划。

按高峰时段、平峰时段、低峰时段将 6 号线运营时间重新分为小时段或半小时段，根据 6 号线工作日和双休日运行图分别统计各个小时段或半小时段内的发车数量，如表 2-10、表 2-11 及图 2-7、图 2-8 所示。表中 A 交路为望丛祠—兰家沟，B 交路为望丛祠—张家寺，C 交路为尚锦路—张家寺。

表 2-10　成都地铁 6 号线现状工作日全日行车计划

时间段	发车数量/列								发车间隔		时段总计/列	
	上行				下行				上行	下行	上行	下行
	A 交路	B 交路	C 交路	合计	A 交路	B 交路	C 交路	合计				
06:10 之前	6	6	0	12	8	0	0	8	-	-	12	8
06:10—07:00	6	2	0	8	6	4	0	10	7 min 30 s	6 min 00 s	8	10
07:00—08:00	7	3	4	14	9	6	0	15	4 min 17 s	4 min 00 s		
08:00—09:00	7	4	3	14	5	6	3	14	4 min 17 s	4 min 17 s	39	41
09:00—10:00	7	4	0	11	3	5	4	12	5 min 27 s	5 min 00 s		
10:00—11:00	5	3	0	8	5	6	1	12	7 min 30 s	5 min 00 s		
11:00—12:00	4	2	2	8	4	5	0	9	7 min 30 s	6 min 40 s	62	66
12:00—13:00	4	3	1	8	4	2	1	7	7 min 30 s	8 min 34 s		
13:00—14:00	5	1	3	9	5	2	3	10	6 min 40 s	6 min 00 s		
14:00—15:00	4	2	3	9	2	5	2	9	6 min 40 s	6 min 40 s		
15:00—16:00	5	2	2	9	5	2	2	9	6 min 40 s	6 min 40 s		
16:00—17:00	6	3	2	11	6	2	2	10	5 min 27 s	6 min 00 s		
17:00—18:00	6	3	3	12	6	4	2	12	5 min 00 s	5 min 00 s	24	24
18:00—19:00	6	4	2	12	6	3	3	12	5 min 00 s	5 min 00 s		
19:00—20:00	4	3	0	7	4	1	3	8	8 min 34 s	7 min 30 s	16	16
20:00—21:00	6	3	0	9	4	4	0	8	6 min 40 s	7 min 30 s		

续表

时间段	发车数量/列								发车间隔		时段总计/列	
	上行				下行				上行	下行	上行	下行
	A交路	B交路	C交路	合计	A交路	B交路	C交路	合计				
21:00—22:00	4	3	0	7	3	4	0	7	8 min 34 s	8 min 34 s	13	14
22:00—23:00	3	3	0	6	4	3	0	7	10 min 00 s	8 min 34 s		
23:00 以后	3	5	0	8	2	5	0	7	-	-	8	7
合计	98	59	25	182	91	69	26	186			载客车	359
备注	05:12 兰家沟站—陆肖站上行轧道车，05:22 龙灯山停车场 1—建设北路上行轧道车，05:44 建设北路—望丛祠上行轧道车 05:05 郫筒车辆段—梓潼宫下行轧道车，05:25 梓潼宫站—金融城东站下行轧道车，05:55 龙灯山停车场 2—兰家沟下行轧道车											

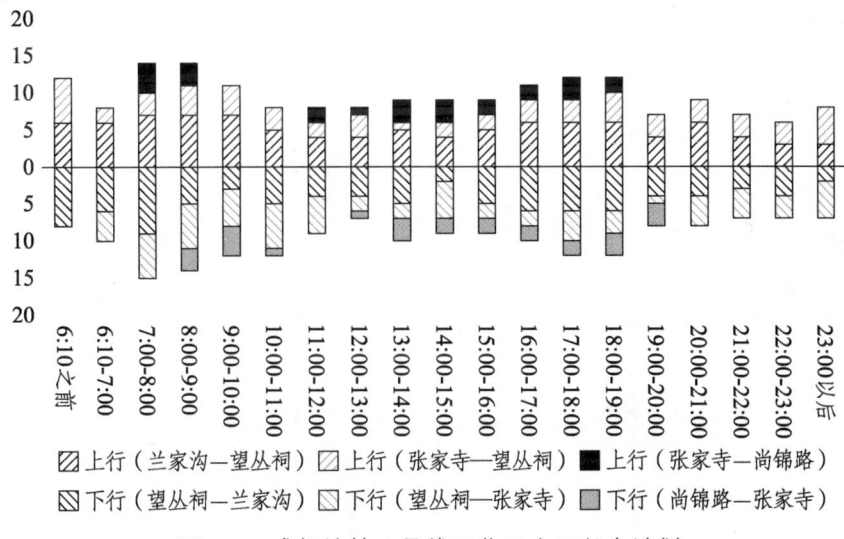

图 2-7 成都地铁 6 号线工作日全日行车计划

结合以上图表可知，工作日的早高峰时段为 07:00—10:00，最高峰为 07:00—08:00，最短发车间隔为 4 min 0 s；晚高峰时段为 16:30—19:00，最短发车间隔为 5 min 0 s；平峰时段为 09:30—16:30，平均发车间隔为 6 min 16 s。考虑到运行图铺画等因素，首班车发车以后平峰和高峰过渡以 6 对/h 增长，晚高峰结束后到收车持续 4 h，以 1 对/h 递减。

表 2-11　成都地铁 6 号线现状双休日全日行车计划

时间段	发车数量/列								发车间隔		时段总计/列	
	上行				下行				上行	下行	上行	下行
	A交路	B交路	C交路	合计	A交路	B交路	C交路	合计				
06:10 之前	6	6	0	12	8	0	0	8	—	—	12	8
06:10—07:00	5	1	0	6	4	3	0	7	10 min 00 s	8 min 34 s	23	27
07:00—08:00	7	0	0	7	5	4	0	9	8 min 34 s	6 min 40 s		
08:00—09:00	6	1	3	10	6	5	0	11	6 min 00 s	5 min 27 s	112	112
09:00—10:00	5	3	3	11	5	3	2	10	5 min 27 s	6 min 00 s		
10:00—11:00	5	3	2	10	6	3	3	12	6 min 00 s	5 min 00 s		
11:00—12:00	6	3	3	12	5	3	3	11	5 min 00 s	5 min 27 s		
12:00—13:00	5	3	3	11	6	2	2	10	5 min 27 s	6 min 00 s		
13:00—14:00	6	3	2	11	5	3	3	11	5 min 27 s	5 min 27 s		
14:00—15:00	5	3	3	11	6	3	3	12	5 min 27 s	5 min 00 s		
15:00—16:00	6	3	2	11	6	2	3	11	5 min 27 s	5 min 27 s		
16:00—17:00	6	3	3	12	6	4	2	12	5 min 00 s	5 min 0 s		
17:00—18:00	6	3	3	12	5	3	3	11	5 min 00 s	5 min 27 s		
18:00—19:00	5	3	3	11	6	3	3	12	5 min 27 s	5 min 00 s		
19:00—20:00	6	4	1	11	6	2	2	10	5 min 27 s	6 min 00 s	18	19
20:00—21:00	5	2	0	7	4	3	2	9	8 min 34 s	6 min 40 s		

续表

时间段	发车数量/列								发车间隔		时段总计/列	
	上行				下行				上行	下行	上行	下行
	A交路	B交路	C交路	合计	A交路	B交路	C交路	合计				
21:00—22:00	4	3	0	7	7	0	0	7	8 min 34 s	8 min 34 s	13	13
22:00—23:00	3	3	0	6	3	3	0	6	10 min 00 s	10 min 00 s		
23:00 以后	0	2	0	2	0	2	0	2	—	—	2	2
合计	97	52	31	180	99	51	31	181		载客车		360
备注	05:12 兰家沟站—陆肖站上行轧道车，05:22 龙灯山停车场 1—建设北路上行轧道车，05:44 建设北路—望丛祠上行轧道车											
	05:05 郫筒车辆段—梓潼宫下行轧道车，05:25 梓潼宫站—金融城东站下行轧道车，05:55 龙灯山停车场 2—兰家沟下行轧道车											

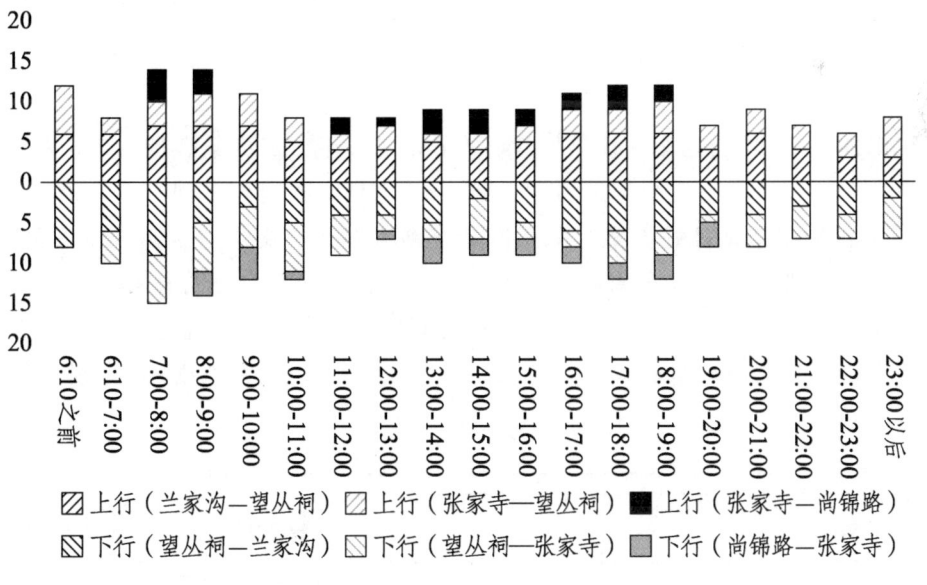

图 2-8 成都地铁 6 号线双休/节假日全日行车计划

结合以上图表可知，全天无明显高峰时段，08:00—09:00 和 18:00—19:00 发车数量略有增加，平均发车间隔为 5 min 23 s，其余时段平均发车间隔为 7 min 47 s。考虑到运行图铺画及旅客出行习惯等因素，首班车发车后以 2 对/h 增长，晚高峰结束后到收车持续 4 h，以 2 对/h 递减。

（3）车底运用情况。

根据 6 号线运输组织现状，统计计算得到的工作日和双休日两种模式下的车底运用统计见表 2-12。

表 2-12　成都地铁 6 号线现状车底运用统计

时段	车底数	车次数	最小车底运用次数	最大车底运用次数	平均车底运用次数
工作日	66	431	1	14	6.53
双休日	48	413	1	15	8.60

2.4.2.3　成都地铁 18 号线运输组织现状分析

成都地铁 18 号线于 2020 年 9 月 27 日开通运营一、二期工程首开段（火车南站—三岔），于 2020 年 12 月 18 日开通运营一、二期工程非首开段（三岔—天府机场北）。成都地铁 18 号线一、二期工程全长约 69.39 km，共设 12 座车站，其中 10 座地下站、2 座地面站。

1. 运输组织概况

成都地铁 18 号线列车采用 8A 编组的 6M2T 车辆，定员载客量 2 096 人，最大载客量 2 958 人，最高运行速度可达 160 km/h，是中国国内首创时速 160 km 的市域 A 型车；采用站站停站方案；采用嵌套交路方案，小交路为西博城—火车南站，大交路为天府机场北—火车南站，如图 2-9 所示；上行方向为天府机场北—火车南站，下行方向为火车南站—天府机场北；上下行首班车发车时间相同，均为 06:00，上下行末班车发车时间也相同，均为 23:30。表 2-13 为成都地铁 18 号线现行运输组织概况。

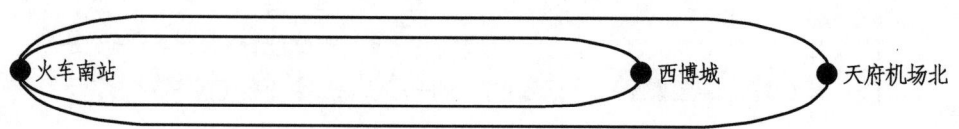

图 2-9　成都地铁 18 号线现行交路示意图

表2-13 成都地铁18号线现行运输组织概况

	列车开行对数/对		追踪间隔时间/s	
	火车南站—天府机场北	火车南站—西博城	火车南站—天府机场北	火车南站—西博城
工作日早高峰	10	5	360	720
工作日晚高峰	10	5	360	720
工作日平峰	8	3	450	1 200
双休日晚高峰	8	3	450	1 200
节假日晚高峰	8	3	450	1 200

2. 基本技术指标

成都地铁18号线的运输组织分为工作日和双休日两种模式，但其基本技术指标相同，包括区间运行时分及停站时分、单程运行时分、全周转时间、旅行速度和技术速度等，如图2-10、表2-14所示。

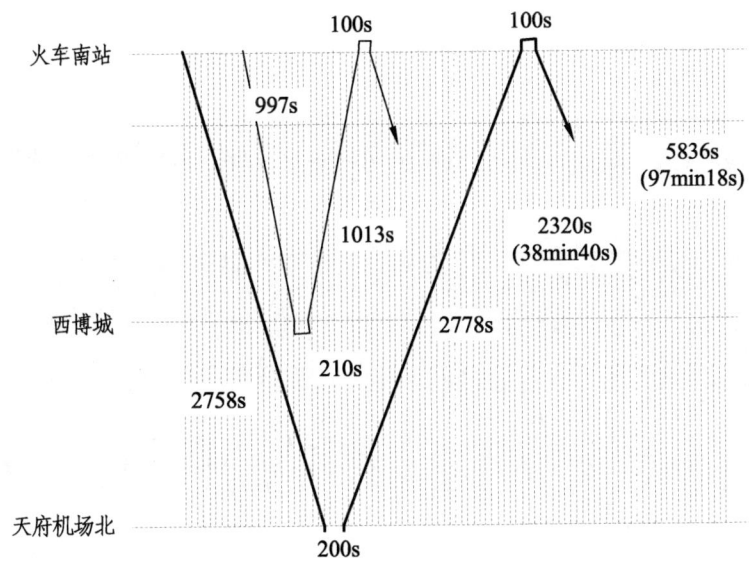

图2-10 成都地铁18号线现状全周转时间示意图

表 2-14　成都地铁 18 号线现状基本技术指标

时间技术指标		数值	
交路		大交路	小交路
起点车站		天府机场北	西博城
终点车站		火车南站	火车南站
起点折返时间/s		200	210
终点折返时间/s		100	100
单程运行时间/s	上行	2 778	1 013
	下行	2 758	997
全周转时间/s		5 836	2 320
交路里程/km		69.39	19.899
旅行速度/(km/h)	上行	88.58	71.29
	下行	89.55	72.80

3. 高平峰运输组织分析

（1）高平峰行车密度。

目前 18 号线运输组织分为工作日和双休日两种模式，两种模式下低峰、平峰、高峰的上线列车数、行车密度、各时段平均发车间隔如表 2-15 所示。

表 2-15　成都地铁 18 号线现状高、平、峰行车密度统计

时段			上线列车数/列	行车密度/(对/h)		实际最小行车间隔
				火车南站—西博城	西博城—天府机场北	
工作日	早高峰	08:00—10:00	17	15	10	4 min 10 s
	晚高峰	16:30—19:30	16	14	10	4 min 20 s
	平峰	06:00—08:00 10:00—16:30 19:30—22:00	13	11	8	5 min 30 s
	低峰	20:30—23:30	11	7		9 min 00 s
双休日	高峰	09:00—19:30	13	11	8	5 min 30 s
	平峰	06:00—09:00 19:30—22:00	12	9	6	6 min 50 s
	低峰	22:00—23:30	11	7		9 min 00 s

在新线开通确定 18 号线高、平峰行车密度时,全线工作日早高峰行车密度不低于 15 对/h,全线工作日晚高峰行车密度不低于 14 对/h,平峰行车密度不低于 11 对/h;双休日高峰行车密度不低于 11 对/h,平峰行车密度不低于 9 对/h。

(2)全日行车计划。

按高峰时段、平峰时段、低峰时段将 18 号线运营时间重新分为小时段或半小时段,根据 18 号线工作日和双休日运行图分别统计各个小时段或半小时段内的发车数量,如图 2-11 及图 2-12 所示,并计算各时段发车间隔,如表 2-16 及表 2-17 所示。

表 2-16　成都地铁 18 号线现状工作日全日行车计划

时间段	发车数量/列						发车间隔		时段总计/列	
	上行			下行			上行	下行	上行	下行
	大交路	小交路	合计	大交路	小交路	合计				
06:00 之前	6	0	6	4	0	4	—	—	6	4
06:00—07:00	8	0	8	8	0	8	7 min 30 s	7 min 30 s	15	16
07:00—08:00	7	0	7	7	1	8	8 min 34 s	7 min 30 s		
08:00—09:00	9	5	14	11	4	15	4 min 17 s	4 min 00 s	22	26
09:00—10:00	7	1	8	8	3	11	7 min 30 s	5 min 27 s		
10:00—11:00	7	3	10	7	3	10	6 min 00 s	6 min 00 s	77	76
11:00—12:00	5	5	10	5	5	10	6 min 00 s	6 min 00 s		
12:00—13:00	7	6	13	5	6	11	4 min 37 s	5 min 27 s		
13:00—14:00	5	5	10	7	5	12	6 min 00 s	5 min 00 s		
14:00—15:00	6	6	12	5	6	11	5 min 00 s	5 min 27 s		
15:00—16:00	5	5	10	6	5	11	6 min 00 s	5 min 27 s		
16:00—17:00	8	4	12	8	3	11	5 min 00 s	5 min 27 s		
17:00—18:00	8	2	10	7	3	10	6 min 00 s	6 min 00 s	31	34
18:00—19:00	6	6	12	9	5	14	5 min 00 s	4 min 17 s		
19:00—20:00	6	3	9	7	3	10	6 min 40 s	6 min 00 s		

续表

时间段	发车数量/列						发车间隔		时段总计/列	
	上行			下行			上行	下行	上行	下行
	大交路	小交路	合计	大交路	小交路	合计				
20:00—21:00	7	2	9	8	1	9	6 min 40 s	6 min 40 s	16	16
21:00—22:00	7	0	7	7	0	7	8 min 34 s	8 min 34 s		
22:00—23:10	7	0	7	8	0	8	8 min 34 s	7 min 30 s	10	12
23:10 以后	3	0	3	4	0	4	—	—		
合计	124	53	177	131	53	184			载客车	394
备注	05:15 天府机场北—天府新站上行轧道车，05:08 合江车辆段—火车南站上行轧道车；5:20 火车南站—天府新站下行轧道车，05:25 天府新站—天府机场北下行轧道车									

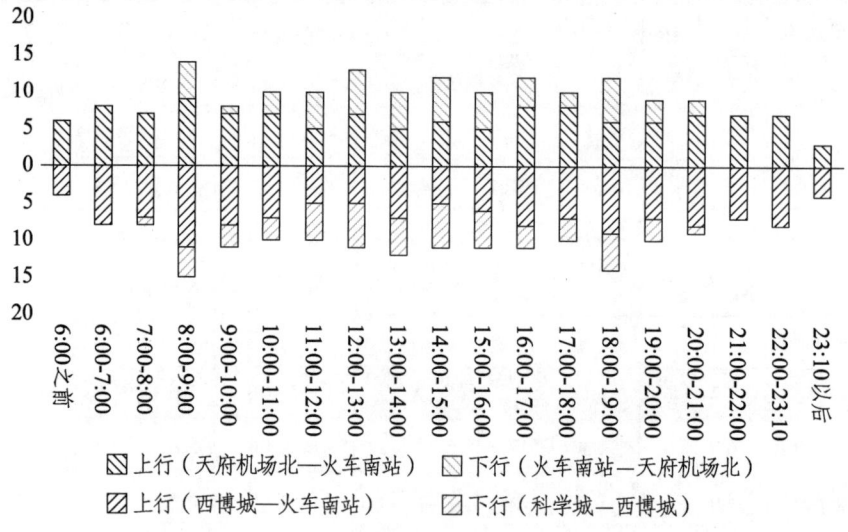

图 2-11 成都地铁 18 号线工作日全日行车计划

结合以上图表可知，工作日的早高峰时段为 08:00—10:00，最高峰为 8:00—9:00，最短发车间隔为 4 min 0 s；晚高峰时段为 16:30—19:00，最短发车间隔为 4 min 17 s；平峰时段为 10:00—16:30，平均发车间隔为 5 min 15 s。考虑到运行图铺画等因素，首班车发车后以 3 对/h 增长，晚高峰结束后到收车持续 4 h，以 2 对/h 递减。

表 2-17 成都地铁 18 号线现状双休日全日行车计划

时间段	发车数量/列						发车间隔		时段总计/列	
	上行			下行			上行	下行	上行	下行
	大交路	小交路	合计	大交路	小交路	合计				
6:00 之前	6	0	6	6	0	6	—	—	6	6
6:00—7:00	9	0	9	8	0	8	6 min 40 s	7 min 30 s	31	28
7:00—8:00	10	1	11	7	2	9	5 min 27 s	6 min 40 s		
8:00—9:00	8	3	11	9	2	11	5 min 27 s	5 min 27 s		
9:00—10:00	5	3	8	6	5	11	7 min 30 s	5 min 27 s	117	120
10:00—11:00	6	6	12	6	5	11	5 min 00 s	5 min 27 s		
11:00—12:00	5	5	10	6	5	11	6 min 00 s	5 min 27 s		
12:00—13:00	7	6	13	5	6	11	4 min 37 s	5 min 27 s		
13:00—14:00	5	5	10	7	5	12	6 min 00 s	5 min 00 s		
14:00—15:00	6	6	12	5	6	11	5 min 00 s	5 min 27 s		
15:00—16:00	5	5	10	6	5	11	6 min 00 s	5 min 27 s		
16:00—17:00	6	4	10	7	4	11	6 min 00 s	5 min 27 s		
17:00—18:00	10	3	13	7	3	10	4 min 37 s	6 min 00 s		
18:00—19:00	5	3	8	6	5	11	7 min 30 s	5 min 27 s		
19:00—20:00	6	5	11	7	3	10	5 min 27 s	6 min 00 s		
20:00—21:00	6	2	8	6	2	8	7 min 30 s	7 min 30 s		
21:00—22:00	6	0	6	7	0	7	10 min 0 s	8 min 34 s	24	27
22:00—23:10	7	0	7	8	0	8	8 min 34 s	7 min 30 s		
23:10 以后	3	0	3	4	0	4	—	—		
合计	121	57	178	123	58	181			载客车	382
备注	05:08 天府机场北—天府新站上行轧道车，05:08 合江车辆段—火车南站上行轧道车；05:17 火车南站—天府新站下行轧道车，05:07 天府新站—天府机场北下行轧道车									

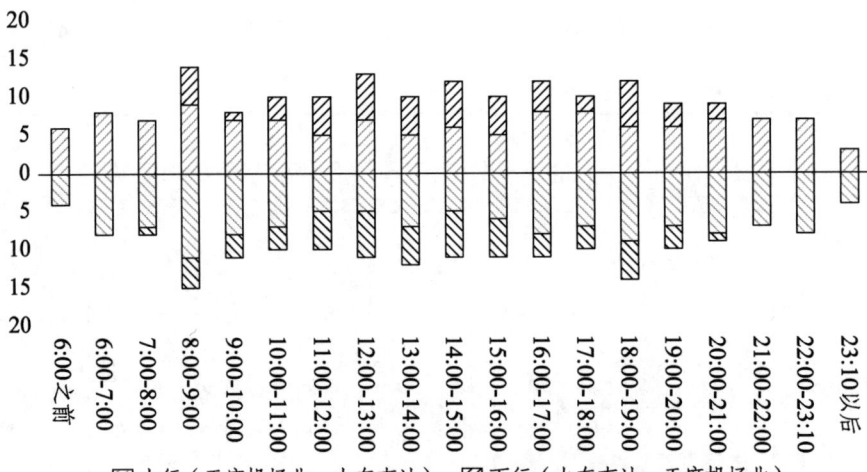

图 2-12　成都地铁 18 号线双休/节假日全日行车计划

结合以上图表可知，全天无明显高峰时段，高峰时段平均发车间隔为 4 min 31 s，其余时段平均发车间隔为 6 min 6 s。考虑到运行图铺画及旅客出行习惯等因素，首班车发车后以 3 对/h 增长，晚高峰结束后到收车持续 4 h，以 2 对/h 递减。

（3）车底运用情况。

根据 18 号线运输组织现状，统计计算得到的工作日和双休日两种模式下的车底运用统计见表 2-18。

表 2-18　成都地铁 18 号线现状车底运用统计

时段	车底数	车次数	最小车底运用次数	最大车底运用次数	平均车底运用次数
工作日	34	402	1	38	11.82
双休日	29	390	1	40	13.45

2.5　成都轨道交通大线网客流与运力匹配度评估与问题分析

评估线网客流与运力的前提是要确定线路运输能力，包括高峰和平峰的线路通过能力、全日列车能力以及折返能力。然后根据客流情况计算列车满载率，以此进行评估。具体计算公式如下：

（1）线路通过能力。

高峰时段 $n_{\max}^{高} = 3600/t_{周}^{高}$ （2-1）

平峰时段 $n_{\max}^{平} = 3600/t_{周}^{平}$ （2-2）

低峰时段 $n_{\max}^{低} = 3600/t_{周}^{低}$ （2-3）

式中　$n_{\max}^{高}$、$n_{\max}^{平}$、$n_{\max}^{低}$——高峰、平峰、低峰的线路通过能力，列/h；

$t_{周}^{高}$、$t_{周}^{平}$、$t_{周}^{低}$——高峰、平峰、低峰的最小发车间隔，s。

（2）折返站折返能力。

折返能力 $n_{\max}^{折} = 3600/t_{折}$ （2-4）

式中　$n_{\max}^{折}$——折返站折返能力，列/h；

$t_{折}$——折返站的折返间隔时间，s。

（3）全日列车能力。

全日列车能力 $G = n_{全} \times p_{列}$ （2-5）

式中　G——全日列车能力，人/日；

$n_{全}$——全日开行载客列车数，列；

$p_{列}$——列车定员，人/列。

（4）某时段区间满载率计算公式：

$$\eta_i = \frac{p_i}{c_p \times n_i}$$ （2-6）

式中　η_i——单位时间内，运营线路区间 i 的单向断面满载率；

p_i——单位时间内，运营线路区间 i 的单向断面客流量，人/h；

c_p——列车最大载客能力，人/列；

n_i——单位时间内，运营线路区间 i 的单向列车开行对数，对/h。

由公式可知，各区间最大满载率为高峰时段该区间的满载率，且各线最大满载率为高峰时段客流密度最大区间的满载率。

2.5.1 成都地铁 1 号线运输能力分析

1. 线路通过能力

根据公式计算得到 1 号线各时段的线路通过能力，见表 2-19。

表 2-19 成都地铁 1 号线现状能力统计

线路运输能力		工作日			双休日		
	区段	韦家碾—四河	四河—五根松	四河—科学城	韦家碾—四河	四河—五根松	四河—科学城
线路通过能力/(对/h)	高峰	30（早） 30（晚）	15（早） 15（晚）	15（早） 15（晚）	16	8	8
	平峰	14	7	7	14	7	7
	低峰	12	6	6	12	6	6
全日列车能力/(人次/日)		939 520			722 256		
折返站折返能力/(列/h)		韦家碾—18 对/h，科学城—17 对/h，五根松—17 对/h					

2. 折返站折返能力

由于韦家碾站、科学城站、五根松站的折返时间在双休日和工作日是相同的，故双休日运输组织中两站折返能力与工作日运输组织中相同，见表 2-19。

3. 全日列车能力

计算得到 1 号线的全日列车能力，见表 2-19。

4. 断面客流与能力匹配

将分析得到的 1 号线现状高峰能力与其高峰区间客流密度进行比较，如图 2-13~图 2-16 所示。

工作日早高峰时段客流密度较大，最小行车间隔为 2 min，客流密度最高区段满载率约 93.81%。

工作日晚高峰时段定员能力均能满足晚高峰时段区间客流强度，最小行车间隔为 2 min，客流密度最高区段满载率约 67.87%。

双休日高峰时段定员能力均能满足高峰时段区间客流强度，最小行车间隔为 3 min 35 s，客流密度最高区段满载率约 43.98%，全线各区间能力富余较大。

节假日高峰时段定员能力均能满足高峰时段区间客流强度，最小行车间隔为 3 min 35 s，客流密度最高区段满载率约 27.60%，全线各区间能力富余较大。

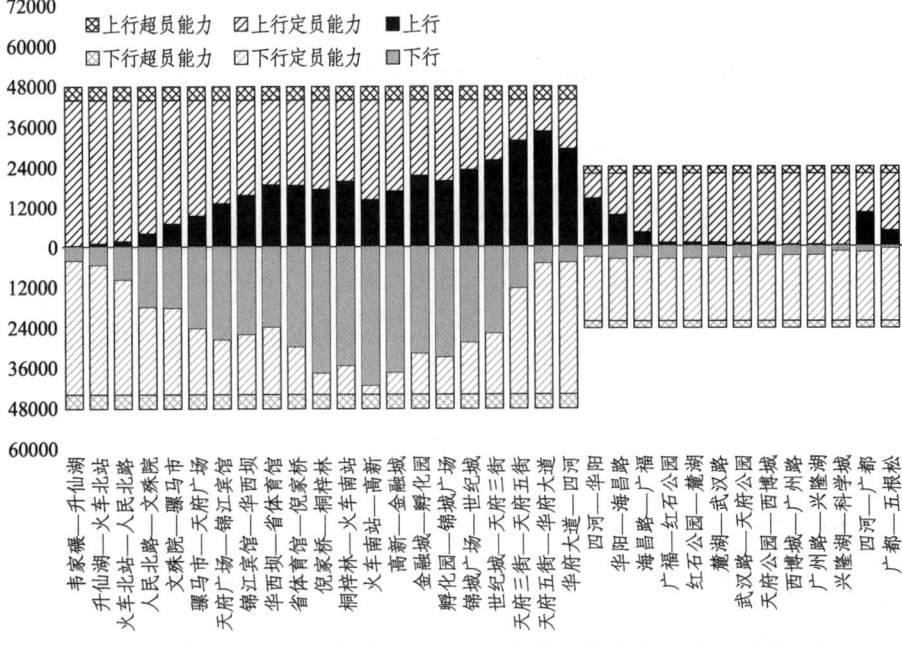

图 2-13 成都地铁 1 号线现状工作日早高峰区间客流密度与能力匹配

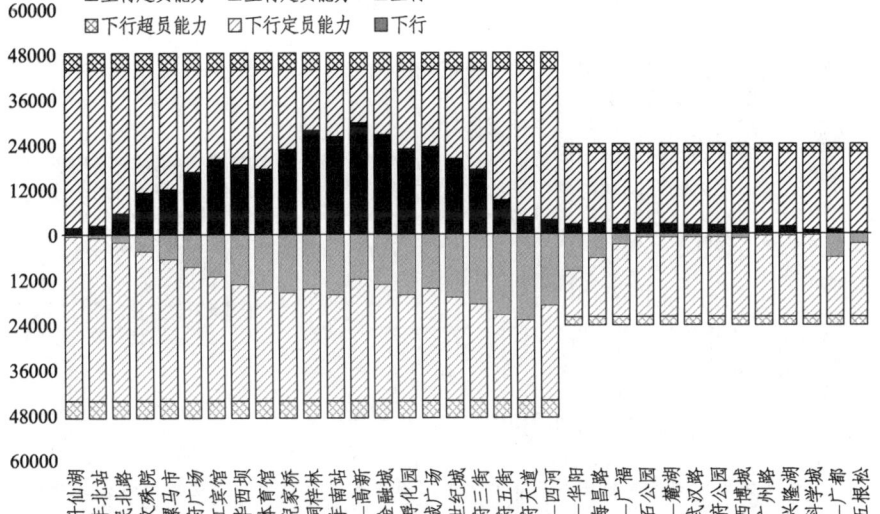

图 2-14 成都地铁 1 号线现状工作日晚高峰区间客流密度与能力匹配

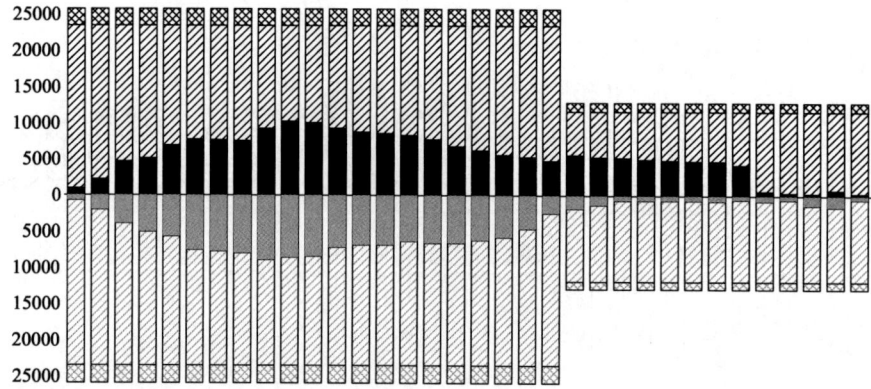

图 2-15 成都地铁 1 号线现状双休日高峰区间客流密度与能力匹配

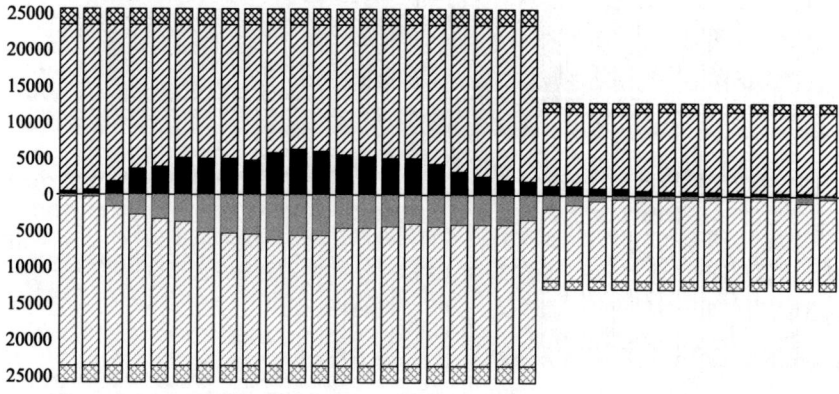

图 2-16 成都地铁 1 号线现状节假日高峰区间客流密度与能力匹配

2.5.2 成都地铁 6 号线运输能力分析

1. 线路通过能力

根据公式计算得到 6 号线各时段的线路通过能力，见表 2-20。

表 2-20 成都地铁 6 号线能力统计

线路运输能力		工作日	双休日
线路通过能力/(对/h)	高峰	15（早），13（晚）	12
	平峰	9	9
	低峰	8	8
全日列车能力/(人次/日)		866 626	869 040
折返能力/(列/h)		望丛祠—16 对/h 张家寺—16 对/h	尚锦路—16 对/h 兰家沟—16 对/h

2. 折返站折返能力

由于石犀公园站及二江寺站的折返时间在双休日和工作日是相同的，根据公式可知，双休日运输组织中两站折返能力与工作日运输组织中相同，见表 2-20。

3. 全日列车能力

根据公式计算得到 6 号线的全日列车能力，见表 2-20。

4. 断面客流与能力匹配

将分析得到的 6 号线现状高峰能力与其高峰区间客流密度进行比较，如图 2-17~图 2-20 所示。

工作日早高峰时段客流密度较大，最小行车间隔为 4 min 10 s，客流密度最高区段满载率约 45.90%。

工作日晚高峰时段定员能力均能满足高峰时段区间客流强度，最小行车间隔为 4 min 50 s，客流密度最高区段满载率约 37.59%，全线各区间能力富余较大。

双休日高峰时段定员能力均能满足高峰时段区间客流强度，最小行车间隔为 5 min，客流密度最高区段满载率约 29.77%，全线各区间能力富余较大。

节假日高峰时段定员能力均能满足高峰时段区间客流强度，最小行车间隔为 5 min，客流密度最高区段满载率约 25.76%，全线各区间能力富余较大。

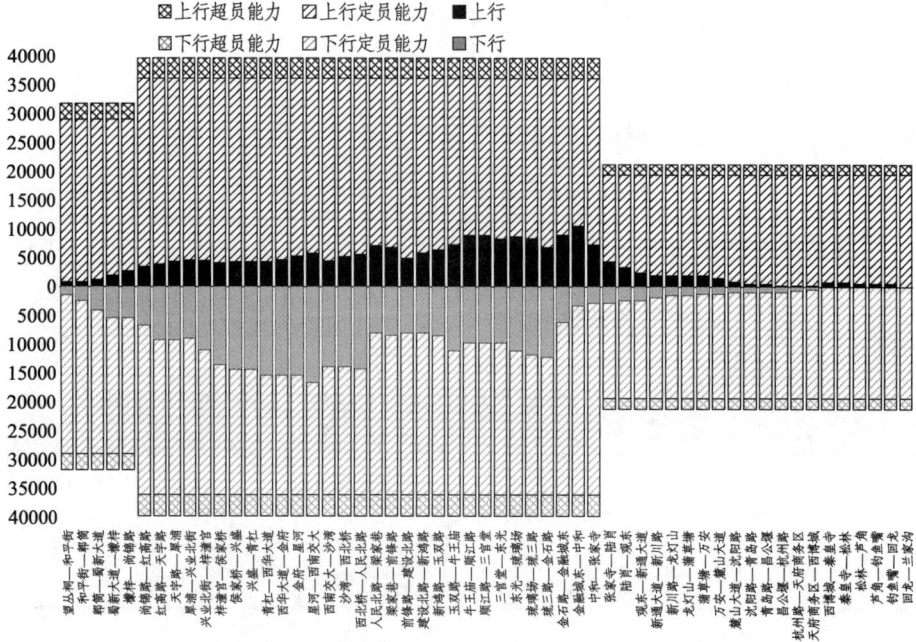

图 2-17 成都地铁 6 号线工作日早高峰区间客流密度与能力匹配

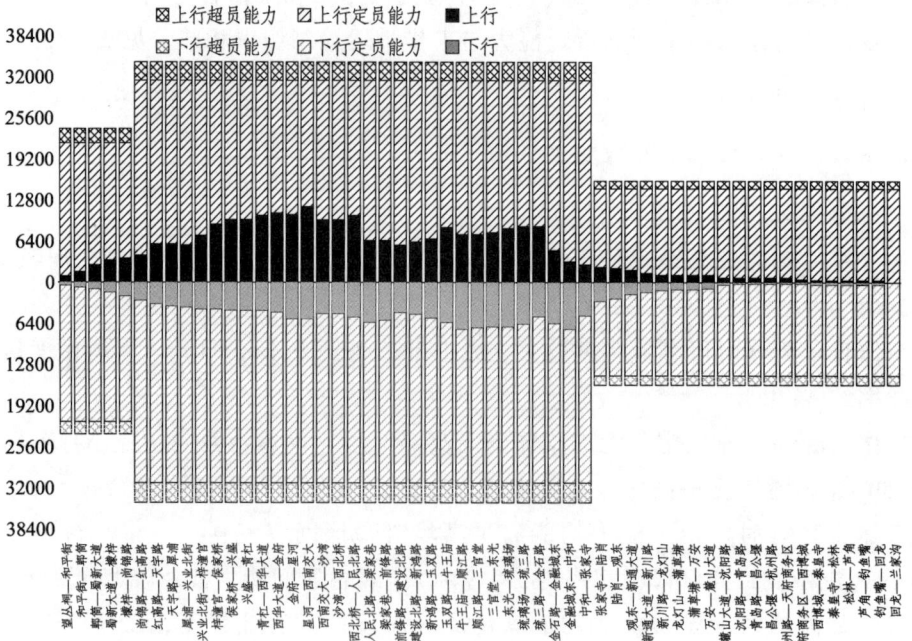

图 2-18 成都地铁 6 号线工作日晚高峰区间客流密度与能力匹配

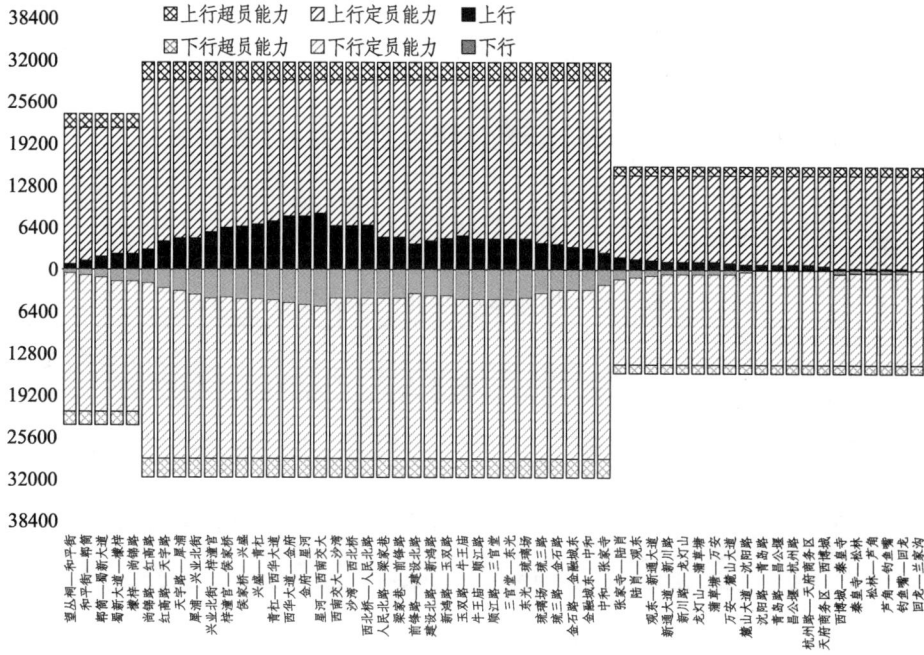

图 2-19　成都地铁 6 号线双休日高峰区间客流密度与能力匹配

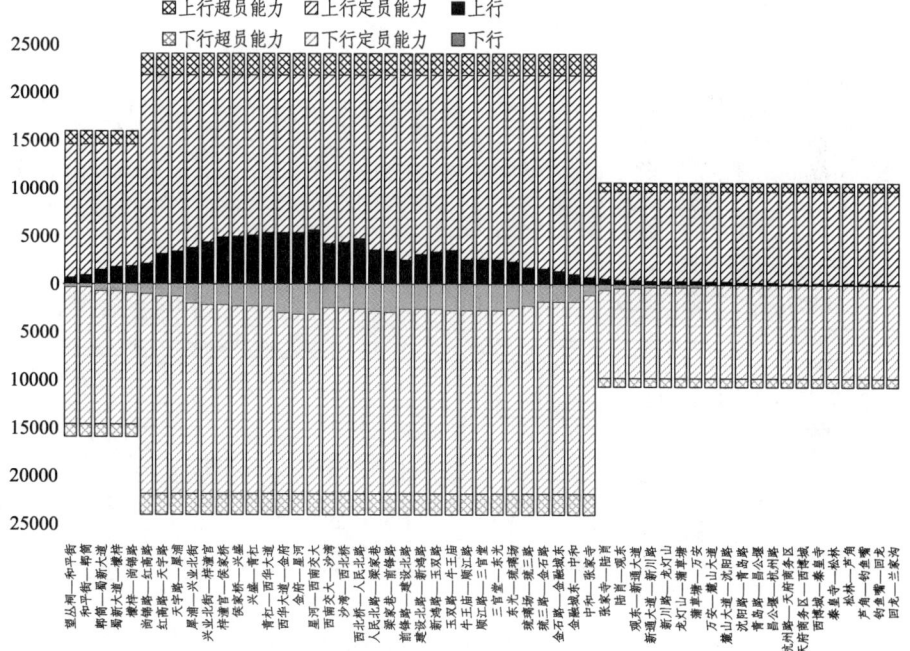

图 2-20　成都地铁 6 号线节假日高峰区间客流密度与能力匹配

2.5.3 成都地铁 18 号线运输能力分析

1. 线路通过能力

根据公式计算得到 18 号线各时段的线路通过能力，见表 2-21。

2. 全日列车能力

根据公式计算得到 18 号线的全日列车能力，见表 2-21。

表 2-21　成都地铁 18 号线能力统计

线路运输能力		工作日	双休日
线路通过能力 /（对/h）	高峰	15（早），14（晚）	11
	平峰	11	9
	低峰	7	7
全日列车能力/（人次/日）		671 376	650 928
折返能力/（列/h）		火车南站—36 对/h　　西博城—17 对/h 天府机场北—18 对/h	

3. 断面客流与能力匹配

将分析得到的 18 号线现状高峰能力与其高峰区间客流密度进行比较，如图 2-21~图 2-24 所示。

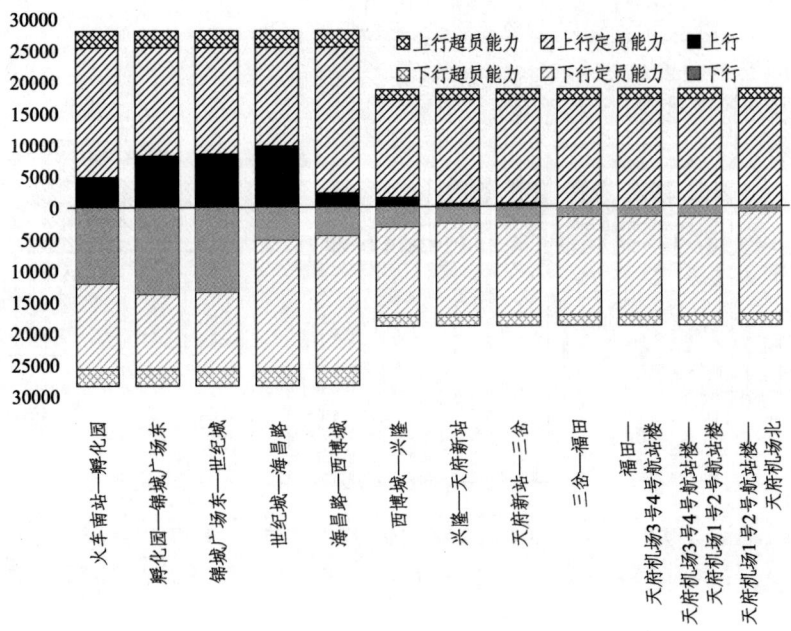

图 2-21　成都地铁 18 号线工作日早高峰区间客流密度与能力匹配

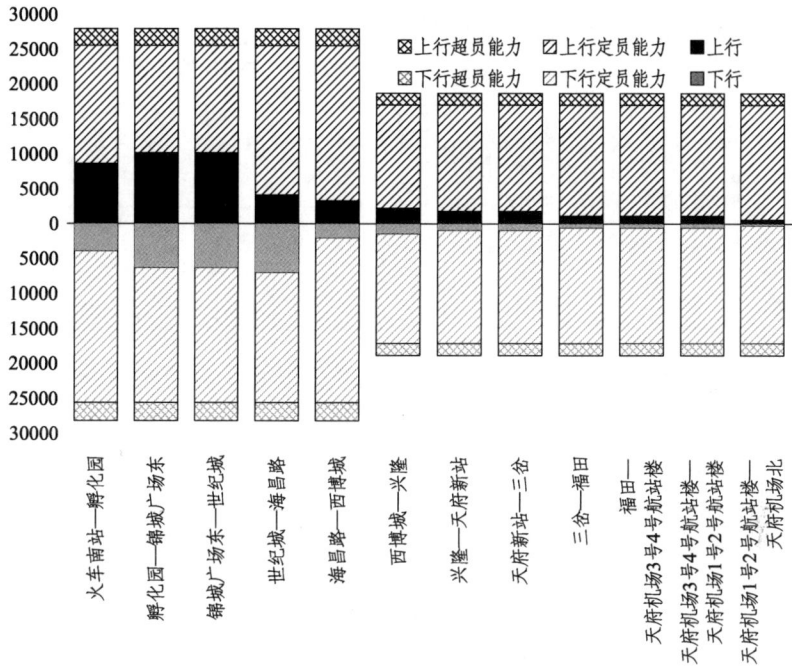

图 2-22　成都地铁 18 号线工作日晚高峰区间客流密度与能力匹配

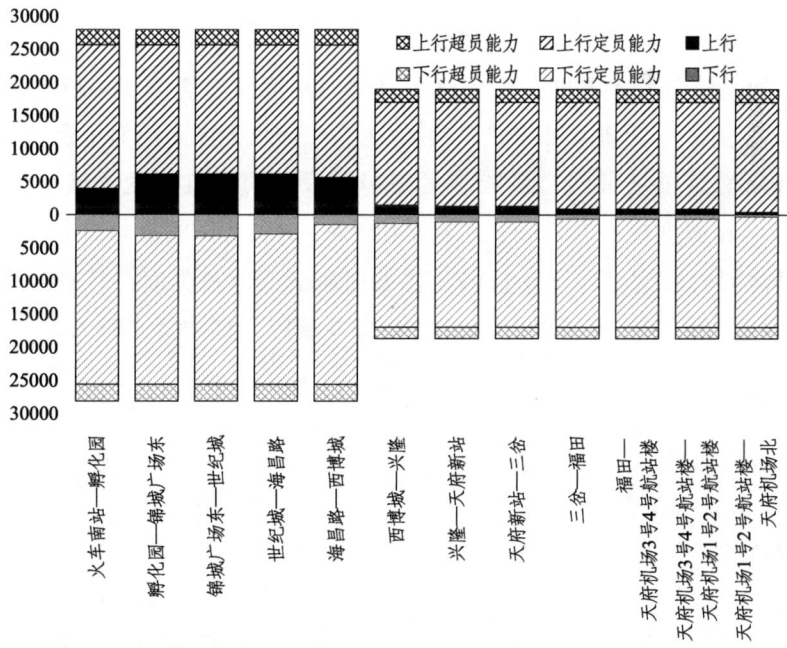

图 2-23　成都地铁 18 号线双休日高峰区间客流密度与能力匹配

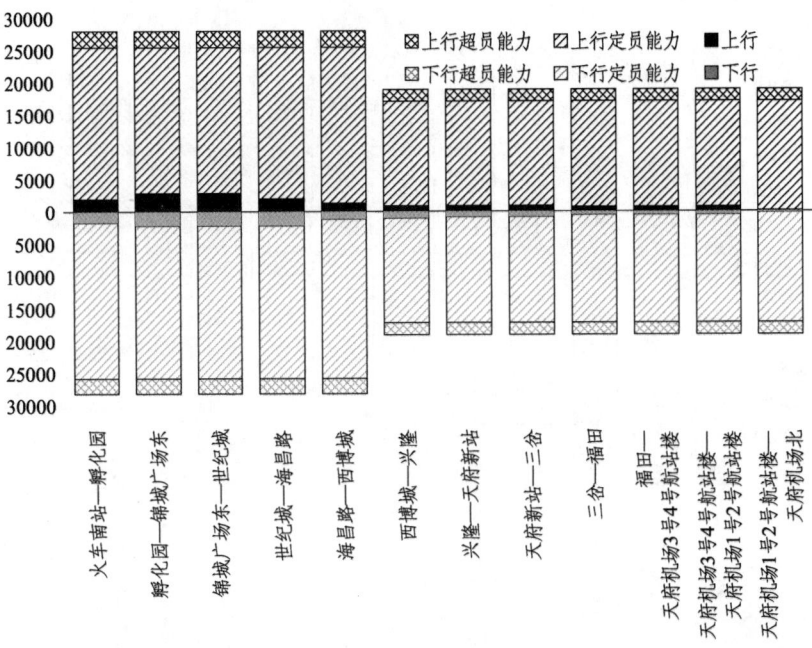

图 2-24　成都地铁 18 号线节假日高峰区间客流密度与能力匹配

工作日早高峰时段定员能力均能满足高峰时段区间客流强度，最小行车间隔为 4 min 10 s，客流密度最高区段满载率约 53.61%。

工作日晚高峰时段定员能力均能满足高峰时段区间客流强度，最小行车间隔为 4 min 20 s，客流密度最高区段满载率约 40.07%，全线各区间能力富余较大。

双休日高峰时段定员能力均能满足高峰时段区间客流强度，最小行车间隔为 5 min 30 s，客流密度最高区段满载率约 24.05%，全线各区间能力富余较大。

节假日高峰时段定员能力均能满足高峰时段区间客流强度，行车间隔为 5 min 30 s，客流密度最高区段满载率约 11.91%，全线各区间能力富余较大。

2.5.4　问题分析

线路的运能匹配存在以下问题：

（1）1 号线作为通勤线，经过北部发展区、主城区、市中心、天府软件园、天府新区，贯穿南北，线路中部各种企业单位较为集中，通勤客流比重较大，使得高峰时期的断面客流量较大，线路能力难以满足实际需求，工作日高峰期下行方向火车南站—高新区段的满载率高达 93.81%。由于客流时空分布不均衡，导致运能匹配不均衡，可通过优化行车组织缓解运能紧张区段客流积压的问题。

（2）4号线早晚高峰上下行客流断面不均衡，早高峰上行客流断面远大于下行客流断面，晚高峰客流断面趋势与早高峰呈现相反形态。4号线早高峰上行最大满载率为73.90%，下行最大满载率为45.91%，造成单向运能利用紧张，而反向运力浪费。

（3）6号线是典型的长大线路，目前开行了望丛祠—兰家沟、望丛祠—张家寺和尚锦路—张家寺3个交路，全日和高峰运输能力均存在较大浪费现象，最大满载率出现在工作日早高峰，为45.90%。可通过优化6号线交路方案来解决目前运能浪费的问题。

（4）成都地铁18号线是一条服务于成都市区与天府国际机场之间的快线，是全国首条兼顾中心城客流、市域客流、机场客流，集多种运营组织模式于一体的复合线路。18号线从火车南站到西博城站区段与成都地铁1号线组成并线线路，18号线满载率最大为53.61%，全线区间运能富余较大，通过研究1号线与18号线并线运输组织方案，可在一定程度上分担成都地铁1号线的客流压力。

2.6 本章小结

本章提出了城市轨道交通运能适应性分析问题的本质特征、分析需求与方法思路，并通过案例展示了代表性线路——成都地铁1、6和18号线的现状运输组织方案，1号线采用贯通式交路方案，6和18号线采用嵌套交路方案，通过分析得到了高峰与平峰、平峰与低峰的衔接规律，计算了各线现状的高峰、平峰及低峰的能力，并将现状高峰断面与能力进行匹配分析，得到了各项指标及运输组织规律，能够为新线开通制订线网运输组织方案提供参考。

第3章

城市轨道交通大线网运输能力计算方法

城市轨道交通的能力广义上指在一定服务水平条件下，城市轨道交通系统单位时间内能够输送与沉降的乘客总数。但由于城市轨道交通系统本身所具有的复杂性特征，可以根据系统内所涉及区域的范围而将其进一步划分为车站、线路及线网三方面层次的能力。由于不同层次间存在复杂的相互关联关系，城市轨道交通系统能力并不能视为不同层次车站及线路能力的简单叠加，而应该用更加科学、有效的方法对系统整体的能力进行分析。

城市轨道交通能力是表征城市轨道交通系统客运服务、行车组织等方服务水平及网络化运营综合水平的重要参数，可以为城市轨道交通运营部门提供重要的参考依据，以实现系统各层面能力的最大化，满足城市内部乘客出行需要。

本章将从车站承载能力、线路运输能力、线网承载能力三个层面对城市轨道交通能力分析问题，进行能力计算、评估与提升的理论与方法研究。

3.1 城市轨道交通能力概述

在网络化运营的城市轨道交通系统中，以车站为最基本的构成单位组成点阵，不同的车站按一定方式串联起来组成线路，相互关联的线路彼此交织，共同构成城市轨道交通网络。

车站承载能力是城市轨道交通系统能力的基本组成部分，通常而言，可以将车站承载能力按照具体计算方式分为静态能力与动态能力两部分。其中，静态能力主要通过相关技术标准对车站内各重要建筑区域及设施设备的通行能力进行理论计算，动态能力则通过数字化仿真软件通过构建车站仿真模型对车站极限承载能力进行计算分析。

线路运输能力是城市轨道交通系统能力的骨干组成部分，主要指单位时间内某条线路单一方向所能运输的最大乘客数量，通常使用不同线路区段客流断面与其最大承载能力的比率来表征该线路的有效运用能力。

线网承载能力是城市轨道交通综合运输水平的重要表征指标，城市轨道交通线网是系统内部车站及线路的协调组合，由于换乘车站是不同线路的衔接点，因此需要对换乘站的进站及换乘协调能力进行重点考察。

3.2 城市轨道交通车站承载能力

城市轨道交通车站是城市轨道交通线网的基本组成部分和乘客集散地，主要包括站厅层与站台层等空间建筑结构以及自动售票机、检票闸机、电梯等设施设备，共同协助乘客在此完成购票、安检、上车、换乘等交通行为。

城市轨道交通车站承载能力可以依据具体计算方式的不同而进一步划分为静态承载能力和动态承载能力两部分。

静态承载能力指车站在一定的设施设备条件及线路运营状况下，满足技术规范所要求的服务水平，车站能够正常、稳定运营的各关键设施设备的最大乘客通行量。车站的静态能力由各关键设施设备的极限通行能力所组成，通过结合实际客流数据，对站台等空间类设施、换乘通道等通道类设施、检票闸机等客运设施的服务能力进行计算。

动态承载能力指在一定的设施设备条件及线路运营状况下，满足技术规范所要求的服务水平，车站能够正常、稳定运营的最大乘客输入量，包括进站客流与下车出站及换乘客流，即该车站最大进站承载能力。

3.2.1 静态承载能力分析

车站静态承载能力包括车站各关键设施设备的服务能力，与车站设施设备配置情况及车站土建空间结构相关，是车站承载能力计算的基础。

车站静态承载能力由空间类设施能力、通道类设施能力和客运设施能力三部分组成。

3.2.1.1 空间类设施能力计算

本章主要考虑等待区域如站台的等候区域，根据服务水平分级方案，按照其密度的划分范围，取划分范围的下限作为能力计算的标准。具体公式如下：

$$C_{空间} = S \times D_{los}$$

式中　$C_{空间}$——空间内所能容纳的行人数量，人；

　　　S——空间设施的面积，m^2；

　　　D_{los}——基于特定服务水平下的区域密度下限，人/m^2。

3.2.1.2 通道类设施能力计算

根据服务水平分级方案，按照速度、密度的划分范围，各取其下限值作为计算能力的标准。具体公式如下：

$$C_{通道}=W \times V_{los}$$

式中　$C_{通道}$——通道类设施的通过能力，人/min；

　　　W——通道类设施的有效宽度，m；

　　　V_{los}——基于特定服务水平下的流量下限，人/m·min。

3.2.1.3　客运设施能力计算

客运设施包括人工售票口、自动售票机、进出站闸机和安检设备等。特别地，一套安检设备包括 1 台安检仪、1 个安检门、1 个液体检查仪以及 1 个金属探测器。按照流量的划分范围，取划分范围的下限作为计算能力的标准。具体公式如下：

$$C_{客运}=S_{los} \times D_{los}$$

式中　$C_{客运}$——客运设施的通过能力，人/m·min；

　　　S_{los}——基于特定服务水平下的速度下限，m/min；

　　　D_{los}——基于特定服务水平下的密度下限，人/m²。

《地铁设计规范》GB 50157—2013)中对各设施设备能力进行了规定(见表 3-1)。

表 3-1　车站各部位通过能力统计表（地铁设计规范）

名称		每小时通过人数/人次
楼梯	下行	4 200
	上行	3 700
	双向混行	3 200
通道	单向	5 000
	双向混行	4 000
自动扶梯	0.5 m/s	6 720
	0.65 m/s	不大于 8 190
人工售票口		1 200
自动售票机		300
进站闸机		900
出站闸机		900
安检设备		2 400

3.2.1.4 车站设施服务水平

车站内各关键设施设备服务水平直接影响到乘客对城市轨道交通服务质量的感受，不仅如此，关键设施服务水平还是车站承载能力的重要表征指标。相关研究表明，城市轨道交通车站承载能力的瓶颈大多为车站检票闸机、站台及与站台相连接的楼梯或扶梯。通过对以上关键设施服务水平进行实时监控，可有效掌握车站承载额能力状况，为客运服务的有效开展提供参考。

目前主要采用 HCM2000 的服务水平分级标准对车站设施服务水平进行评价，该评价方法按行人交通状况从完全自由到受到严重限制几乎不能行走，将设施设备服务水平分成 A~F 共六个等级，具体等级划分标准见表 3-2。

表 3-2 服务水平划分标准

服务水平等级	行人交通状况
A	行人可完全自由行走，不受他人交通行为影响
B	行人有选择行走路线的空间，开始察觉他人行为影响
C	行人能够按正常速度行走，人均走行空间缩小
D	行人步行路径受他人行为影响，并会发生互相接触干扰
E	所有行人步行速度受到严重影响，通道通行能力接近饱和
F	行人步行速度几乎为零，只能一步步挪动

由于以上服务水平分级标准只对行人状况进行了粗略的描述，难以在实际中按此标准对设施服务水平进行评判，因此许多学者通过理论分析与实际测验相结合的方法对此进行了深入的研究。通过对不同设施中行人密度、占有空间及行人速度等关键指标进行定量分析，可以获得表 3-3、表 3-4 所示各关键设施服务水平量化划分标准。

表 3-3 楼梯服务水平分级标准

服务水平分级	密度 /(p/m²)	人均空间 /(m²/p)	通行能力/(p/m·min)		行人速度/(m/s)	
			上行楼梯	下行楼梯	上行楼梯	下行楼梯
A	<0.43	>2.33	19	21	>0.78	>0.87
B	0.43~0.82	1.22~2.33	31	38	0.64~0.78	0.76~0.87
C	0.82~1.29	0.78~1.22	43	52	0.55~0.64	0.65~0.764
D	1.29~1.76	0.57~0.78	52	59	0.48~0.55	0.56~0.65
E	1.76~2.79	0.36~0.57	70	73	0.38~0.48	0.40~0.56
F	>2.79	<0.36	波动	波动	<0.36	<0.40

表 3-4　站台、闸机服务水平分级标准

服务水平	密度 /（p/m²）	人均空间 /（m²/p）	服务水平	通行能力/（p/m·min）	
				电扶梯	闸机
A	<0.61	>1.52	A	<25	<10
B	0.61~0.85	1.19~1.52	B	25~54	10~14.7
C	0.85~1.24	0.76~1.19	C	54~71.7	14.7~17.3
D	1.24~2.11	0.55~0.76	D	71.7~87.5	17.3~20
E	2.11~3.78	0.29~0.55	E	87.5~105	20~25
F	>3.78	<0.29	F	>105	>25

3.2.2　动态承载能力分析

车站动态承载能力是车站进站乘客与下车乘客数量在单位时间的累加值，不但受到车站建筑形式、设施设备的布局情况、车站内乘客基本参数和交通特性及行为特性的影响，还受到车站客流需求和及运输组织管理的影响，与车站进站量、下车量密切相关。进一步可建立车站进站承载能力模型：

$$C_{动}=\int N_{进}(t)+\int N_{\lambda}(t)$$

式中　$C_{动}$——车站动态承载能力，人/h；

$N_{进}$——车站乘客进站速率，人/h；

N_{λ}——车站乘客换入速率，人/h。

通过对数学模型进行分析可以看出，车站动态承载能力主要由车站乘客进站速率及车站换入速率所决定。在实际的车站运营过程中，该两项重要参数并不总是维持在一个固定的状态，而是随着时间处于不断的变化过程之中。同时，由于受到车站内部层面上各设备设施服务水平的限制，以及车站层面外网络拓扑关系与行车运营计划的制约，这些因素使得使用数学方法求解计算车站动态能力的解析解十分困难，并会导致求解答案的精度较低。因此，可以通过使用仿真手段构建车站仿真模型，并结合对实际客流数据的分析选择合适的承载力测试客流粒度，以此对车站动态承载能力进行仿真求解。

3.3　城市轨道交通线路能力

广义的城市轨道交通线路能力包括线路通过能力与线路运输能力。其中，线路通过能力指在一定的设备及行车组织条件下，单位时间内城市轨道交通线路所能通过的最大列车数量。而城市轨道交通线路运输能力则是指在一定的设备条件与运营条件下，单位时间内某一方向所能输送的最大乘客数量。

城市轨道交通线路通过能力与线路运输能力分别从不同侧重点描述城市轨道交通线路能力，其中，通过能力从系统内部固定设备角度描述线路上列车最大开行能力，运输能力从客运服务角度描述线路上单位时间内所能输送的乘客数量，并以通过能力为依托和限制。

由于城市轨道交通线路通过能力主要是由系统内部固定设施条件所决定，其能力大小往往在设计线路时便已被确定，难以通过后期运营对该能力进行调整。而线路运输能力与设施设备及行车组织等因素相关，因此更易于按运营需要进行调整，逐渐成为线路能力的重要参数。本章即以线路运输能力代指线路能力。

3.3.1 城市轨道交通线路运输能力影响因素

3.3.1.1 载客能力因素

1. 车辆选型

目前，我国城市轨道交通领域车辆类型主要分为适应高客运量的 A 型车、大运量的 B 型车以及中运量的轻轨适用的 C 型车。其中，最常用的是 A 型车和 B 型车，正常情况下的最大载客量分别是 310 人/辆、245 人/辆，超员情况下分别为 410 人/辆、290 人/辆。城市轨道交通车辆类型的选择直接影响到列车编组方案的制定以及列车定员数量，并决定着线路运输能力的高低。

2. 列车编组及定员

在相同的线路通过能力前提下，车辆类型的选择和车辆编组数量这两个标准的确定直接决定了整条线路的运输能力。当前，我国各城市在轨道交通车辆制式的选择上呈现了多样化的特点，但除上海、广州采用了宽体的 A 型车外，其他城市基本采用的是 B 型车和 C 型车以及其他更小容量的车辆制式。

3.3.1.2 技术作业时间因素

城市轨道交通列车技术作业时间包括列车停站时间、区间运行时间、列车折返时间、起停附加时间等。列车从起点站运行至终点站并完成一次折返运营的时间称为列车全周转时间。根据列车全周转时间及运用车组数可进一步计算出列车理论最小追踪间隔时间。因此，列车各项技术作业时间对线路运输能力有着直接影响。

3.3.1.3 线路供电因素

城市轨道交通供电系统划分为不同供电区段，每个供电区段的双机组牵引供电系统所能够提供的车组动力是有一定上限的。因此，城市轨道交通供电系统也制约着线路上最大可能运行列车数，并影响着最小列车运行间隔。

3.3.1.4 线路折返因素

折返站是能改变列车运行方向并可提供列车会让的车站。折返站及折返线的布置形式是制约线路运输能力的关键因素。折返站通过能力主要由折返站自身布置形式及列车折返方式决定，同时还受到列车停站时间、列车长度、设备响应时间等因素影响。

按照线路折返方式可以将列车折返模式简单分为站前折返与站后折返两类，按照折返线布置形式与类型可以进一步分为双向折返线、单向折返线、渡线折返线、侧线折返线、环线折返线和综合折返线等。

3.3.1.5 信号系统因素

城市轨道交通现代信号系统是保证列车行车安全、实现高效运输、调度指挥有序的自动控制系统，即 ATC 系统，其核心技术是列车自动控制，由列车自动监控子系统（ATS）、列车自动防护子系统（ATP）和列车自动驾驶子系统（ATO）组成。国外大城市的地铁列车普遍都装备了全新的列车自动控制系统（ATC）中的自动防护（ATP）子系统，有效实现了列车自动运行（ATO），保证了高峰时期列车间隔时间的最小化。

从闭塞制式来看，装备列车运行控制的自动闭塞可分为 3 类：固定闭塞、准移动闭塞和移动闭塞。三类闭塞制式所配套的列车控制系统类型功能也有所不同。

固定闭塞系统是将轨道分成若干个闭塞分区，每个闭塞分区只能被一列车占用，而闭塞分区的长度也必须满足司机确认信号和列车停车制动距离要求等。

准移动闭塞是基于音频数字轨道电路的信号控制系统，它既区别于设置固定信号分区的常规自动闭塞，也区别于基于无线通信的连续定位的移动闭塞。它采用报文式轨道电路辅之环线或应答器来判断分区占用并传输信息，信息量大，可改善列车速度控制，缩小列车安全间隔，提高线路能力的利用效率。

移动闭塞是目前线路通过能力利用效率最高的信号闭塞方式。与固定闭塞方式相比，移动闭塞没有固定划分的闭塞分区，它通过先进的通信手段来提高列车的定位精度，实现列车和地面之间的双向数据传输，进行列车间隔控制，同时列车不需要在被占用的轨道电路分区入口处前方停车，从而实现运行距离的大大缩短。

3.3.2　城市轨道交通线路运输能力计算

城市轨道交通线路输送能力是衡量城市轨道交通系统的重要参数，在线路通过能力一定的情况下，主要与列车载客数及开行数相关。综合以上城市轨道交通线路能力影响因素，线路运输能力计算方法如下：

Step1：确定城市轨道交通系统行车服务标准及列车载客数。

Step2：由折返追踪间隔、信号追踪间隔等间隔时间标准确定列车理论最小追踪间隔时间。

Step3：计算线路运输能力：

$$N_{运} = N_{载} \cdot \frac{T}{I_{追}}$$

其中　　$N_{运}$——小时内线路最大单方向输送能力，人；

$N_{载}$——列车载客人数，人；

T——计算单位时间，h；

$I_{追}$——列车最小追踪间隔时间，h。

3.4　城市轨道交通线网承载能力

3.4.1　城市轨道交通线网承载能力影响因素

3.4.1.1　车站集散能力

车站是构成城市轨道交通线网的最基本的元素，其集散能力的大小对整个线网起着至关重要的作用。在某些情况下，车站集散能力限制了客流抵达站台及列车的效率，从而减少了可用能力。所以，车站集散能力是影响线网承载能力的一个重要因素，对于客流集散量较大的车站来说更是如此。而对于换乘车站来说，其换乘能力太小就很有可能使其成为城市轨道交通线网的瓶颈点。

3.4.1.2 区段通过能力

区段是构成城市轨道交通线网的最基本的元素,其通过能力大小对整个轨道交通线网起着非常重要的作用。通常情况下线网承载能力与线路通过能力正相关,即对关键区段进行扩容或添加新的区段,会增大线网承载能力。但考虑到出行者择路行为,二者关系就变得较为复杂。

3.4.1.3 线网拓扑结构

对于城市轨道交通线网而言,不同的线网结构其线网承载能力是不同的。而且轨道交通线网规模从数量上反映了线网承载能力,线网是形成轨道交通线网承载能力的物质基础。一般来说,在轨道交通运输效率不变的情况下,线网规模越大,线网承载能力就越大;反之,线网承载能力就小。

3.4.1.4 乘客路径选择

乘客选择城市轨道交通的主要原因就是方便快捷,因此乘客除因为特殊原因外,在绝大多数情况下都会选择自己认为出行时间最短的路径。出行时间主要包括乘客在区段的乘坐时间以及在换乘车站的换乘时间。由于城市轨道交通线网中拥挤效应的存在,每个乘客总是力图选择出行时间最短的路径。

3.4.2 城市轨道交通线网承载能力计算方法

3.4.2.1 基于"压力测试"的线网承载能力计算方法

1. 压力测试概念

"压力测试"这一思想方法起源于金融领域中国际货币组织对金融体承受经济风险冲击能力的评估方法。传统的压力测试理论主要用于银行对金融市场的风险评估领域,即通过人为制造金融冲击风险以检测市场的抗冲击能力。目前,其他行业已经逐渐开始使用压力测试思想。在轨道交通领域,可以采用压力测试的思想,通过构建计算机仿真模型来模拟实际应用的轨道交通系统,并逐级加压以获得网络系统的极限承载能力。

压力测试的一般流程:
Step1:构建实际系统的仿真系统。
Step2:向仿真系统输入压力。

Step3：监测仿真系统中各关键指标数值及其变化趋势。

Step4：分析输出仿真结果，判断系统是否到达极限状态。

Step5：对未达到极限状态的系统继续加大测试压力输入，对已达极限状态的系统停止压力输入，此时输入总压力即为系统极限承载能力。

通过借鉴压力测试思想，可以将城市轨道交通系统中行人输入量视为系统总输入压力，通过不断调整输入压力大小并实时监控系统中诸如客流断面等关键参数指标，即可对系统是否处于极限状态进行判断，并以此计算城市轨道交通线网承载能力。

2. 压力测试特点

由于测试目的的不同，压力测试主要包括正常负载压力测试和超载压力测试两种。正常负载压力测试是指在系统正常运转且各项指标都正常的前提下进行的压力测试，得到的结果是系统容量的正常值；超载压力测试是指当容量超出系统的正常承载能力，系统的各项指标超出正常值且不能正常运行时所进行的压力测试，得到的结果是系统容量的极限值。运用压力测试法计算城市轨道交通路网运输能力，主要具有以下特点：

（1）压力测试法通过不断增加轨道交通路网的客流压力，逐步趋近得到路网的运输能力，在这个过程中，可以对路网进行实时监控，能够检测路网处于不同压力状况下的运转情况。

（2）进行压力测试需要用计算机仿真模拟实际的城市轨道交通路网系统，路网的各种交通特征参数和线路条件都与实际情况保持一致，保证压力测试的实用性和准确性，使得测试结果的可靠性较高。

（3）在实际交通系统中，由于各种客观原因，很难在同一时间运用所有交通资源进行现场实验，而运用压力测试进行仿真模拟就可以使路网的资源使用处于较高水平，能够全面考虑各种影响因素，达到更真实的实验效果。

3.4.2.2 城市轨道交通线网承载能力计算框架

1. 线网拓扑结构

城市轨道交通线网拓扑结构主要是指线网的物理结构，它不仅决定了线网内各车站间的相互联通关系，还决定了系统内部列车运行的方向，是城市轨道交通系统的基本结构属性。因此，为实现对城市轨道交通线网的仿真，应首先对系统网络拓扑结构进行计算。

从整体线网角度来看，拓扑结构主要分成线路层面与车站层面。在线路层面，城市轨道交通线网拓扑结构应涵盖整条线路的名称、长度、上下行方向及线路上各区间的长度等；在车站层面，应涵盖车站名称、位置及车站属性等。

线网拓扑结构的完善构建标志着线网基本物理结构的确定，并可以此进行后续承载力测算实验。

2. 线网承载能力计算流程

由前文所述，基于压力测试的城市轨道交通线网承载能力计算方法思想，绘制该计算流程示意图，如图 3-1 所示。

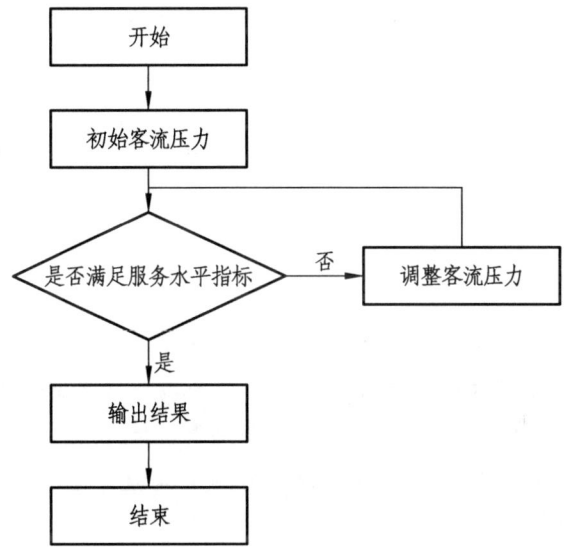

图 3-1 基于压力测试的线网承载能力计算流程

3. 客流压力调整方法

在基于压力测试的运输能力计算方法中，客流压力的调整需要保持一定的客流结构，即对各 OD 的客流按照一定的比例进行增减。本次测试过程中保持客流结构一定，即各 OD 对的客流量比例相对固定。调整客流压力时，开始阶段可施加较大客流压力，但随着实验的进行，线网客流承载能力逐渐趋于饱和时，应当根据实际测试情况对增加的客流压力进行缩减，具体取值应结合具体情况而定。

4. 终止测试条件

每次对路网增加客流压力，线网仿真系统可以计算得到此时客流的分配结果，通过对比分配后线网客流断面等重要指标，可有效寻找到线网客流瓶颈。结合对线网客流瓶颈区段行人交通阻抗的分析，将实验客流与实际客流结构进行对比，若客流特征变化显著或行人交通总阻抗对于客流分配的调整性过弱，则说明此时线网客流已达到最大。

3.5 城市轨道交通大线网运输能力计算方法

3.5.1 城市轨道交通线网运输能力概念

根据已有的城市轨道交通运输能力相关概念，综合考虑可能影响城市轨道交通路网运输能力的各种因素，提出城市轨道交通路网运输能力的定义如下：

城市轨道交通路网运输能力是指该路网在一定的网络特征（包括网络拓扑结构、线路输送能力和车站客流集散能力）和一定的客流特征（包括客流OD起讫点集合、客流OD出行路径和客流OD出行时间分布）的条件下，在一定时间内和一定服务水平下所能实现的乘客运输量或周转量。

针对上述含义，给出如下几点解释和说明。

（1）"服务水平"是衡量乘客出行服务质量的指标，体现为列车拥挤程度、车站换乘拥挤程度、抵抗外界扰动能力等指标。该指标是考察路网运输能力的必要因素之一。在上述定义中体现在线路输送能力和车站客流集散能力中。车站客流集散能力和线路输送能力作为已知输入，可以是能力的最大值，也可以是一定能力利用率条件下的实际使用能力。

（2）网络拓扑结构是指城市轨道交通路网中线路和车站的分布形式，也包括路网中列车服务网络的结构，即车站间运输服务的集合。

（3）线路输送能力对于一个投入运营的路网，可以表示为具体的运营参数，如列车运行图、列车编组和定员情况；对于有新线接入的路网，甚至一个全新的路网，可以表示为预测值，例如单方向每天开行100列车或者输送10万人次。

（4）对客流特征的考察体现了乘客对路网的使用情况，是考察路网运输能力的必要因素之一。对于已经投入运营的路网，客流特征可参照既有数据获得；对于有新线接入的路网，甚至一个全新的路网，客流特征可以表现为由乘客个体选择动态可变路径。

3.5.2 理论最大运输能力和实际可用运输能力

1. 理论最大运输能力

基于城市轨道交通路网运输能力的定义,在不考虑客流时空分布上的不均衡特征,认为路网上车站和线路都能达到最大能力的前提下,可以分析路网的理论最大运输能力。城市轨道交通路网理论最大运输能力反映了在轨道交通现有的技术设备和现行的行车组织方法条件下,路网各项设备设施达到最大能力时,路网整体的运输能力状况。

本部分章节将在把乘客整体看作无意识流的前提下,探究城市轨道交通路网理论最大运输能力,分析路网理论最大运输能力对路网客流压力的适应性。从系统的层面,在构建城市轨道交通路网拓扑模型的基础上,对城市轨道交通路网理论最大运输能力进行估算。

2. 实际可用运输能力

基于城市轨道交通路网运输能力的定义,在综合考虑客流需求特征、线路和车站服务水平以及路网的运力资源配置的条件下,可以分析路网的实际可用运输能力。

城市轨道交通路网中乘客的出行需求具有一定规律的波动效应,表现为客流的各种时间和空间变化特征,城市轨道交通路网系统必须能够动态适应乘客出行需求。城市轨道交通路网的实际可用运输能力的研究有助于分析路网系统对当前路网客流动态变化的适应能力。

实际可用运输能力的计算从城市轨道交通路网运输过程的实际出发,综合考虑路网客流 OD 分布特性以及路网中线路和车站服务水平,从一个更加接近实际的角度探究路网的运输能力。

3.5.3 城市轨道交通路网运输能力的影响因素分析

城市轨道交通路网结构的合理性对轨道交通系统运营效率的发挥具有重大的影响,城市轨道交通路网结构的研究是分析计算轨道交通路网系统能力问题的基本前提。乘客是城市轨道交通运输的对象,客流特征不仅表征了乘客的分布特点,也体现了乘客对城市轨道交通运输能力的需求的变化特征。因此,城市轨道交通客流随时间和空间的变化特征是影响城市轨道交通运输能力的重要因素之一。运输组织是衔接路网和客流的重要工具,应对客流需求来制订运输设备的使用方案及列车开行计划,实现乘客的位移要求,是运输组织的主要工作。

3.5.3.1 路网结构

城市轨道交通路网结构主要研究的是车站和线路的分布问题，路网结构研究的内容可以分为轨道交通实际的物理网络的线路结构和路网的服务网络结构。从理论上讲，合理的城市轨道交通的物理网络结构和服务网络结构应使车站及线路的运营费用最小、乘客的出行时间最短、换乘次数最少，通过路网结构的高连通性、管理的高效性以及运营的合理性，充分发挥路网效益，实现路网结构的最大运输能力。线路和车站是构成城市轨道交通路网系统的基本元素，线路和车站的运输能力是路网运输能力的基础，所以，线路和车站的运输能力也是路网运输能力的重要影响因素。

城市轨道交通路网中的车站通过线路相互联系，不同的线路通过换乘车站相互连接构成了轨道交通的路网系统，也就是城市轨道交通的物理网络结构，即路网。线路和车站是城市轨道交通路网的基本要素，线路和车站的搭配和排列次序，即路网中线路和车站的分布是城市轨道交通路网的物理结构。

在城市轨道交通路网规划中，如果所规划的轨道交通路网结构不合理，就有可能在增加初期建设费用的同时造成日后远期的线路运营费用增加。合理的路网结构有利于路网运输能力的合理利用，能够使城市轨道交通解决城市交通压力的能力进一步提高。城市轨道交通路网的基本类型有星型（放射型）、树型（条带状）、栅格型（棋盘型）、放射网型和放射环型。

3.5.3.2 车站和线路能力

车站是构成城市轨道交通路网系统的基本元素之一，车站的集散能力是整个路网运输能力的基础构成之一。车站集散能力反映车站聚集和疏散乘客的水平，分别用车站聚集和疏散能力表示，其中车站聚集能力可用单位时间内车站最大能够聚集的乘客数表示；车站疏散能力可用单位时间内车站在一定列车时刻表下能够出站及通过列车能够输送的最大乘客数表示。

对于一些乘客乘降量较大的车站，站台的容纳能力和乘客进出站的效率可能会限制列车的运行效率，从而对线路的运输能力造成影响，进而对路网运输能力产生影响。尤其是对于客流量较大的换乘车站，车站的换乘能力可能成为城市轨道交通路网运输能力的瓶颈。

城市轨道交通的线路也是构成路网系统的基本元素，线路是沟通各个车站的桥梁，也是轨道交通系统实现乘客的出行的总的路径集，线路能力也是构成路网运输能力的基础。城市轨道交通的线路一般是双线，列车采用追踪运行，列车停站时间是影响线路通过能力的主要因素。线路的通过能力取决于固定设备中能力最小的，影响线路通过能力的主要固定设备有区间、车站、折返设备和牵引供电设备。线路输送能力是衡量线路能力的又一重要指标，在一定的线路通过能力下，输送能力取决于列车编组和车辆定员。

3.5.3.3 客流特征

城市轨道交通客流的分布特征是城市轨道交通路网系统运输能力的重要影响因素，客流高峰的出行规律直接影响城市轨道交通安全管理和预警工作，对客流高峰规律的研究有助于探究城市轨道交通的路网系统在应对不同时段和不同空间的客流压力的能力。

城市轨道交通客流特征主要有客流在时间上分布的不均衡性和在路网空间上分布的不均衡性。客流的时间分布特征是路网全日客运量在轨道交通运营各个时段的分布特征，客流的空间分布特征是全日客运量在各个车站和区间的分布特征。

城市轨道交通客流的时间分布不均衡的特点是由乘客出行的时间规律决定的，更加内在的原因是城市轨道交通线路的走向以及车站影响区域的用地性质。城市轨道交通客流随时间分布的不均衡性要求路网系统的运输能力能够弹性变化，以适应乘客需求的时间弹性变化。

城市轨道交通小时客流量一般是波动性变化的，表现为乘客出行的早高峰和晚高峰。位于城市中心商区和交通枢纽的客流相对于郊区的客流时间分布更加均衡，市中心商区的车站客流的峰值和平值差异较小。早高峰时期居民区附近的车站进站量远大于出站量，晚高峰时期则相反；早高峰时期商业区附近的车站出站量远大于进站量，晚高峰时期则相反。

城市轨道交通路网客流空间分布的均衡性的提高有利于路网运输能力和运输效率的提升。路网客流在空间上分布不均衡时，客流量较大的区间很容易达到饱和状态，而其他线路区间还相对比较空闲，使得一部分线路运输能力不够满足客流需求，另外一部分线路的运输能力被浪费，相应的整体路网运输能力也较小。因此，客流的空间分布的均衡性对路网运输能力的发挥有巨大的影响。

3.6 城市轨道交通大线网运输能力提升策略

3.6.1 正线追踪能力提升策略

缩短列车的正线追踪间隔，实现更紧密的列车追踪，这是直接提升线路运能的重要方向。根据国际标准 IEEE 1474.1—2004《Standard for Communications-Based Train Control (CBTC) Performance and Functional Requirements》中关于安全制动模型的定义，制约列车安全间隔的主要因素是由前后两车所需要保持的安全制动距离所形成的。另一方面，由于测速、定位等技术局限所带来各种位置不确定性及安全余量等参数，决定了列车在动态运行时头尾包络的长度，故以上参数取值的合理性也是导致前后车间距变大的重要原因。列车在正线运行主要分为出站加速、区间巡航、进站制动三部分。最为制约追踪间隔的往往是进站制动阶段，这是由于在紧密追踪场景下，前方列车往往还未出清站台，后车就已经准备进入进站制动阶段，因此后车的制动曲线必须考虑前车停车时间及出站运行时间。

3.6.1.1 改善进站限制点

列车在区间运行过程中，车载计算机在每个计算周期中都假设列车在若干个周期内触发安全制动，并计算当前列车需与前车保持的安全制动距离。确保当前列车在最不利情况下不会越过前车尾部，这是前后两车形成安全间隔的基础。改善进站限制点可有效提升正线列车追踪能力。

3.6.1.2 缩短停站作业时间

列车在车站的停站时间由系统或设备的反应时间、乘客实际乘降时间、人工作业时间三部分构成。系统或设备的反应时间包括列车停稳判断延时（典型值为 0.5 s）、列车牵引起动延时（典型值为 1.2 s），乘客实际乘降时间则根据站台客流及车站在整个线路中所处的位置核定，取值范围差异较大（典型值为 20~60 s）；人工作业时间主要是指对于非 UTO 线路，存在人工确认车门状态、列车按下 ATO 发车按钮等人工作业时间（典型值为 3 s）。

3.6.2 端站折返能力提升策略

3.6.2.1 提升过岔限速

在现有的城市轨道交通线路设计中，正线多采用 9 号道岔，少数正线采用 12 号道岔，车库多使用 7 号道岔。部分信号系统厂商内部定义的 9 号道岔临界限速默认为 35 km/h。

事实上，9 号道岔根据尖轨类型及导曲线差异，侧向通过限速各不相同。根据《城市轨道交通列车运行速度限制与匹配技术规范》（T/CAMET040015—2019）给出的道岔直线及侧向限速，当满足曲线半径 200 m，且道岔采用弹性可弯尖轨的情况下，对现有 9 号道岔进行提速，则可缩短列车的过岔时间，进而提升折返能力。

3.6.2.2 优化折返轨换端时间

当列车折返能力的主要瓶颈点为折返轨作业时，优化折返轨换端可直接缩小列车的折返间隔，可考虑采取的方法如下：

（1）升级信号系统为全自动运行系统，实现自动换端、自动折返。

（2）对于不具备自动折返功能的线路，可采用双司机换端，在驾驶室另一端再登乘一名司机，待系统换端成功后立即驶出折返轨。

（3）采用退行方式驶出折返轨，该功能需得到信号系统厂商的支持，列车以特定速度反向运行。上海轨道交通 14 号线支持以退行方式驶出折返轨。

对于方法 2，实施难度较低，但需要极大增加人力成本；对于方法 3，在现场亦有应用，但不是所有信号系统厂商产品均支持列车以此模式运行；对于方法 1，信号系统改造成本较大，但是实际实施后能力改善最为明显，由列车进入折返轨停稳至起动，实际换端时间小于 12 s。

3.7 成都城市轨道交通大线网运输能力计算案例

3.7.1 市二医院站承载能力分析

3.7.1.1 市二医院站概况

成都地铁市二医院站位于红星路、武成大街交汇处，周边主要有成都市二医院、锦江区税务局等事业单位及众多居民小区、商家，是成都地铁 3、4 号线的换乘站。从空间结构上分析为 T 字形换乘站，站台均为岛式站台，共有 6 个出入口。

3.7.1.2 市二医院站客流特点

成都地铁市二医院站周边多为客流集散程度高的大型商业区与住宅区，主要客流为周边地区早晚通勤客流及火车站换乘客流，共有 A、B、D 等 13 个出入口。作为成都地铁的大型枢纽站之一，市二医院站不仅需要经受两线换乘客流压力，还要负担早晚高峰进站通勤客流压力。

1. 工作日早高峰进出站客流

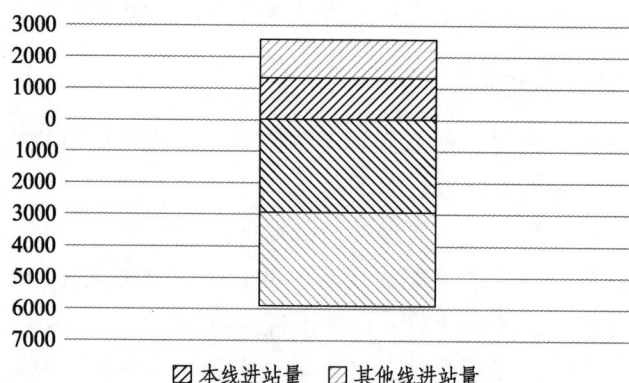

图 3-2　市二医院站早高峰进出站客流量

从图 3-2 的市二医院站早高峰进出站客流数据可知，此时期内出站乘客数量远多于进站乘客，其中本线进站量为 1 338 人次/h，其他线进站量为 1 237 人次/h，总进站量为 2 575 人次/h，本线出站量为 2 912 人次/h，其他线出站量为 3 005 人次/h，总出站量为 5 917 人次/h，具有明显的时段性特征。

2. 工作日晚高峰进出站客流

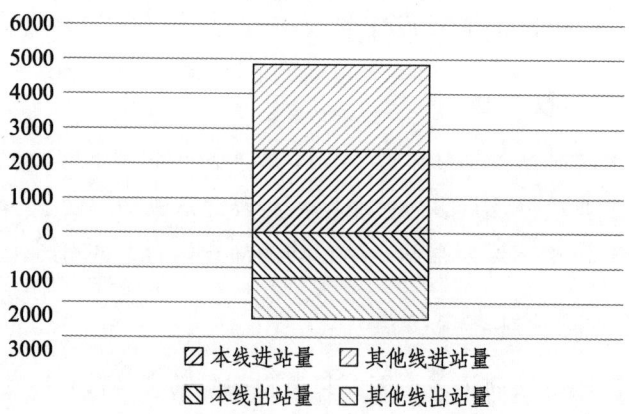

图 3-3　市二医院站晚高峰进出站客流量

对图 3-3 的市二医院站晚高峰时期进出站客流数据进行分析可知，该站晚高峰客流以进站客流为主，其中本线进站量为 2 382 人次/h，其他线进站量为 2 475 人次/h，总进站量为 4 857 人次/h，本线出站量为 1 311 人次/h，其他线出站量为 1 197 人次/h，总出站量为 2 508 人次/h，具有明显的时段性特征。

与早高峰时期客流数据对比可以发现，该站客流存在明显的"早出晚归"现象，即早高峰时期以出站客流为主，晚高峰时期以进站客流为主，这说明市二医院站仍以早晚通勤客流为主要服务对象。

3.7.1.3 仿真软件选择

本次模拟测试选用 AnyLogic 仿真软件。AnyLogic 仿真软件专门针对交通运输领域的工程和管理问题开发了行人仿真库，借助其中的空间标记可以实现在物理层对城市轨道交通车站进行建模，可实现的模拟测试设施设备包括楼梯、自动扶梯、检票机、售票机、安检设施、各类通道、出入口等，能够较好地适应本次安全疏散模拟测试的车站环境建模需求。同时，借助库内模块可以对乘客的运动逻辑进行建模，可根据模拟测试的要求自由设置及调整不同年龄和性别的乘客的运动速度、各类进站流线（如持交通卡直接上车的情况与需要先购票再上车的情况）上乘客数量的比例、乘客移动路径的选择等。通过使用行人仿真库的各类控件，可以对城市轨道交通系统中的各类人员、设施设备和组织效果等进行极为精确的测量和优化，相比常规的数学模型和计算手段来说，能够更加直观地显示和测算系统的各类指标、参数、风险点和瓶颈位置。更为重要的是，AnyLogic 仿真软件支持利用 Java 语言进行二次开发，对根据需求指定的城市轨道交通站内各类区域的数据统计用编程实现，并能够实现仿真过程的全程可视化。

3.7.1.4 模型构建及参数说明

1. 模型构建

（1）环境建模。

环境建模主要是对车站相关结构设施如墙壁、楼梯、站台等建筑结构，及各种服务设备如自动检票闸机、自动售票机、安全检查设备等。在使用仿真软件进行环境建模工作时，需要首先将车站站厅及站台层 CAD 图纸作为底图导入软件，再使用行人库中的墙工具对底图上呈现出的墙壁、柱子等障碍物进行描绘，对于乘客禁止进入的办公区域可以使用矩形墙将该处空间进行封闭。

此次针对成都地铁市二医院站的仿真主要针对该站站厅层及各线路站台层，将进出站及换乘客流可能涉及的物理环境全部进行了仿真建模，以确保仿真结果的准确性。

（2）逻辑建模。

AnyLogic 软件中智能体的行为完全依赖于由行为逻辑模块连接而成的行为逻辑流程图，完成行为逻辑流程图的过程即行为建模。此次仿真过程中需要完成进出站及换乘客流的行为建模，具体建模结果如图 3-4~图 3-6 所示。

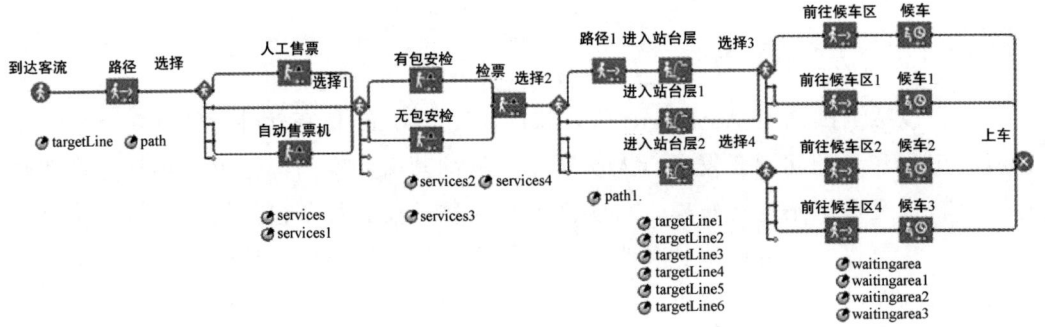

图 3-4　进站仿真模型

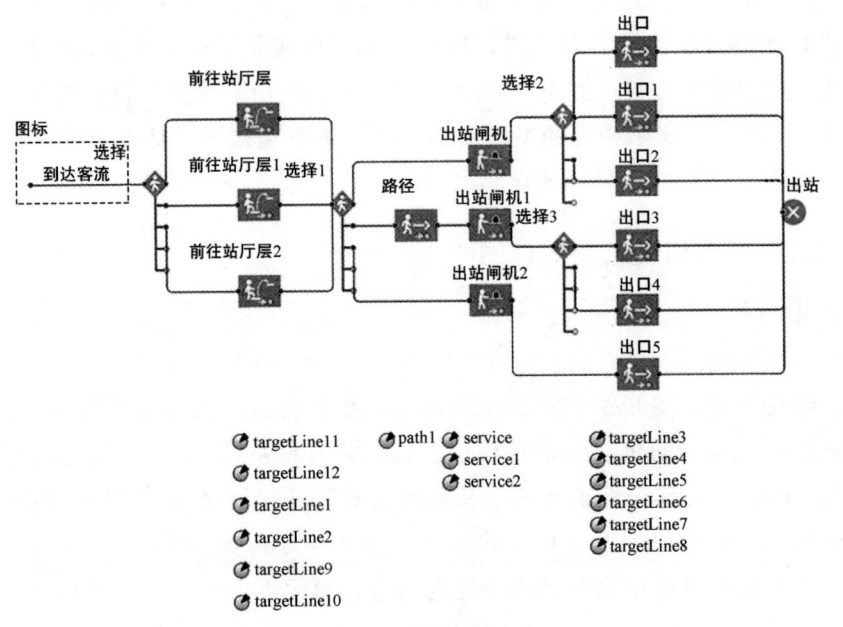

图 3-5　出站仿真模型

第 3 章 城市轨道交通大线网运输能力计算方法

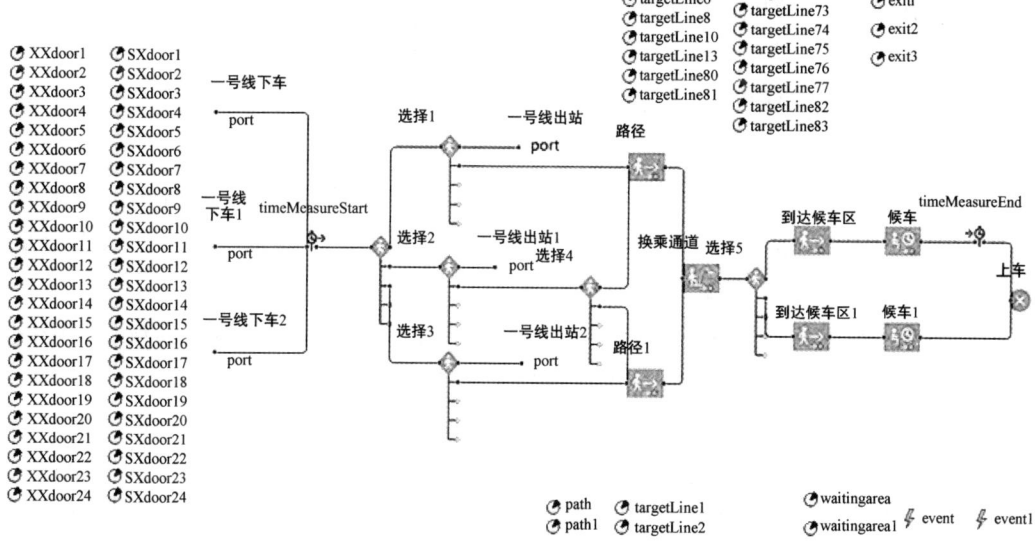

图 3-6　换乘仿真模型

下面对建模过程中主要使用的模块进行简要介绍。

（1）PedSource：智能体生成源，可以根据仿真建模的需要选择不同的行人生成方式，既可以设定时段内行人生成速率，也可以根据实际列车到发时刻表进行数据导入。

（2）PedGoTo：智能体走行目标模块，这个目标可以是一条线或是一个区域，主要用于对智能体移动路径的控制。

（3）PedSelectOutput：智能体选择模块，其后可衔接多个模块，智能体需要根据概率或设定好的条件从中进行选择，常用于对设定智能体选择不同路径的概率。

（4）PedService：智能体服务模块，可以对服务类型、队列数、服务时间等参数进行设定，主要用于对各种服务设备如自动售票机、自动闸机等的仿真模拟。

（5）PedWait：智能体等待模块，用以实现智能体区域等候的效果，通常被用来模拟行人站台候车的过程。

（6）PedSink：流程结束模块，智能体按行为逻辑流程图执行到该模块时会自动消失，并可以编写代码使其对该路径下行人流量及花费时间进行统计。

（7）Event：事件模块，主要用于进行自主编程以实现一些 AnyLogic 软件中没有的功能。通常需要同其他模块配合使用，如与 PedWait 模块配合实现乘客站台候车行为，与 PedSource 模块实现对行人到达速率的条件性变化等。

（8）timeMeasureStart 与 timeMeasureEnd：流程时间记录模块，两个模块配套进行使用，主要用于记录模拟行人通过测量模块所需的时间。在本部分中用于记录车站行人全部疏散所用时间。

2. 仿真参数说明

（1）根据我国行人交通特征研究成果，将本次仿真模型中行人特性参数设定为行人最小舒适速度 0.8 m/s，最大舒适速度 1.3 m/s，最小初始速度 0.5 m/s，最大初始速度 1.8 m/s。人的生理直径范围 0.4~0.5 m。

（2）结合现场考察结果，将乘客在自动售票机购票与直接采用手机扫码进站的比例设定为 3∶7，其中每名乘客使用自动售票机购票的服务时间设定为 uniform（5.0，7.0）s。由于人工购票乘客数量稀少且部分窗口不支持售票服务，故在本次仿真中不考虑人工窗口购票。

（3）考虑到乘客安全检查设备的实际使用情况，每名乘客通过无包安检的时间设定为 uniform（2.0，3.0）s，通过有包安检的时间设定为 uniform（3.0，5.0）s。

（4）参考自动检票闸机工作特性与行人行为，本次仿真实验中乘客通过进出站闸机检票的时间设定为 uniform（2.0，3.0）s。

（5）由于本次仿真采用 Targetline 与 PedChangeLevel 相结合的方式实现行人在不同楼层间的转换，因此无法按照实际情况设置自动扶梯及楼梯段的运行速度。考虑到自动扶梯及楼梯区段中行人移动速度降低，且自动扶梯运行速度大多为 0.5~0.75 m/s，故在本次仿真中对限速区域设置矩形节点 Node，限制行人移动速度上限为 0.75 m/s。

（6）结合获取到的成都地铁各线路行车间隔数据，将本次仿真中各线路高峰期行车间隔时间分别进行设置。其中，3 号线行车间隔时间为 150 s，4 号线行车间隔时间为 180 s。

3.7.1.5 客流压力加载

客流压力的加载分为初始客流的加载和压力的客流加载。对于城市轨道交通车站，客流的输入量为进站客流与下车客流之和。由于市二医院站总客流输入量在工作日早高峰时期到达全日峰值，因此选取工作日早高峰客流数据作为初始加载量，以 10% 的客流增长率为步长进行压力加载，以保证加压客流的精确度。

3.7.1.6 模型运行时间

仿真模型初始运行时，站内进出站及换乘客流走行状态尚不稳定，随着模型运行时间的增加，站内各关键设施处乘客密度逐渐保持稳定，因此，仿真模型运行时间应当至少为乘客走行状态稳定的时间。由以上描述可知，当模型中首批输入的下车客流能够顺利通过车站内各关键设施出站时，即可证明模型运行状态达到稳定。根据仿真模型运行过程中乘客走行时间测试，对乘客最大站内平均走行时间进行计算，则模型稳定运行时间应取输入客流人数与该最大走行时间的乘积。

3.7.1.7　测试终止条件

根据前述对服务水平的分析，当各项关键设施设备处于 F 级服务水平时，行人交通状况极为拥挤，只能随着主要行人流一步步向前移动，并会频繁与其他行人发生碰撞。以站台为例，此时该车站区域行人密度通常高于 3.78 人/m^2，人均空间面积小于 0.36 m^2，安全风险极高。因此，应在仿真模拟测试过程中实时监控各关键设施服务水平，当某项设施服务水平达到 F 级时应停止实验。

3.7.1.8　仿真结果分析

市二医院站在停止实验前一共进行了十二次仿真测试（见表 3-5），在第十二次实验过程中，4 号线站台中部与站厅连接楼梯客运服务能力严重不足，大量下车出站乘客在此堆积，同时 3 号线站台中部与 4 号线换乘楼梯客流密度较高，客运服务能力勉强能满足乘客需要，但已经处于 F 级服务水平，故停止实验。停止实验时 3、4 号线站台情况如图 3-7、图 3-8 所示。

表 3-5　市二医院站承载能力测试情况

实验编号	进站客流/人次	下车客流/人次	总输入量/人次	停止实验
1	2 575	16 499	19 074	否
2	2 875	18 472	21 347	否
3	3 175	20 446	23 621	否
4	3 475	22 419	25 894	否
5	3 775	24 392	28 167	否
6	4 075	26 366	30 441	否
7	4 375	28 339	32 714	否
8	4 675	30 312	34 987	否
9	4 975	32 286	37 261	否
10	5 275	34 259	39 534	否
11	5 575	36 232	41 807	否
12	5 875	38 206	44 081	是

图 3-7　市二医院站 3 号线站台

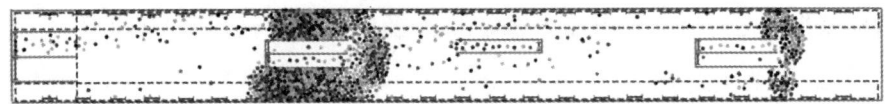

图 3-8　市二医院站 4 号线站台

3.7.2　成都地铁线路运输能力分析

影响城市轨道交通线路运输能力的因素有线路基本条件及运营技术条件等因素，但其中影响程度最大的因素为列车车型编组及行车间隔。因此，在成都地铁各线路现有车型的情况下，行车间隔的设置将直接关系到线路运输能力上限。参考国内北京、上海等城市地铁运营经验及相关研究，认为成都地铁行车间隔最短应设置为 2 min 左右。在此根据该行车间隔及高峰系数 1.2 对各线路极限运输能力进行计算，见表 3-6。

表 3-6　成都地铁各线路极限运输能力

线路编号	车辆编组	列车能力/（人/列）	高峰能力/（人/列）	线路能力/（人/h）
1	6B	1 468	1 762	52 848
2	6B	1 468	1 762	52 848
3	6B	1 468	1 762	52 848
4	6B	1 468	1 762	52 848
5	8A	2 144	2 573	77 184
6	8A	2 144	2 573	77 184
7	6A	1 860	2 232	66 960
8	6A	1 860	2 232	66 960
9	8A	2 480	2 976	89 280
10	6A	1 504	1 805	54 144
17	8A	1 704	2 045	61 344
18	8A	2 096	2 515	75 456

3.7.3 成都地铁大线网承载能力分析

3.7.3.1 成都地铁概况

截至 2021 年 12 月，成都地铁共开通 13 条线路，总运营里程超过 500 km，工作日全日平均日客流量超过 500 万人次/d，成为我国城市轨道交通建设最前沿的城市之一。

3.7.3.2 计算方法

本次测试采用前述"压力测试"思路，通过对所构建的成都地铁线网客流仿真系统进行测试，不断增大线网承载客流压力，并对比线路运输能力与系统测试客流断面压力，对线网内部各线路运输服务水平进行分析，决定是否需要调整测试客流压力或部分区段行人出行交通阻抗。当部分线路区段无法通过调整行人出行交通阻抗的方式缓解客流压力时，即线路承载能力达到瓶颈，相关区段即为线网瓶颈区段。

3.7.3.3 基础数据

由于工作日客流出行规律与客流结构基本保持一致，因此可以考虑使用某工作日实际运营客流数据进行测试。本测试案例以成都地铁 2021 年 10 月某周除去周一与周五后，剩余三天工作日早高峰客流平均数值为初始客流，此时全线网进站量为 681 450 人次/h，出站量为 784 263 人次/h，客运量为 998 653 人次/h。为体现高峰时期客流超载现象，将各线路区段极限承载能力按高峰系数为 1.2 进行加乘，即将线路极限承载能力调整为线路理论承载能力的 1.2 倍。

3.7.3.4 按现状承载能力测算

本次测试以上述基础数据为基础输入客流，地铁各线路运输能力采用相应线路的现状承载能力数据，并以基础客流量的 10% 为步长进行迭代加压测试。

通过在测试过程中对各线路区段运输能力及客流断面压力进行对比分析，发现当测试进行到第四轮，即客流总压力为工作日早高峰的 140% 时部分线路区段难以满足断面客流需要。

按照运营现状客流数据进行到第四轮测试时，线网进站客流量为 954 069 人次/h，出站量为 1 098 031 人次/h，客运量为 1 391 987 人次/h。此时部分线路高峰区段客运承载能力不足，其中地铁 1 号线省体育馆—金融城下行方向四个区段客运能力不足，尤以火车南站—高新下行方向区段最为突出；地铁 4 号线宽窄巷子—成都西站上行方向六个区段客运能力紧张，尤以文化宫—清江西路上行方向区段最为突出，如图

3-9 和图 3-10 所示。

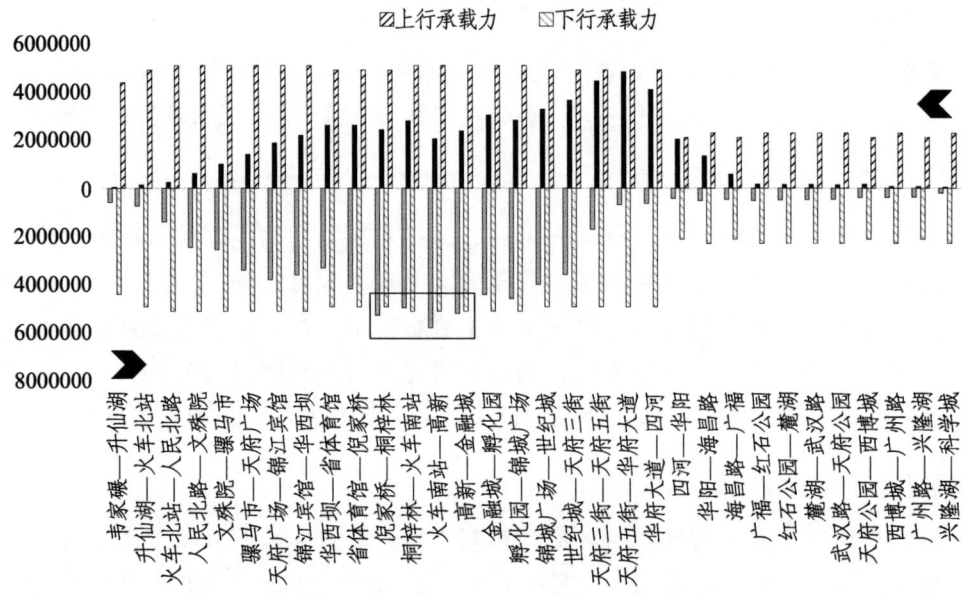

图 3-9　地铁 1 号线承载能力与测试客流断面比较分析

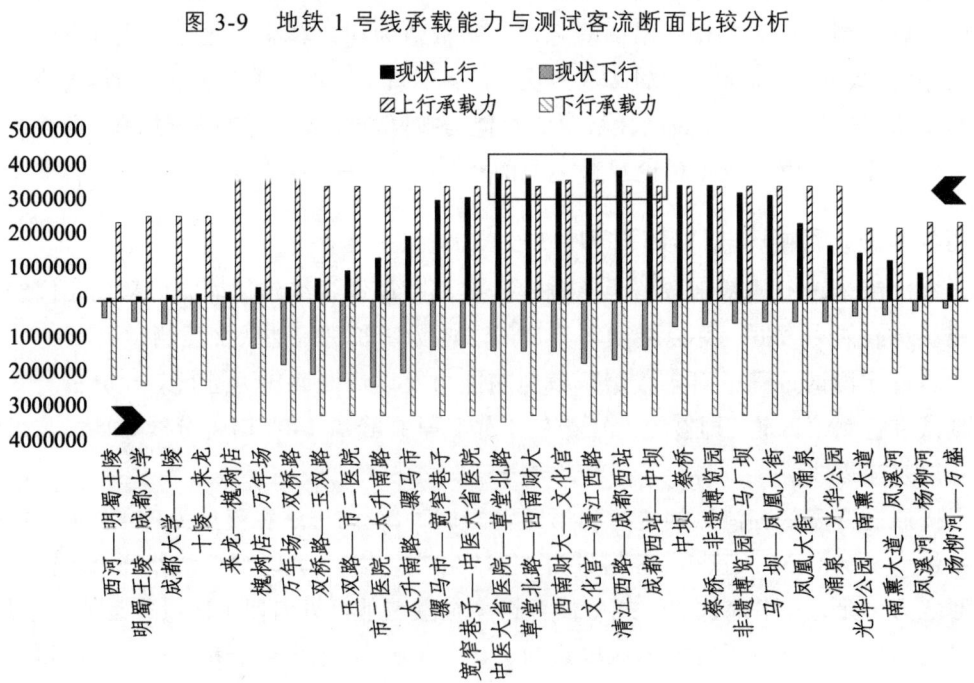

图 3-10　地铁 4 号线承载能力与测试客流断面比较分析

结合以上客流断面数据分别对地铁 1 号线、4 号线客运情况进行分析。

1. 地铁 1 号线

对于地铁 1 号线，结合以上区段各站进出客流及换乘客流数据，认为造成该区段客运能力不足的原因在于倪家桥站由 8 号线换乘 1 号线下行方向及该站进站客流量过大，由此造成省体育馆—倪家桥区段及倪家桥—桐梓林区段客流断面发生突变，客流断面超出该区段客运承载能力。

其中，火车南站—高新区段客运承载能力严重不足，区段拥挤度达到 136%，此时乘客无法在火车南站正常上下车。分析火车南站进出站及换乘客流数据，认为造成该区段客运能力不足的原因在于，火车南站作为 7 号线与 1 号线换乘站，工作日早高峰时期由 7 号线换乘 1 号线下行方向客流量较大，同时其自身为成都南部大型交通枢纽站，导致进站客流量较大。

2. 地铁 4 号线

对于地铁 4 号线，结合 4 号线客运能力紧张区段各站进出站及换乘客流数据，认为该线路瓶颈区段客运能力不足的主要原因在于：中坝、清江西、成都西站、文化宫等站周边多为密集居民区，在工作日早高峰时期进站客流量较大，同时，成都西站及文化宫站分别作为 4 号线与 9 号线、7 号线的换乘站，在工作日早高峰时期换入 4 号线的客流量大于换出客流量。

结合以上各线路瓶颈区段客运能力分析情况，对客流仿真系统做出调整。

（1）增大 1 号线倪家桥—桐梓林区段行人出行交通阻抗，进一步调整客流路径，使得乘客更愿意乘坐与 1 号线并行的 5 号线、6 号线向南行走，以减轻该区段客流压力。

（2）增大 1 号线火车南站—高新区段行人出行交通阻抗，进一步调整客流路径，使得乘客更愿意乘坐与 1 号线并行的 18 号线向南行走，以减轻该区段客流压力。

（3）降低 17 号线凤溪河—温泉大道区段及 9 号线成都西站—培风区段行人出行交通阻抗，进一步调整客流路径，使得向南行走的乘客更愿意直接从 4 号线换乘 17 号线及 9 号线而不是在城区内换乘 5 号线、1 号线等南北走向线路。

（4）适当增大 4 号线中坝—成都西站及文化宫—西南财大区段行人出行交通阻抗，进一步调整客流路径及客流结构，使得搭乘 4 号线由西往东行走的乘客出行成本更高，以确保 17 号线及 9 号线对于 4 号线向南乘客的分流效果。

对客流仿真系统行人出行交通阻抗及客流路径进行调整后，工作日早高峰时期成都地铁 1 号线、4 号线客流断面与承载能力比较关系如图 3-11 和图 3-12 所示。

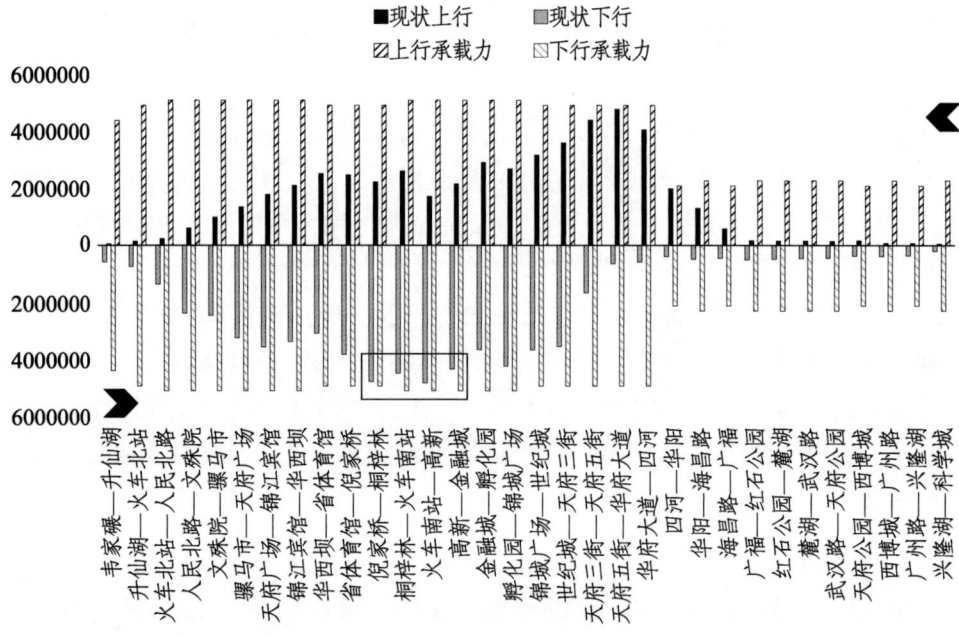

图 3-11　调整后地铁 1 号线承载能力与测试客流断面比较分析

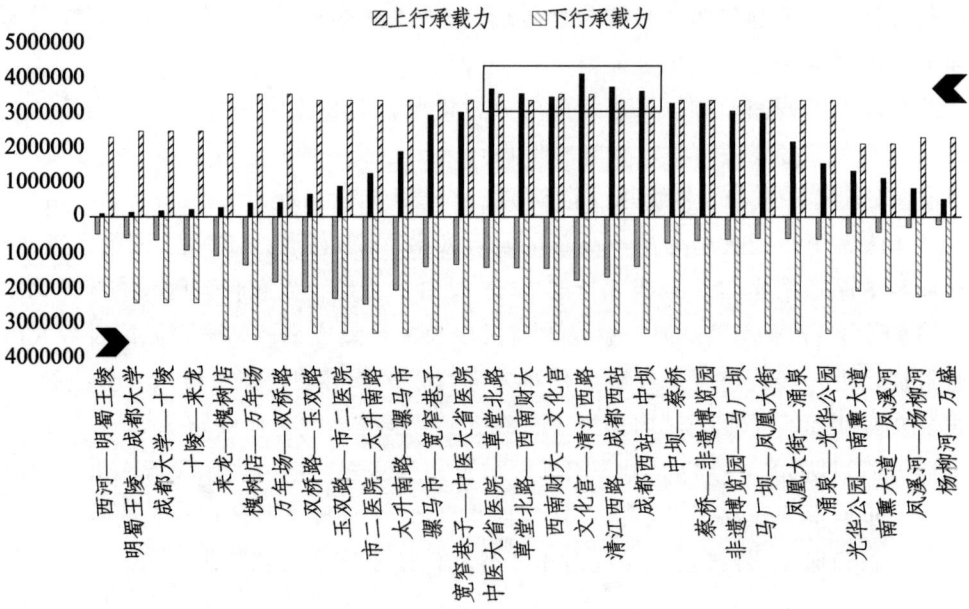

图 3-12　调整后地铁 4 号线承载能力与测试客流断面比较分析

对客流仿真系统进行调整之后，地铁 1 号线原本客运能力不足的四个高峰区段客流被分流至同向的并行线路上，区段拥挤度得到明显改善。但 4 号线上行方向高峰区段客流分流效果不明显，客流断面虽稍有降低但仍超出了区段客运承载能力，这说明目前 4 号线高峰区段客流结构已经是以从西往东的客流为主，从 4 号向南行走的客流已经完全由 17 号线、9 号线分流。按照客流分配理论分析，目前已经无法通过调整相关线路及区段行人出行交通阻抗对拥挤区段客流进行调整与再分配，而 4 号线客运能力仍不满足客流需求，因此停止对客流仿真系统进行重加载。此时即为受线路运输能力限制下的最大线网承载状态。

测试停止时成都地铁线网各线路进出站客流量如图 3-13 所示。

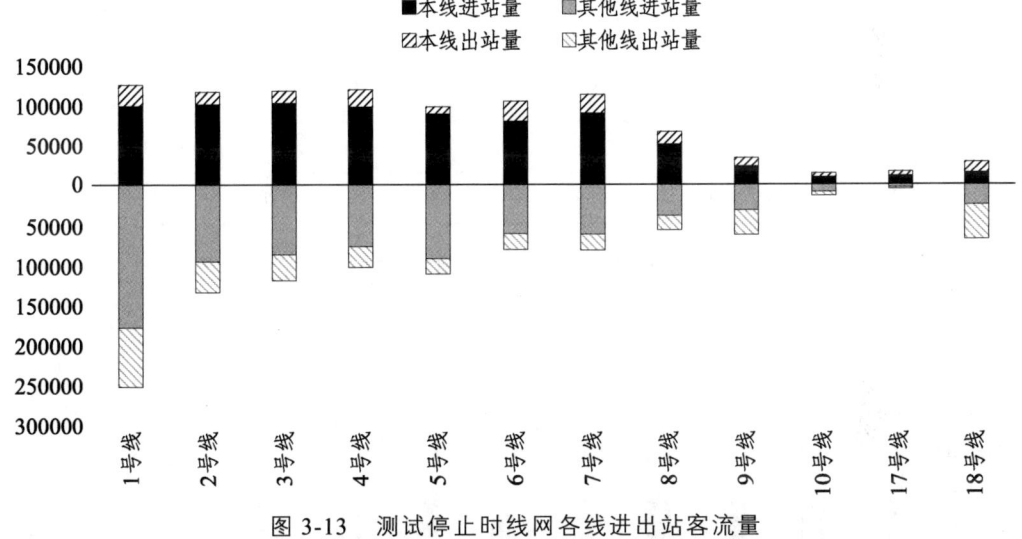

图 3-13　测试停止时线网各线进出站客流量

测试停止时成都地铁线网各线路进出站客流量详细数据见表 3-7。

表 3-7　测试停止时线网各线进出站客流量

线路	本线进站量/(人次/h)	其他线进站量/(人次/h)	本线出站量/(人次/h)	其他线出站量/(人次/h)	进站量/(人次/h)	出站量/(人次/h)	本线进站系数	本线出站系数
1 号线	98 937	26 495	179 614	74 102	125 432	253 716	0.79	0.71
2 号线	101 341	15 377	96 650	38 707	116 718	135 357	0.87	0.71
3 号线	102 897	15 169	87 773	32 423	118 066	120 196	0.87	0.73

续表

线路	本线进站量/(人次/h)	其他线进站量/(人次/h)	本线出站量/(人次/h)	其他线出站量/(人次/h)	进站量/(人次/h)	出站量/(人次/h)	本线进站系数	本线出站系数
4号线	97 852	21 709	77 579	26 239	119 561	103 818	0.82	0.75
5号线	88 946	8 926	92 819	19 467	97 872	112 286	0.91	0.83
6号线	79 914	24 939	61 549	20 093	104 853	81 642	0.76	0.75
7号线	89 769	23 388	62 160	20 081	113 157	82 241	0.79	0.76
8号线	50 896	15 581	39 162	17 799	66 477	56 961	0.77	0.69
9号线	22 987	10 675	32 086	31 020	33 662	63 106	0.68	0.51
10号线	9 075	4 763	9 539	4 778	13 838	14 317	0.66	0.67
17号线	10 804	4 966	3 886	1 922	15 770	5 808	0.69	0.67
18号线	14 652	14 011	25 241	43 342	28 663	68 583	0.51	0.37
合计	768 070	185 999	768 058	329 973	954 069	1 098 031	0.81	0.70

测试停止时成都地铁线网各线路客运量如图3-14所示。

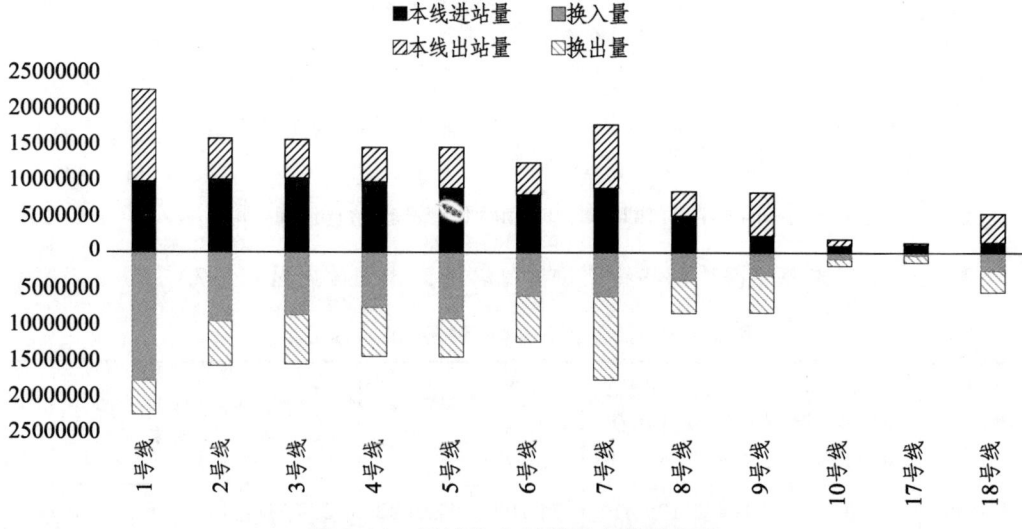

图3-14 测试停止时线网各线客运量

测试停止时成都地铁线网各线路进出站客流量详细数据见表3-8。

表 3-8 测试停止时线网各线客运量

线路	进站量/ (人次/h)	出站量/ (人次/h)	换入量/ (人次/h)	换出量/ (人次/h)	换入客运量/ (人次/h)	换出客运量/ (人次/h)	换入系数	换出系数
1号线	98 937	179 614	127 690	47 009	226 627	226 623	2.29	1.26
2号线	101 341	96 650	56 988	61 676	158 329	158 326	1.56	1.64
3号线	102 897	87 773	53 387	68 504	156 284	156 277	1.52	1.78
4号线	97 852	77 579	47 825	68 098	145 677	145 677	1.49	1.88
5号线	88 946	92 819	57 156	53 285	146 102	146 104	1.64	1.57
6号线	79 914	61 549	44 970	63 332	124 884	124 881	1.56	2.03
7号线	89 769	62 160	88 088	115 696	177 857	177 856	1.98	2.86
8号线	50 896	39 162	34 067	45 802	84 963	84 964	1.67	2.17
9号线	22 987	32 086	60 867	51 767	83 854	83 853	3.65	2.61
10号线	9 075	9 539	9 637	9 173	18 712	18 712	2.06	1.96
17号线	10 804	3 886	3 082	10 000	13 886	13 886	1.29	3.57
18号线	14 652	25 241	40 161	29 573	54 813	54 814	3.74	2.17
合计	768 070	768 058	623 917	623 917	1 391 987	1 391 975	1.81	1.81

由测试停止时工作日早高峰线网总客运量 1 391 987 人次/h，按照工作日早高峰客流量占工作日全日的 17.5%进行换算。计算可得，测试停止时工作日全日线网总客运量为 7 954 211 人次/d。

近期其他文献中如《基于利用率的城市轨道交通路网有效输送能力计算方法》中，通过计算各区段利用率对成都地铁线网有效输送能力进行计算，最终计算结果为线网全日有效输送 8 675 280 人次/d。将本次测试结果与该结果进行对比分析，认为两种不同方式计算下的成都地铁线网承载能力结果相近，故此次基于"压力测试"的成都地铁线网承载能力结果可信度较高，可为地铁运营提供参考。

3.7.3.5 按极限运输能力测算

本次测试以上述基础数据为基础输入客流，地铁各线路运输能力采用前述行车间隔取最小 2 min 时的极限运输能力数据，并以基础客流量的 10%为步长进行迭代加压测试。

通过在测试过程中对各线路区段运输能力及客流断面压力进行对比分析，发现当测试进行到第七轮时，即客流总压力为工作日早高峰的170%时部分线路区段难以满足断面客流需要。

按照运营现状客流数据进行到第七轮测试时，线网进站客流量为1 158 485人次/h，出站量为1 333 301人次/h，客运量为1 715 434人次/h。此时部分线路高峰区段客运承载能力不足，其中地铁1号线省体育馆—高新下行方向三个区段客运能力紧张或不足，尤以火车南站—高新下行方向区段最为突出；同时，地铁1号线天府三街—华府大道上行方向三个区段客运能力紧张或不足，尤以天府五街—华府大道上行方向区段最为突出，如图3-15所示。

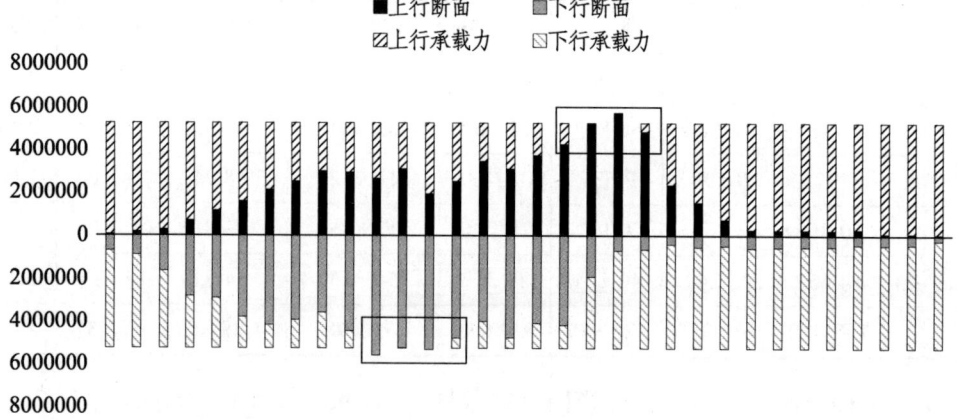

图3-15　地铁1号线第7次测试客流断面与承载能力比较分析

结合以上客流断面数据分别对地铁1号线下行及上行方向客运情况进行分析。

1. 地铁1号线下行方向客运情况分析

对于地铁1号线下行方向拥堵区段，其中，倪家桥—桐梓林区段及火车南站—高新区段客运承载能力严重不足，区段拥挤度分别达到127%及121%，此时乘客无法在相关地铁车站正常上下车。

结合以上区段各站进出客流及换乘客流数据，认为造成该区段客运能力不足的原因在于倪家桥站由 8 号线换乘 1 号线下行方向及该站进站客流量过大，由此造成省体育馆—倪家桥区段及倪家桥—桐梓林区段客流断面发生突变，客流断面超出该区段客运承载能力；同时，成都市早高峰时期由北至南通勤客流量过大，而火车南站恰为地铁 1、7 号线的换乘站，由 1、7 号线带来的南向客流皆汇聚于此，且其自身为成都南部大型交通枢纽站致使该站进站客流量较大，造成火车南站—高新区段客流断面超出该区段客运承载能力。

2. 地铁 1 号线上行方向客运情况分析

对于地铁 1 号线上行方向拥堵区段，其中天府三街—天府五街区段及天府五街—华府大道区段客运承载能力严重不足，区段拥挤度分别达到 120% 及 130%，此时乘客无法在相关地铁车站正常上下车。

结合以上区段各站客流数据，认为造成该区段客运能力不足的原因在于天府三街、天府五街、华府大道等车站在工作日早高峰时期进站量非常大，同时 1 号线支线客流也在此区段处与 1 号线主线进行汇聚。虽然建设有地铁 18 号线与 1 号线并行分摊南部客流压力，但距离拥堵区段最近的换乘站为北边的世纪城站，上行客流必须经过拥堵区段才能到达世纪城站换乘 18 号线，由此造成天府三街—天府五街区段及天府五街—华府大道区段客流断面超出该区段客运承载能力。

结合以上各线路瓶颈区段客运能力分析情况，对客流仿真系统做出调整。

（1）增大 1 号线倪家桥—桐梓林区段行人出行交通阻抗，进一步调整客流路径，使得乘客更愿意乘坐与 1 号线并行的 5 号线、6 号线向南行走，以减轻该区段客流压力。

（2）增大 1 号线火车南站—高新区段行人出行交通阻抗，进一步调整客流路径，使得乘客更愿意乘坐与 1 号线并行的 18 号线向南行走，以减轻该区段客流压力，确保 18 号线对 1 号线乘客的分流效果。

（3）增大 1 号线世纪城—天府三街区段行人出行交通阻抗，进一步调整客流路径及客流结构，使得搭乘 1 号线由南往北行走的乘客出行成本更高，使得该部分客流更愿意先乘坐 1 号线向南乘坐至海昌路，再换乘至 18 号线北上，以此减轻 1 号线南部上行客流压力。

对客流仿真系统行人出行交通阻抗及客流路径进行调整后，工作日早高峰时期成都地铁 1 号线客流断面与承载能力比较关系如图 3-16 所示。

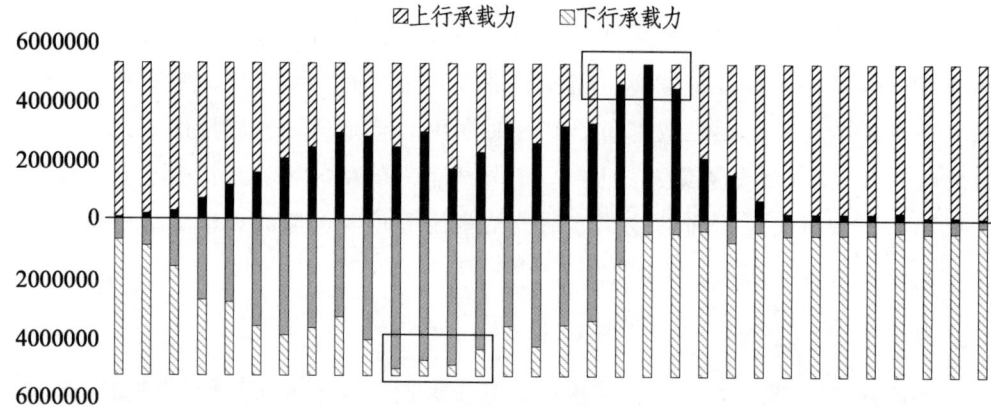

图 3-16 调整后地铁 1 号线第 7 次测试客流断面与承载能力比较分析

对客流仿真系统进行调整之后,地铁 1 号线下行方向原本客运能力不足的 4 个高峰区段客流被分流至同向的并行线路上,区段拥挤度得到明显改善。但 1 号线上行方向高峰区段客流分流效果不明显,客流断面虽稍有降低,但其最高断面仍然处于区段客运能力十分饱和的状态,勉强满足进行下次迭代测试的要求。

在进行第八次测试时,1 号线客流断面与承载能力比较关系如图 3-17 所示。

结合以上客流断面数据对地铁 1 号线下行及上行方向客运情况分析后认为,造成第八次测试中部分区段拥堵的原因与第 7 次基本相同,故采用相同的方法进行调整,结果如图 3-18 所示。

此时地铁 1 号线下行方向拥堵区段客流压力得到缓解,但上行方向拥堵区段客流断面仍超出了区段客运承载能力。这说明目前 1 号线上行方向拥堵区段中,愿意通过先向南再转北的客流已经全部被分流至其他并行线路。按照客流分配理论分析,目前已经无法通过调整相关线路及区段行人出行交通阻抗对拥挤区段客流进行调整与再分配,而 1 号线上行拥堵区段客运能力仍不满足客流需求,因此停止对客流仿真系统进行重加载。此时即为受线路运输能力限制下的最大线网承载状态。

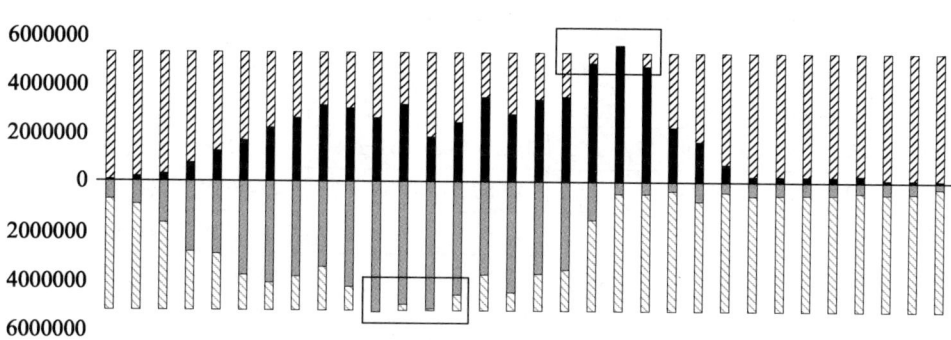

图 3-17　地铁 1 号线第 8 次测试客流断面与承载能力比较分析

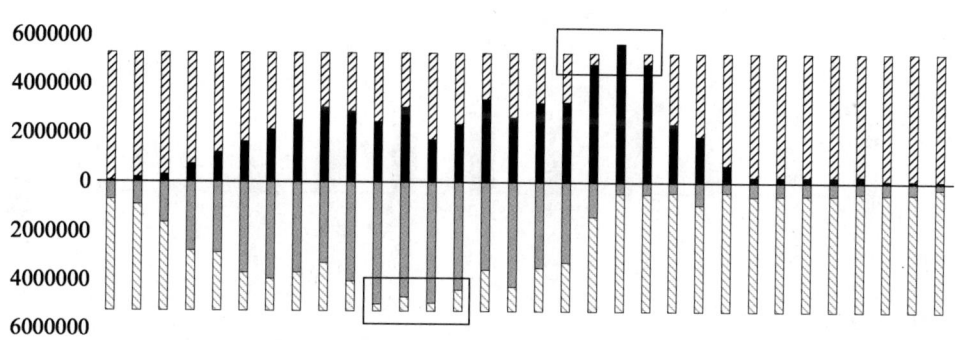

图 3-18　调整后地铁 1 号线第 8 次测试客流断面与承载能力比较分析

测试停止时成都地铁线网各线路进出站客流量详细数据如表 3-9 和图 3-19 所示。

表 3-9 测试停止时线网各线进出站客流量

线路	本线进站量/(人次/h)	其他线进站量/(人次/h)	本线出站量/(人次/h)	其他线出站量/(人次/h)	进站量/(人次/h)	出站量/(人次/h)	本线进站系数	本线出站系数
1号线	121 639	39 629	223 615	102 593	161 268	326 208	0.75	0.69
2号线	129 962	20 100	124 151	49 877	150 062	174 028	0.87	0.71
3号线	131 801	19 991	112 511	42 027	151 792	154 538	0.87	0.73
4号线	125 032	28 690	99 643	33 834	153 722	133 477	0.81	0.75
5号线	114 384	11 445	119 075	25 282	125 829	144 357	0.91	0.82
6号线	104 279	30 520	80 635	24 324	134 799	104 959	0.77	0.77
7号线	115 456	30 036	80 060	25 681	145 492	105 741	0.79	0.76
8号线	65 221	20 246	50 465	22 766	85 467	73 231	0.76	0.69
9号线	29 913	13 365	42 272	38 864	43 278	81 136	0.69	0.52
10号线	11 643	6 150	12 255	6 151	17 793	18 406	0.65	0.67
17号线	14 195	6 082	5 071	2 396	20 277	7 467	0.7	0.68
18号线	23 964	12 888	37 723	50 459	36 852	88 182	0.65	0.43
合计	987 489	239 142	987 476	424 254	1 226 631	1 411 730	0.81	0.7

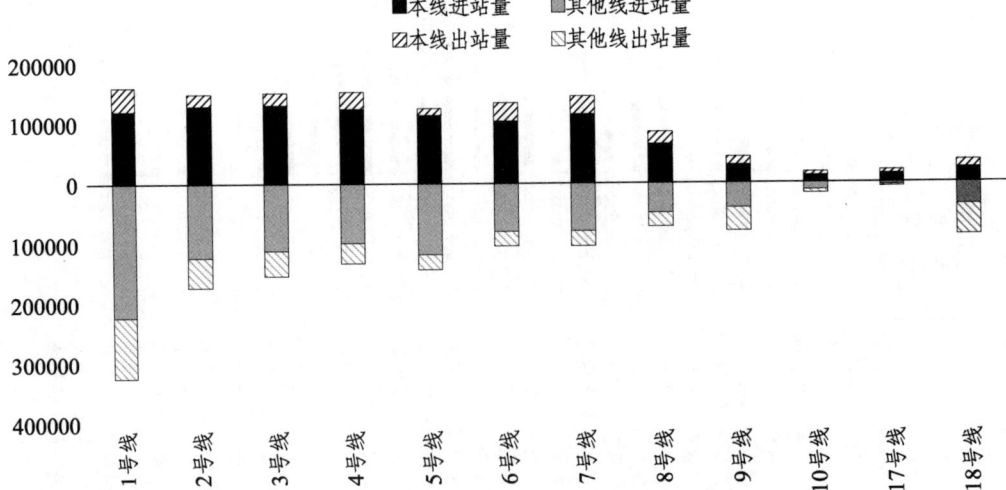

图 3-19 测试停止时线网各线进出站客流量

测试停止时成都地铁线网各线客流量详细数据如表 3-10 和图 3-20 所示。

表 3-10 测试停止时线网各线客运量

线路	进站量/(人次/h)	出站量/(人次/h)	换入量/(人次/h)	换出量/(人次/h)	换入客运量/(人次/h)	换出客运量/(人次/h)	换入系数	换出系数
1 号线	121 639	223 615	163 743	61 761	285 382	285 376	2.35	1.28
2 号线	129 962	124 151	72 718	78 530	202 680	202 681	1.56	1.63
3 号线	131 801	112 511	67 915	87 206	199 716	199 717	1.52	1.78
4 号线	125 032	99 643	61 091	86 479	186 123	186 122	1.49	1.87
5 号线	114 384	119 075	73 394	68 704	187 778	187 779	1.64	1.58
6 号线	104 279	80 635	62 589	86 230	166 868	166 865	1.6	2.07
7 号线	115 456	80 060	115 356	150 748	230 812	230 808	2	2.88
8 号线	65 221	50 465	42 883	57 638	108 104	108 103	1.66	2.14
9 号线	29 913	42 272	82 600	70 242	112 513	112 514	3.76	2.66
10 号线	11 643	12 255	12 439	11 824	24 082	24 079	2.07	1.96
17 号线	14 195	5 071	5 098	14 221	19 293	19 292	1.36	3.8
18 号线	23 964	37 723	69 028	55 271	92 992	92 994	3.88	2.47
合计	987 489	987 476	828 853	828 853	1 816 342	1 816 329	1.84	1.84

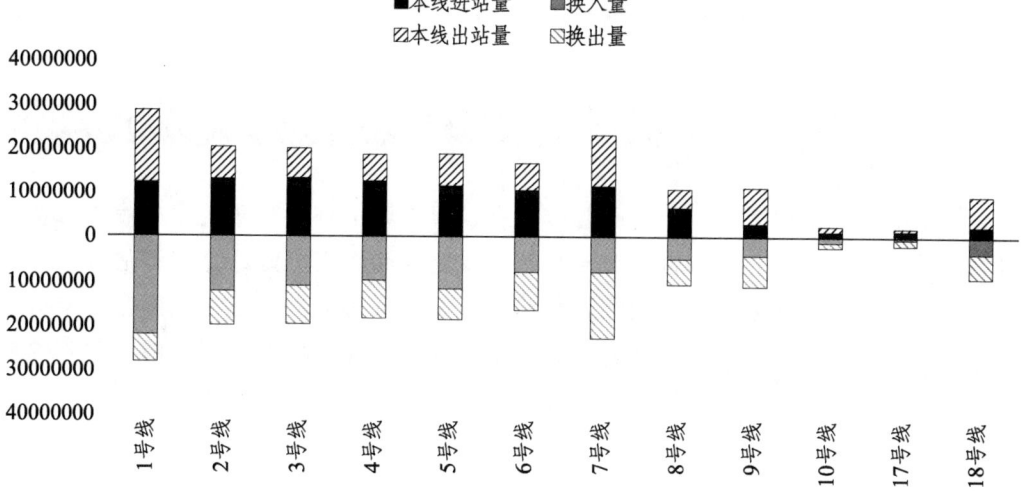

图 3-20 测试停止时线网各线客运量

由于测试停止时工作日早高峰线网总客运量 1 816 342 人次/h，按照工作日早高峰客流量占工作日全日 17.5%进行换算。计算可得，测试停止时工作日全日线网总客运量为 10 379 097 人次/d，约为 1000 万人次/d。此次基于"压力测试"的成都地铁线网运输能力计算结果可信度较高，可为地铁运营提供参考。

3.7.4　基于测试结果的成都轨道交通线网能力提升建议

根据以上分析内容，针对目前成都地铁线网运输能力，运营部门可采用以下措施提升线网瓶颈区段能力：

（1）由于 1、4 号线为线网运输能力瓶颈，针对 1 号线天府五街—华府大道、4 号线中坝—中医大省医院上行区段等运能紧张区段可采取以下措施。

① 考虑在线路内部运能紧张区段合理开行小交路，提高客流集中区段能力。

② 考虑在线路内合理开行快车、空车，在高峰时期将更多运能分配至以上运能紧张区段。

（2）针对火车南站、倪家桥、文化宫等服务水平紧张车站，为提升车站服务水平、缓解大客流压力可采取以下措施。

① 合理采用车站乘客控流措施，对进站客流进行限流，以缓解车站进站客流压力。

② 加强站内客流组织，如通过工作人员指示、设置换乘标线等方式对换乘客流进行引导，减少换乘客流站内走行。

3.8　本章小结

从车站、线路和网络三个层面开展研究，根据城市轨道交通线网运输能力利用的工作需求，分别研究城市轨道交通车站、线路及路网级能力计算和评估方法，并对成都轨道交通线网进行了实例测算与验证。综合成都轨道交通大线网客流与运力匹配度评估与问题分析的研究结果，以及本部分对于能力计算与评估的有关基础理论与实例计算结论，提出提升线网运输能力的主要策略。

第 4 章

城市轨道交通大线网应急行车组织方法

城市轨道交通线路大客流一般可以分受国家法定节假日、重大活动、赛事等影响的可预见性大客流和受雨雪、大风、大雾等天气原因以及道路事故、交通拥堵、封锁等影响的不可预见性突发大客流。一旦某条线路发生突发大客流情况，有可能造成线路运力满足不了当下运输需求，解决这种情况的策略有很多，例如客流管控、行车组织调整、加开备用车等。本章重点研究线网的自救能力，即因线路某个区间中断，通过相邻的联动线路来缓解突发客流线路的运输压力。

4.1 基于复杂网络特性的线间联动关系分析

随着成都地铁加速成网，其网络结构呈现一定复杂性。分析其拓扑结构和网络性能，识别站点及区间的重要度，有助于提高网络性能分析的准确性及确保成都地铁网络运营的安全性。

4.1.1 成都地铁网络拓扑结构分析

目前，成都地铁共计 12 条线路，线路总长 518.96 km，均采用地铁系统，共计 373 座车站投入运营，46 座换乘站。站点和线路如图 4-1 所示。

本章采用 *SpaceL* 方法构建城市轨道交通网络模型。模型中各节点对应城市轨道交通实际网络中的车站，边则用来表示相邻车站间的连接关系。轨道交通网络图数学模型表示为：$G=(V,E)$，用 $V=(v_1,v_2,\cdots,v_n)$ 表示网络中车站的集合，$E=(e_1,e_2,\cdots,e_n)$ 表示网络中区间线路的集合。本章以成都地铁现状线网为基础，构建城市轨道交通网络模型，分析其拓扑性质。

4.1.1.1 站点度

在 L 空间中，站点的度等于该车站相邻的车站个数。例如：成都地铁火车北站的相邻站点有 4 个，即通过换乘 1 号线可以到达升仙湖站、人民北路站，通过换乘 7 号线可以到达驷马桥站、北站西二路站，由此，火车北站的站点度值为 4。通过构建成都轨道交通网络层拓扑结构，可得到所有站点的度值，部分站点的度值见表 4-1。

第 4 章 城市轨道交通大线网应急行车组织方法

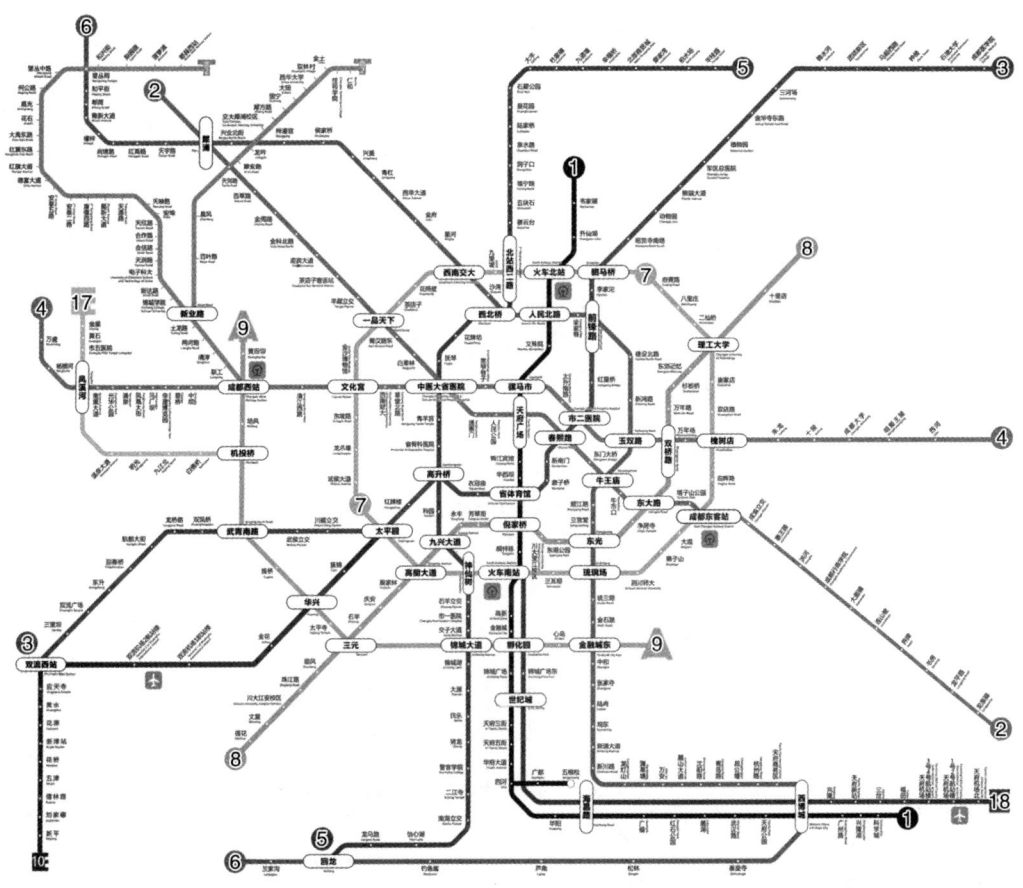

图 4-1 成都地铁网络现状运营图

表 4-1 部分站点的度值

车站编号	车站名称	度值	车站编号	车站名称	度值
1	韦家碾	1	37	天河路	2
3	火车北站	4	90	太平园	5
10	省体育馆	4	101	双流西站	1
22	四河	3	149	西南交大	2

4.1.1.2 平均路径长度

通过对城市轨道交通网络拓扑结构的构建,可以实现对车站节点间乘客出行路径的宏观描述。用站点间最短路径中包含的边数表示站点间的最短距离。例如,车站韦家碾与羊犀立交的最短路径为韦家碾→升仙湖→火车北站（1、7号线换乘站）→北站西二路→九里堤→西南交大→花照壁→茶店子→一品天下（2、7号线换乘站）→羊犀立交，则其最短距离为9。通过计算成都轨道交通网络各站点间的最短距离，可得到其平均路径长度为14.22。

4.1.1.3 平均网络效率

平均网络效率 E 是用于度量网络中节点交换信息效率的指标。定义网络 G 的平均网络效率之前，首先需要计算任意两站点间的最短路径 $\{d_{ij}\}$，设定站点 i 和 j 之间的效率为 e_{ij}，G 的平均网络效率定义为

$$E(G) = \frac{\sum_{i \neq j} e_{ij}}{N(N-1)} = \frac{1}{N(N-1)} \sum_{i \neq j} \frac{1}{d_{ij}}$$

4.1.2 站点重要度

可通过计算站点受破坏前后网络效率的变化等指标对站点重要度进行描述。首先，搜索网络中度较大的站点，然后，计算当此站点被攻击后引起的网络效率的变化大小不同识别站点重要度。部分站点损坏失效后的网络效率变化见表4-2。

表4-2 部分站点损坏失效后网络效率变化

站点	网络效率	变化率	度
火车南站	0.103	16.84%	5
孵化园	0.108	14.64%	6
中医大省医院	0.110	14.05%	6
太平园	0.113	13.72%	5
西博城	0.115	13.46%	6
一品天下	0.117	13.22%	4
省体育馆	0.119	13.20%	4

4.1.3 区间重要度

4.1.3.1 区间运营中断对客流的影响分析

在双线运营的城市轨道轨道交通中，区间运营中断是指突发事件引起的城市轨

道交通线网中某一车站或区间列车无法通行的情况。当双向中断发生时，为了维持线路的客运功能，运营部门通常会在离中断区间两端最近的折返车站开行小交路，这样，如果中断区间包括单个区间（站点）或多个区间（站点），位于中断区间内部的车站会在短时封站措施的影响下变为不可达站点。

为了研究中断区间的鲁棒性，首先对已经处于中断状态的网络OD客流进行分类，即把网络中的客流分为以下三种：无法通过轨道交通出行到达目的地的客流，改变出行路径的客流和出行不受中断区间影响的客流。

1. 无法由轨道交通出行到达目的地的客流

当路网发生双向区间中断时，会导致部分客流丧失可达性。该类客流包括：（1）若起讫点位于中断区间内或乘客没有有效路径可选择，客流无法再通过轨道交通到达目的地，乘客只能选择公交、步行等其他出行方式到达，这部分客流属于区间中断运营损失的客流；（2）另一部分客流包括因为区间中断、运营交路改变等采取临时封站措施而导致的无法进站的客流。

2. 改变出行路径的客流

每一个OD对之间往往存在多条可达路径。一般情况下，一个OD对间的大部分客流都集中在最短路径上。若乘客的最短出行路径经过中断区间，那么这部分客流只能重新选择其他次短路径进行绕行，这会造成替代路径的部分区间断面客流量大幅度增加，导致开行方案无法适应。该类客流的有效路径集发生了变化，但仍然存在其他可达路径可达，客流将在可达路径上被重新分配。

3. 出行不受中断区间影响的客流

突发事件引起区间中断后，对城市轨道交通网络的影响范围是有限的，且随着时间的推移，影响范围逐渐缩小。因此，在一定影响范围之外的线路和车站客流几乎不受影响，这部分客流的客流特征与日常情况相比不发生改变，其路径上的客流分配比例与平常相同。

4.1.3.2 区间脆弱性评价

按照以上三部分客流建立级联失效模型，采用区间脆弱性指标k_i评价城市轨道交通网络服务的脆弱性。

$$k_i = \alpha M_i + \beta \sum_{j=1}^{N}(Q_j + I_j)$$

式中　M_i——正常运营情况下中断区间 i 的断面量，这部分客流因为区间中断不得不改变出行路径；

　　　Q_j——正常运营情况下 j 站的进站量；

　　　I_j——正常运营情况下 j 站的换乘量（若 j 站为换乘站）；

　　　N——短时封站的车站数；

　　　α,β——各自项的权重。

通过计算，可得到成都地铁关键区间的网络服务脆弱性，如表 4-3 所示。排在关键区间网络服务脆弱性首位的是 7 号线的火车南站—神仙树。由于该区间中断会造成周边三瓦窑站同时封站，且火车南站、神仙树站的早高峰客运量及区间断面量均较大，容易导致整个网络客流拥堵严重和运营秩序紊乱，需引起运营管理部门重视。

表 4-3　成都地铁部分关键区间对应的网络服务脆弱性

区间	所属线路	k_i
火车南站—神仙树	7 号线	26 714
三瓦窑—火车南站	7 号线	23 182
桐梓林—火车南站	1 号线	18 754
牛市口—牛王庙	2 号线	17 204
塔子山公园—东大路	2 号线	16 966
东大路—牛市口	2 号线	16 856
一品天下—羊犀立交	2 号线	16 710
文化宫—西南财大	4 号线	16 207
神仙树—石羊立交	5 号线	15 966
省体育馆—磨子桥	3 号线	14 064

4.2　基于客流分析的应急情况下的线间联动关系分析

在城市轨道交通网络运营中，由于受各种突发因素影响，轨道线路运营能力可能减小甚至消失，以至于不能满足日常运输组织工作。此时，需考虑线网间线路联动关系，通过联动线路缓解客流压力，提高线网自救能力。本章以突发事件造成的轨道交通网络中两站点之间的区间中断为背景，以突发情况下大客流传播理论为基础，建立中断时段下的客流重分配模型，得到突发客流换乘每条线路的比例作为运输组织的基础，达到线间联动自救的目的。

4.2.1 网络化运营条件下突发大客流的传播

在城市轨道交通网络化运营条件下，由于线路间的通达性加强，线路之间与车站之间实现了互联、互通、互动和资源共享。在网络化运营条件下，城市轨道交通网路呈现出更多新的特征，如网络结构和规模复杂化、列车运行组织方式多样化、客流时空分布复杂化等，以上特点是构成突发大客流复杂传播规律的重要因素。

由于突发大客流发生时间与发生站在网络中位置的不同，以及客流目的地的差异，导致突发大客流在具体车站不同时段和方向上传播不均衡。掌握客流的动态变化规律以及采取相应的客流管控措施，将有利于减缓突发客流变化对线网行车组织的影响。当线路发生应急情况时，往往会伴随着本线或邻线各个车站聚集大量的乘客，不同车站客流的集聚规律是不一样的。因此，通过对不同车站的客流集聚规律进行统计与分析，对不同突发影响时间条件下的客流进行科学管控，将有利于减少突发事件对本线或整个城市轨道交通网络的影响。

突发大客流持续时间往往比较短暂，且随着时间推移，最终会衰减、消散、结束。因此，在整个大客流疏散期间，发生站、换乘站和中间站在不同时段内断面客流量不均衡。大客流拥挤传播是客流拥挤产生后，随着列车运行在轨道交通线路上传播扩散通过换乘行为在城市轨道交通网络中传播扩散。按照拥挤传播的范围，客流拥挤传播分为点拥挤、线拥挤和面拥挤三种，具体定义和传播特征见表4-4。

表4-4 客流拥挤定义和传播特征

拥挤类别	定义	传播特征	产生原因
点拥挤	客流拥挤主要集中在某一个或多个独立的车站/区间出现	不传播至相邻车站或区间	一般是由于下车客流较大，而上车客流较小
线拥挤	线路上相互影响的多个车站或多个区间发生同步拥挤	呈现方向性传播特征	沿线多站上车客流较大，下车客流较小
面拥挤	2条及以上相互关联的线路出现多个车站或多个区间发生同步拥挤	换乘站为客流网络传播提供了条件	

4.2.2 运营中断情况下的客流重分配模型与算法

在运营发生中断的情况下，城市轨道交通网络拓扑结构发生变化，此时可以将问题转化为网络拓扑结构改变后的客流重分配问题。以城市轨道交通线路部分中断情况为例，分析轨道交通在运营中断情况下的乘客路径选择行为，建立局部中断下的客流重分配算法，探讨中断情况下造成的客流重分配问题，为利用应急情况下线路联动能力，制定行车调整策略提供决策支持。

4.2.2.1 运营中断的影响范围分析

突发事件影响造成线路中断运营时，客流影响范围可分为直接影响范围和间接影响范围。直接中断的区段内，会造成车站瘫痪或区间无法行车，该区段的通行能力消失。间接影响范围为事发线路其他维持小交路运营的非中断区段或可换乘到达的相邻线路，可导致线路运力下降，运营管理难度增加。明确运营中断的影响范围，有助于分析中断对客流出行的影响以及受影响客流的确定。通常情况下，运营中断发生以后，运营管理部门将及时根据中断发生位置进行运营调整，运营调整需首先考虑线路上车辆段与折返站的设置。因此，根据中断发生位置和线路上车辆段和折返站位置，可以大致判断出中断影响的车站和区间，从而确定受影响客流的范围。

4.2.2.2 运营中断下乘客路径选择行为分析

本章研究的运营中断是指城市轨道交通网络中某一车站或区间受突发事件影响，造成车站瘫痪或区间双向列车无法通行的情况。城市轨道交通运营中断时，部分乘客需改变其原有出行计划，从而网络客流分布特征随之发生变化。运营中断发生时，乘客出行路径选择行为有：

（1）放弃城市轨道交通。若乘客出行起讫点位于中断区间，运营中断使轨道交通网络分裂成两个或多个互不连通的子网络，乘客出行起讫点位于不同的子网中，造成乘客无法乘坐轨道交通到达目的地，此时，乘客可能会放弃乘坐轨道交通出行，该部分客流流失，不参与客流重新分布。本章研究不考虑这部分客流损失，即假设所有乘客仍将选择城市轨道交通出行。

（2）改换绕行路径。在网络化运营条件下，任意起讫点之间往往存在多条可达路径，大部分乘客出行路径选择都集中在最短路径上。当最短路径途径中断区段时，由于原出行路径受到影响，导致乘客不得不放弃原有路径，改选绕行路径出行。此时，绕行路径的出行成本往往大于原有路径。该部分客流将参与客流重新分布。

（3）改换出行起点。若乘客的出行起点在中断区间，由于其出发车站往往处于封闭状态，乘客只能选择故障车站邻近的车站作为起点，继续乘坐轨道交通出行。通常，重新选择进站点会额外增加乘客出行时间，增加出行成本。该部分客流参与重新分布。

（4）改换出行终点。若乘客的出行终点位于中断区间，由于其目的地车站往往也是处于封闭状态，乘客若继续乘坐轨道交通出行，其只能选择距离目的地最近的运营车站。通常，重新选择出站点也会额外增加乘客出行时间，降低出行体验，该部分客流参与重新分布。

（5）路径拥挤度提升，服务水平下降的客流。原出行路径未途经中断区域的乘客，一般情况下仍然继续选择原有路径出行，这部分客流的路径选择倾向一般不会受影响。但由于受部分区间中断的影响，导致原本需要经过中断路径的乘客绕行到该路径，这样会造成该路径上客流量大幅度增加，进而影响列车满载率水平，从而影响正常出行乘客的候车时间和乘车舒适度。

（6）等待中断恢复后出行的客流。中断发生后，部分客流依据获取的中断信息判断中断的持续时间。若中断持续时间较短时，乘客选择等待中断恢复后继续乘坐轨道交通出行，该部分客流量通常较小。本章不考虑这部分客流量。

4.2.2.3　运营中断下客流重分配算法

运营中断情况下，城市轨道交通网络拓扑结构遭到破坏，导致部分 OD 对间有效路径消失或减少，此时，乘客需要根据运营中断下的网络拓扑结构重新选择路径。因此，该问题转化为城市轨道交通网络拓扑结构发生改变后客流重新分配的问题。

运营发生中断时，需要将城市轨道交通网络拓扑结构中的中断区段删除，然后，按照客流处理原则，将不参与客流分配的客流量从客流总量中剔除。突发情况下客流重分配算法步骤为：

Step1：依据运营中断发生的位置，改变城市轨道交通网络的拓扑结构，删除与中断区间相关的节点和边。

Step2：依据运营中断下客流的出行选择行为分析，筛选受中断影响的 OD 客流。

Step3：按照受影响客流的处理原则，在原始 OD 客流表中对受影响客流进行分类处理，并删除不参与重分配的客流。

Step4：按城市轨道交通网络客流随机分配模型和算法进行客流重新分配。

Step5：统计计算联动线路相关客流指标。

4.3 应急情况下的线间联动关系

4.3.1 中断线路的运输组织调整

城市轨道交通网络运营中断时，造成的影响将迅速传播到关联线路甚至整个路网。因此，必须及时、有效地介入运营中断动态管理。应急条件下的运输组织调整主要包括行车调度计划调整、列车交路方案调整、列车停站方案调整和列车编组方案调整，本小节将对这些方案进行介绍。

4.3.1.1 行车调度调整

行车调度计划包括列车停运下线、列车加开替开、列车站前折返和组织路网内各相应车站进行快速作业等方面。

（1）列车停运、下线。

部分列车受到运营中断的影响不能继续前行担当运行线，此时要组织列车停运或下线，使该列车退出服务。停运、下线组织列车一般在始发或终到站应用较多，在中间站则组织中途运行的列车进入车站存车线、停车场或车辆段。

（2）列车加开、替开。

运营中断导致中断线路部分列车下线，此时在运行图上可以运用新的列车担当该运行线，即列车替开。当运营中断导致关联线路客流增加而需要组织加开列车时，由于本线列车周转不畅，加开、替开列车往往为出厂列车或备用车。列车的加开、替开可以在一定程度上增加运力、减少运营中断造成的影响。

（3）列车站前折返。

当线路运力不足时，可采用站前折返的方式缩短列车周转时间。但是，站前折返需要占用区间线路能力，干扰后续列车运行；且客流在上下车时容易发生交叉，影响车站秩序，增加了客流组织难度。

（4）组织路网内各车站间进行快速作业。

运营线路发生中断时，在应急预案允许条件下，可通过压缩列车停站时间、区间运行时间以及在车辆段的出发作业时间等缩短列车周转时间，增加行车密度，有效缓解车站大客流压力。

4.3.1.2 列车交路调整

通过运营交路的变化可以降低运营中断的影响。通过合理利用车站渡线、停车线、存车线和折返段的折返线等设备设施，可以组织列车临时交路运营，具体如下：

（1）列车单线双向运行。

当单向区间运营中断时，可以在线路另一方向组织单线双向运行列车。但要注意的是两端车站必须控制好列车进路，否则会引起列车冲突。

（2）两端小交路行车。

当双向区间运营中断时，两端的非中断区段利用车站渡线、折返线等小交路行车。即从中断线路的两端向外搜索最近的折返点车站，以该车站为运营区间的临时起点编制车辆开行计划，尽可能减少受运营中断影响的车站数量，如图 4-2 图 4-所示。

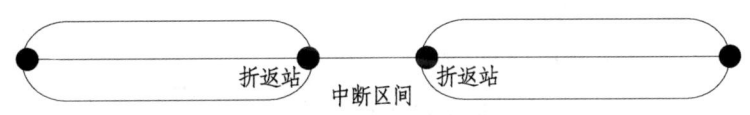

图 4-2　线路双向区间中断列车交路示意图

（3）大小交路嵌套运行。

当运营中断导致相邻线路断面客流的严重不均衡时，为了加快车辆周转，可以采用大小交路嵌套方案，列车在中间折返车站折返，该方案可以充分提高列车的满载率和运用效率。

4.3.1.3 列车编组调整

当城市轨道交通发车间隔取到最小时，运力也就达到上限，此时合理增加列车的编组辆数会显著提高全线的输送能力，加快滞留客流的疏散，缓解客流压力，保持较高的服务水平。但正常运营情况下，列车为固定编组，此外站台长度限制也会增加实施的难度。

4.3.1.4 列车停站方案

城市轨道交通发生运营中断时，可以在部分车站不停车通过。采用非站站停方案能减少客流聚集量大的车站候车乘客的候车时间，调整列车满载率，有效缓解车站大客流压力。

4.3.2 联动线路的运输组织调整

轨道交通线路间通过换乘站互相连接，满足不同线路间客流的换乘需求，而中断的影响将以换乘站为枢纽，在各条线路间传播，最终导致多条线路的客流需求发生变化，产生运输需求的矛盾。为了减缓线路中断对整个轨道交通网络带来的影响，需结合实际情况对关联线路的行车组织方案进行适当调整。

4.3.3 成都地铁线间联动机制

4.3.3.1 并行线路联动机制

1号线与18号线为并行线路，18号线火车南站至西博城各站与1号线互联互通，因此18号线火车南站至西博城站行车中断时，可不启动公交接驳，通过引导乘客换乘1号线的形式维持线网运营，此时1号线须通过备车上线、高峰回段列车不回段、提前组织高峰车出段的形式，确保1号线运力满足乘客出行需求。

4.3.3.2 多线路换乘联动机制

大线网运营模式下，同一站点可由多路径抵达，因此某一线路行车中断或大面积延误时，除启动公交接驳外，还可通过引导乘客换乘其他线路，以绕行故障点的方式抵达目的地，因此需组织换乘线路、联动线路增加正线运力。

4.3.3.3 具体组织方式

（1）某条线路中断或导致线路中断运营或预计高峰期晚点10 min以上，平低峰期晚点15 min以上时，OCC应向车站发布晚点信息，并报送COCC。

（2）COCC参照《线间联动关系表》视情况组织相关线路提升正线运力，匹配换乘客流。

（3）相关OCC按照COCC要求对联动线路采取增减换乘站列车停站时间、增加上线列车数量、延长高峰时间等方式调整正线行车秩序，降低故障对线网运营的影响。

（4）各OCC与车站做好信息互通，将行车组织措施及时告知车站，并关注现场客流变化。

线间联动关系见表 4-5。

表 4-5 线间联动关系

故障区域	客流流向	故障区域早高峰最大断面/人次	线间联动组织方式
1号线火车南站—西博城	早高峰向南集中，晚高峰由南发散	上行：34 916 下行：43 387	引导乘客换乘18号线，同步提升18号线运力
1号线火车北站—火车南站	早高峰向南集中，晚高峰由南发散	上行：21 558 下行：38 848	引导乘客换乘5号线，视情况提升2、3、4、6、7号线动力
2号线犀浦——品天下	早高峰由西向东，晚高峰由东向西	上行：16 664 下行：12 100	引导乘客换乘6号线
2号线一品天下—中医大省医院	早高峰由西向东，晚高峰由东向西	上行：20 841 下行：12 849	引导乘客换乘4、5、6、7号线
2号线中医大省医院—成都东客站	早高峰由东西向南集中，晚高峰由中心向东西方向发散	上行：22 478 下行：26 671	引导乘客换乘1、3、4、5、6、7、8号线
3号线太平园—省体育馆	早高峰由北向南，晚高峰由南向北	上行：18 000 下行：18 350	引导乘客换乘1、2、4、5、7、8号线
3号线省体育馆—驷马桥	早高峰由北向南，晚高峰由南向北	上行：17 657 下行：27 185	引导乘客1、2、4、6、7号线
3号线太平园—双流西	—	上行：18 454 下行：12 798	引导乘客换乘10号线
4号线成都西—文化宫	早高峰由西向东，晚高峰由东向西	上行：28 682 下行：14 102	引导乘客换乘9号线
4号线文化宫—中医大省医院	早高峰由西向东，晚高峰由东向西	上行：31 074 下行：14 102	引导乘客换乘2、7号线
4号线中医大省医院—槐树店	早高峰由东西向南集中，晚高峰由中心向东西方向发散	上行：23 096 下行：16 488	引导乘客换乘2号线

续表

故障区域	客流流向	故障区域早高峰最大断面/人次	线间联动组织方式
5号线北站西二路—锦城大道	早高峰向南集中，晚高峰由南发散	上行：15 665 下行：19 505	引导乘客换乘1号线，重点提升1号线运力
6号线犀浦—西南交大	早高峰由西向东，晚高峰由东向西	上行：5 648 下行：18 061	引导乘客换乘2号线
6号线西南交大—玉双路	早高峰由东西向南集中，晚高峰由中心向东西方向发散	上行：6 994 下行：14 711	引导乘客换乘1、3、4、5、7号线
6号线玉双路—金融城东	早高峰由北向南，晚高峰由南向北	上行：8 728 下行：11 191	引导乘客换乘1、2、4、7、8号线
6号线琉璃场—金融城东	早高峰由北向南，晚高峰由南向北	上行：9 853 下行：11 357	引导乘客换乘1号线
7号线环线范围内	市中心范围	上行：27 670 下行：27 660	提升骨干线路1、2、3、4、5、6、8号线运力
7号线内外环单边故障	—	上行：27 670 下行：27 660	引导乘客乘坐内环或外环到达故障区段
8号线高朋大道—三元	早高峰由南向北，晚高峰由北向南	上行：9 851 下行：5 668	引导乘客换乘5号线
8号线高朋大道—理工大学	早高峰由南向北，晚高峰由北向南	上行：9 421 下行：15 382	引导乘客换乘7号线
9号线	早高峰向南集中，晚高峰由南发散	上行：22 397 下行：6 532	引导乘客换乘7号线
10号线太平园—双流西	—	上行：5 259 下行：5 041	引导乘客换乘3号线
17号线凤溪河—机投桥	早高峰由西向东，晚高峰由东向西	上行：1 075 下行：6 057	引导乘客换乘4号线
18号线	早高峰向南集中，晚高峰由南发散	上行：12 033 下行：19 881	引导乘客换乘1号线

续表

故障区域	客流流向	故障区域早高峰最大断面/人次	线间联动组织方式
1号线韦家碾—火车北站	—		引导乘客乘坐其他交通工具
2号线成都东客站—龙泉驿			
3号线成都医学院—驷马桥			
4号线万盛—成都西站			
4号线槐树店—西河			
5号线华桂路—北站西二路			
5号线锦城大道—回龙			
6号线望丛祠—犀浦			
6号线回龙—兰家沟			
8号线莲花—高朋大道	—		引导乘客乘坐其他交通工具
8号线理工大—十里店			
10号线双流西站—新平			
17号线金星—凤溪河			
18号线西博城—天府机场北			

4.3.4 案例分析

本节以成都市轨道交通网络作为研究对象，利用 AFC 提供的客流 OD 数据，对路网在短时中断发生造成列车延误时，中断时段内突发客流在网络上的分配情况进行研究，对本部分提出的客流分配方法进行验证。

4.3.4.1 数据处理

本节对 2021 年 7 月某个工作日（星期一），早高峰时间段地铁 1 号线，由于信号故障 08:30—09:30 在省体育馆—倪家桥下行区间发生突发运营事件，对该时间段内的客流进行网络上的客流分配。通过 SQL 对客流进行清洗、筛选、统计处理后可得到，选取部分 OD 对间的客流量，如图 4-3 所示。

SectionID	SectionLoad	StartStationName	EndStationName	ODID	OID	DID	OD起始站	OD终点站
11	0.962400	省体育馆	倪家桥	2597	10	14	省体育馆	高新
11	0.153400	省体育馆	倪家桥	2608	10	25	省体育馆	广福
11	0.220000	省体育馆	倪家桥	2616	10	33	省体育馆	科学城
11	0.579600	省体育馆	倪家桥	2595	10	12	省体育馆	桐梓林
11	1.200800	省体育馆	倪家桥	2598	10	15	省体育馆	金融城
11	0.135200	省体育馆	倪家桥	2612	10	29	省体育馆	天府公园
11	0.665700	省体育馆	倪家桥	2599	10	16	省体育馆	孵化园
11	0.932500	省体育馆	倪家桥	2600	10	17	省体育馆	锦城广场
11	0.107600	省体育馆	倪家桥	2607	10	24	省体育馆	海昌路
11	0.160000	省体育馆	倪家桥	2615	10	32	省体育馆	兴隆湖
11	1.039500	省体育馆	倪家桥	2601	10	18	省体育馆	世纪城
11	0.197400	省体育馆	倪家桥	2629	10	46	省体育馆	成都东客站
11	0.105000	省体育馆	倪家桥	2604	10	21	省体育馆	华府大道
11	1.519800	省体育馆	倪家桥	2602	10	19	省体育馆	天府三街
11	0.144000	省体育馆	倪家桥	2613	10	30	省体育馆	西博城
11	0.885300	省体育馆	倪家桥	2603	10	20	省体育馆	天府五街

图 4-3 中断区间部分 OD 客流分配量

4.3.4.2 中断发生时刻仿真分析

通过 Anylogic 建立成都线网仿真模型，如图 4-4 所示，得到运营中断时刻受影响乘客的位置信息，如图 4-5 所示。

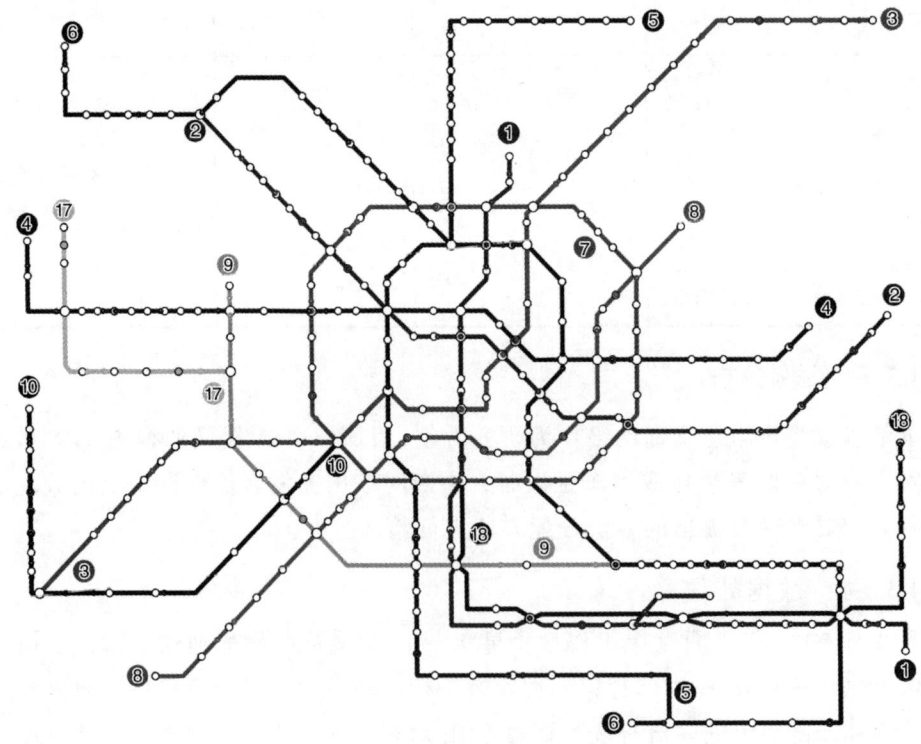

图 4-4 成都线网仿真模型

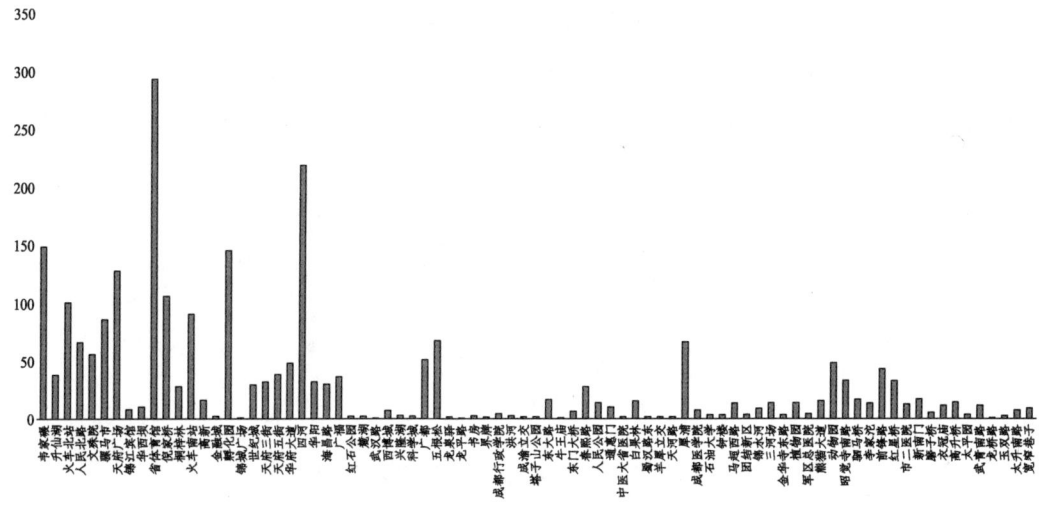

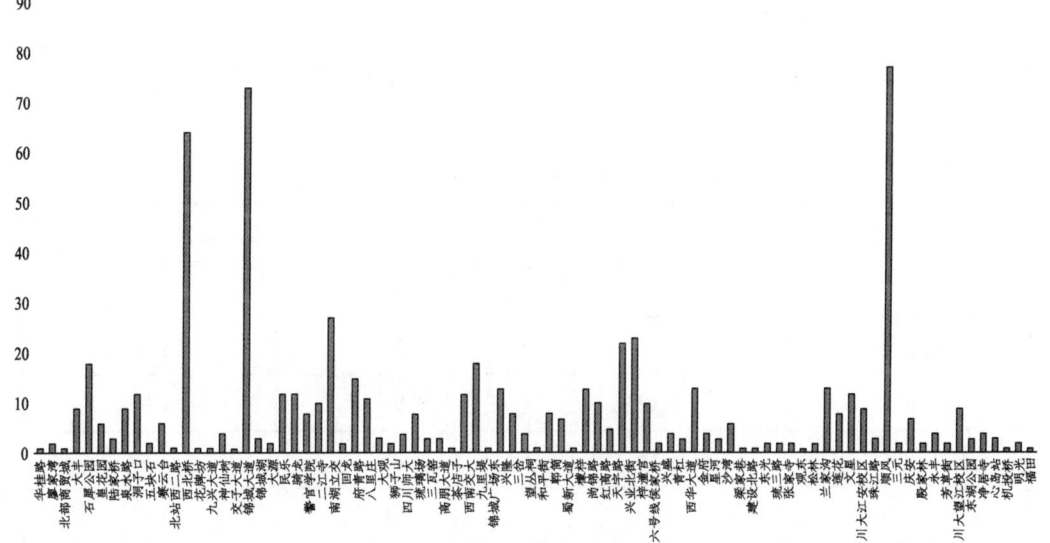

图 4-5 中断时刻受影响乘客位置分布

4.3.4.3 中断发生后行车指标分析

1号线为成都市轨道交通网络南北干线,共有33座车站。在1号线的倪家桥—省体育馆区间发生中断的情况下,为充分利用剩余区间的运输能力,在中断区间的两侧最近折返站为起点分别开行小交路,如图4-6所示。其中,交路1为韦家碾—

天府广场，交路 2 为火车南站—科学城，交路 3 为火车南站—五根松。

结合轨道交通网络和中断下的客流分布，对与 1 号线相关联的 2 号线、3 号线、4 号线、5 号线、6 号线、7 号线、8 号线、9 号线、10 号线、17 号线、18 号线的开行方案进行调整。

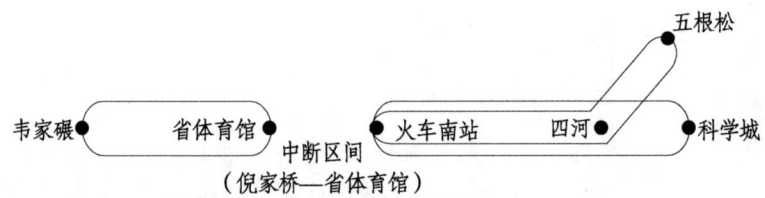

图 4-6　1 号线临时小交路运行示意图

首先，依据中断情况下的客流分布情况确定各条线路应采用的交路类型。根据 2 号线、3 号线、4 号线、5 号线、6 号线、7 号线、8 号线、9 号线、10 号线、17 号线、18 号线的断面客流量，计算各条线路客流的方向不均衡系数、断面不均衡系数，计算结果见表 4-6。

表 4-6　中断发生后各线路断面不均衡性计算

线路	方向不均衡系数 α	断面不均衡系数 β	
		上行	下行
1 号线	1.03	3.25	3.85
2 号线	1.12	1.98	1.88
3 号线	1.16	2.08	2.14
4 号线	1.23	2.01	2.07
5 号线	1.04	1.98	2.15
6 号线	1.11	1.97	2.61
7 号线	1.08	2.15	2.33
8 号线	1.25	2.10	1.57
9 号线	1.49	1.33	1.57

续表

线路	方向不均衡系数 α	断面不均衡系数 β	
		上行	下行
10号线	1.04	2.55	1.75
17号线	1.69	1.82	1.33
18号线	1.14	2.90	3.23

由表4-6可以看出,各条线路客流的方向不均衡系数 α 除17号线外均小于1.50,表明上下行方向客流较为均衡,上下行列车可以采取相同的发车间隔。从上下行断面不均衡系数 β 的值可以看出,各条线路断面客流呈现出较强的不均衡性,可以采取不同交路形式组织运输。其中,8号线、9号线、17号线断面不均衡系数 β 较小,交路形式仍采取单一交路模式运营。因此,其他线路分别采取大小交路形式下,确定各条线路的最佳开行方案。

在倪家桥—省体育馆发生运营中断后,各线路区间客流密度与能力匹配如图4-7~图4-18所示。

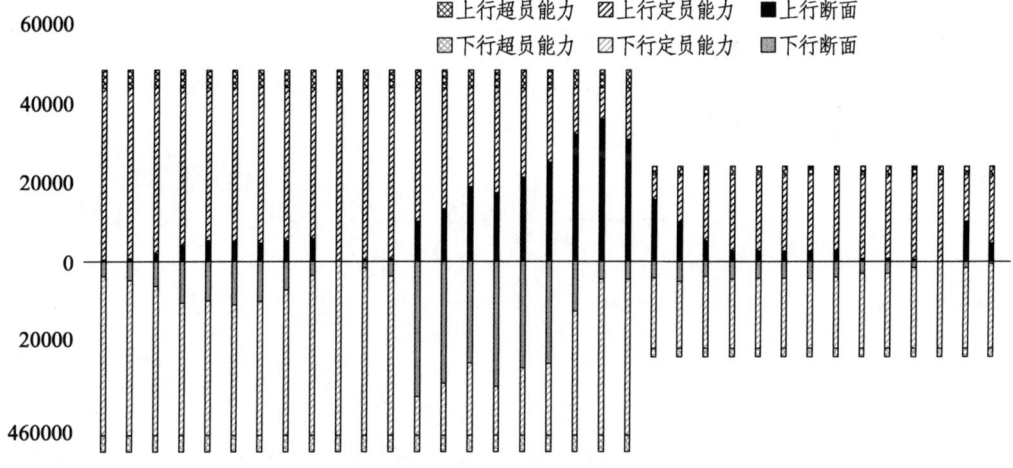

图4-7 中断发生后1号线区间客流密度与能力匹配

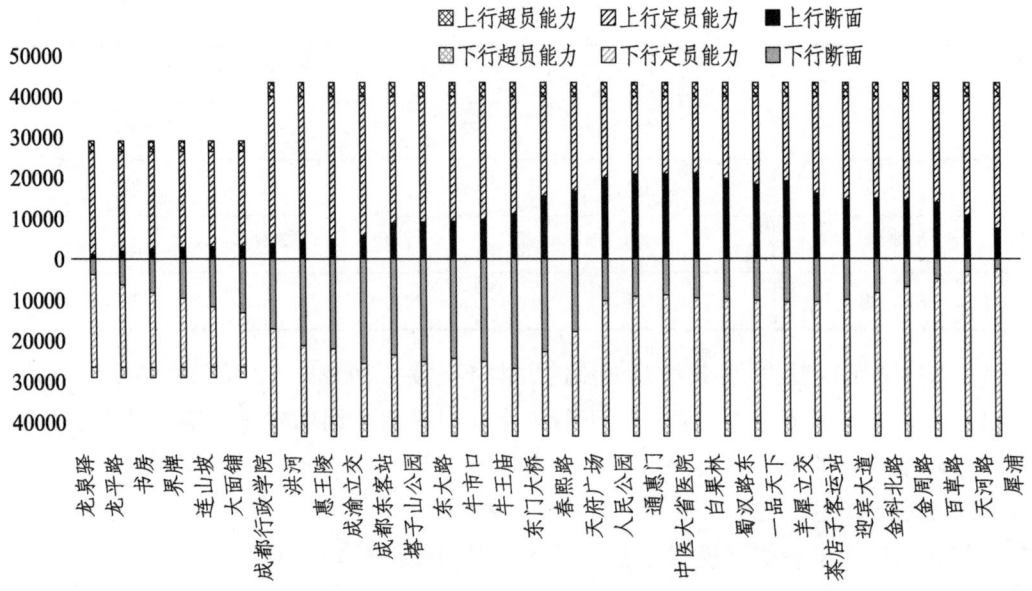

图 4-8 中断发生后 2 号线区间客流密度与能力匹配

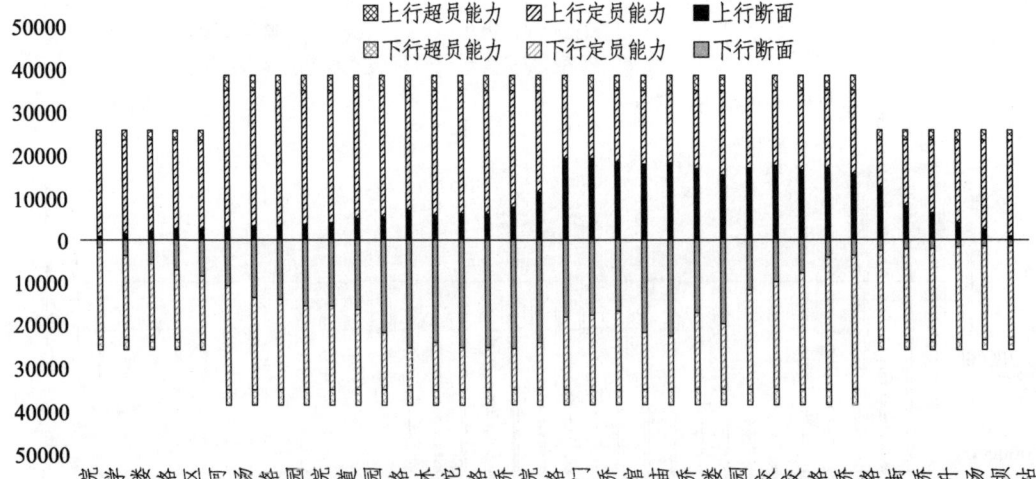

图 4-9 中断发生后 3 号线区间客流密度与能力匹配

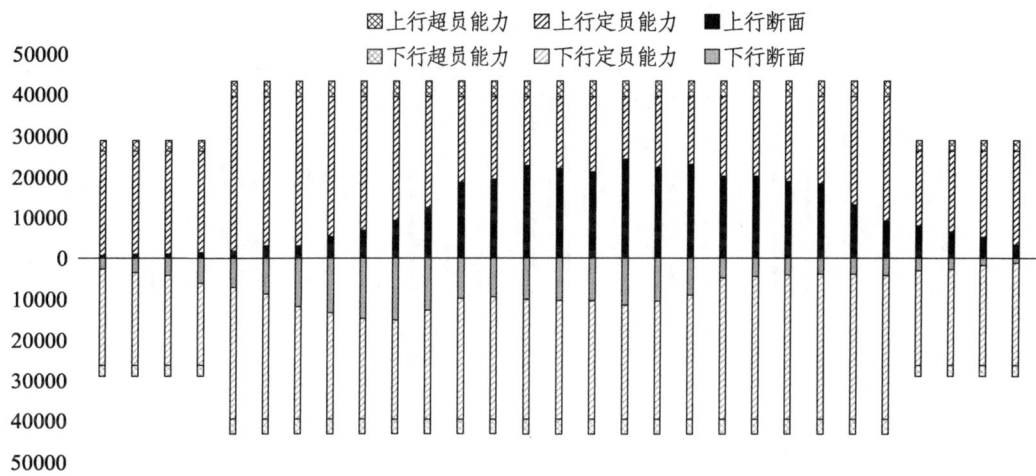

图 4-10　中断发生后 4 号线区间客流密度与能力匹配

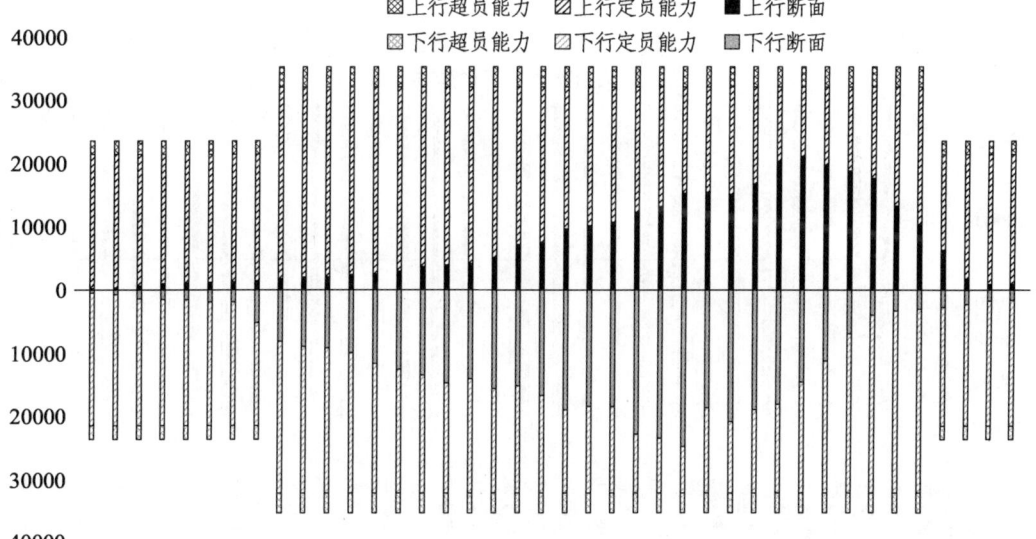

图 4-11　中断发生后 5 号线区间客流密度与能力匹配

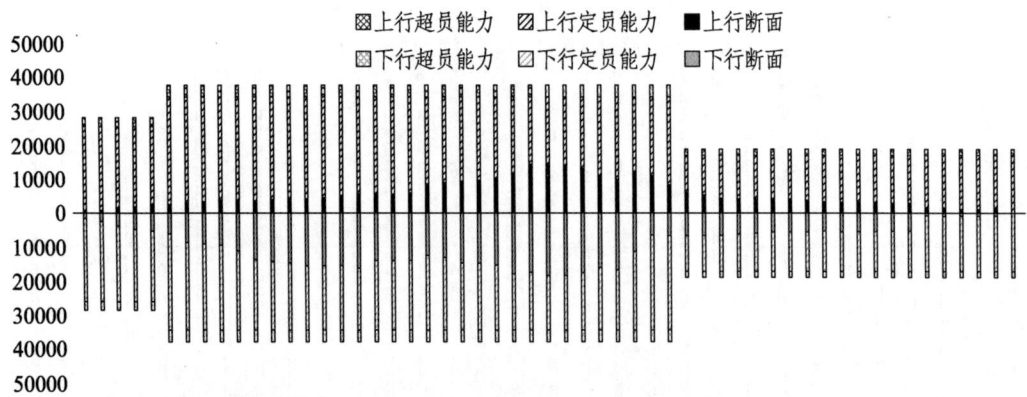

图 4-12　中断发生后 6 号线区间客流密度与能力匹配

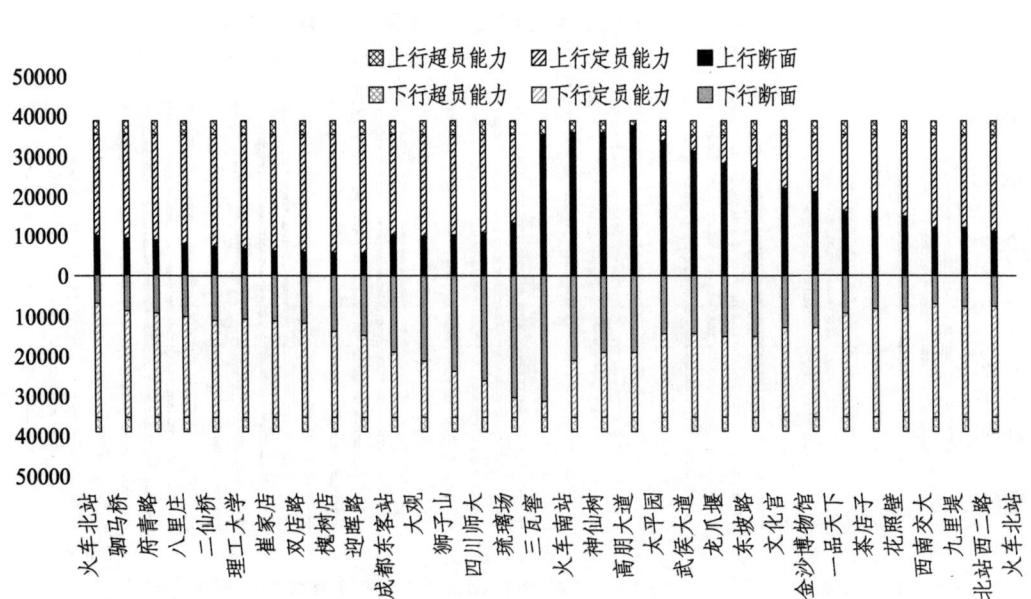

图 4-13　中断发生后 7 号线区间客流密度与能力匹配

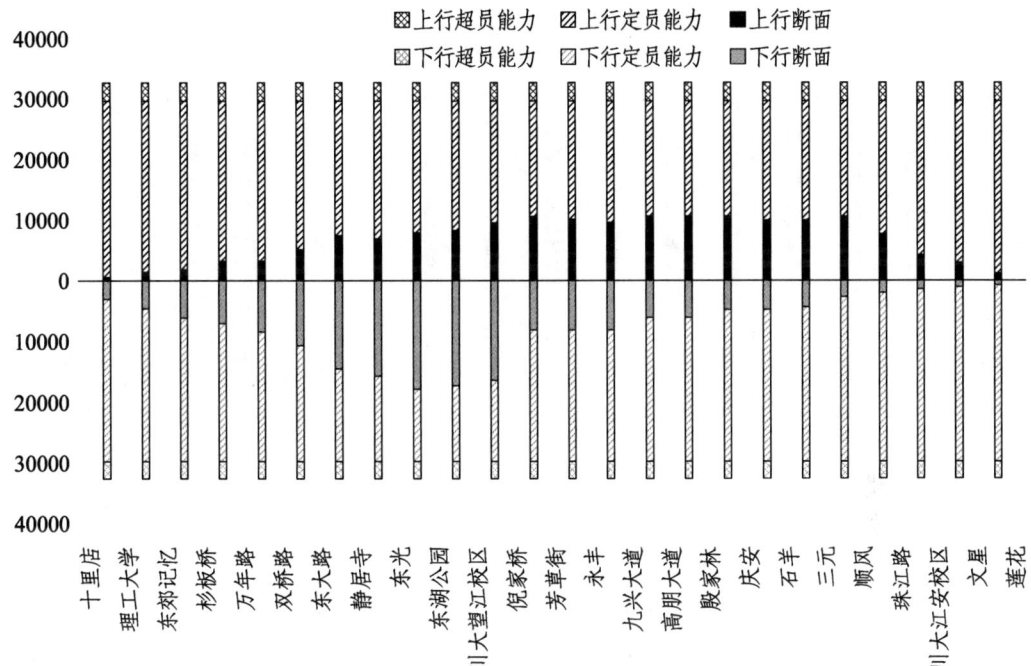

图 4-14 中断发生后 8 号线区间客流密度与能力匹配

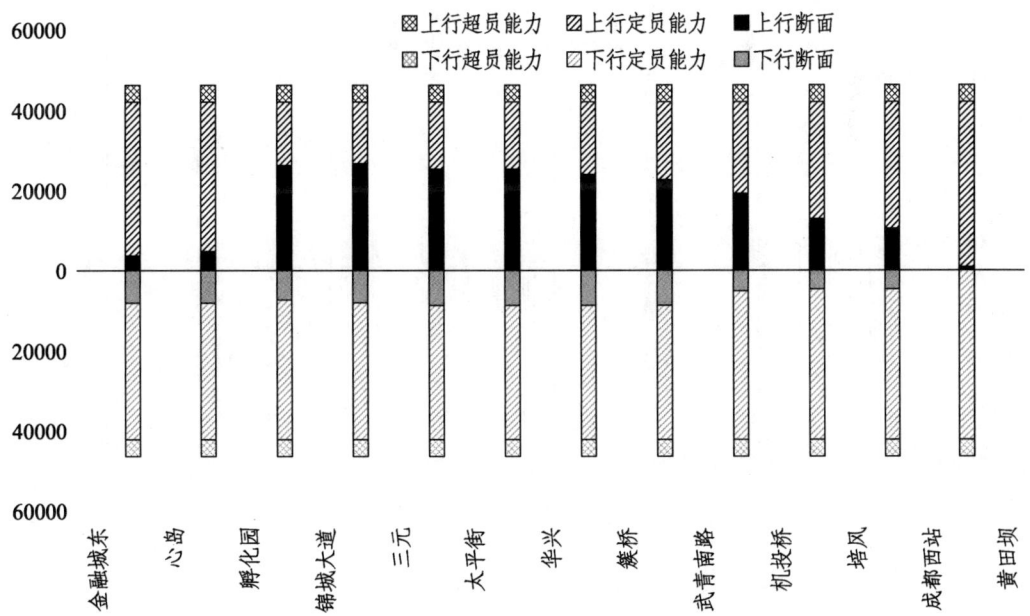

图 4-15 中断发生后 9 号线区间客流密度与能力匹配

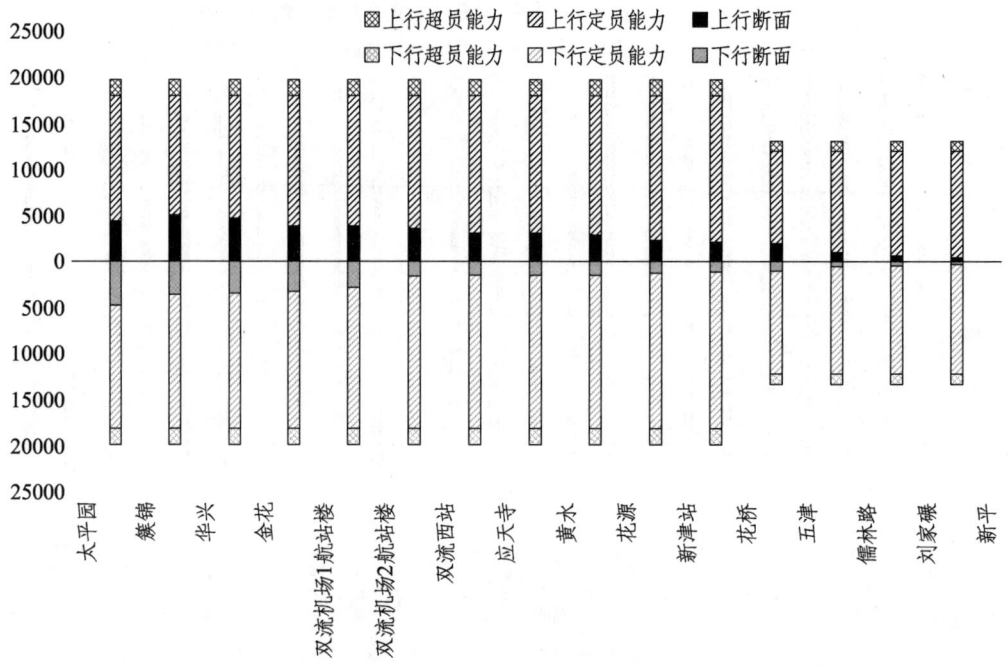

图 4-16 中断发生后 10 号线区间客流密度与能力匹配

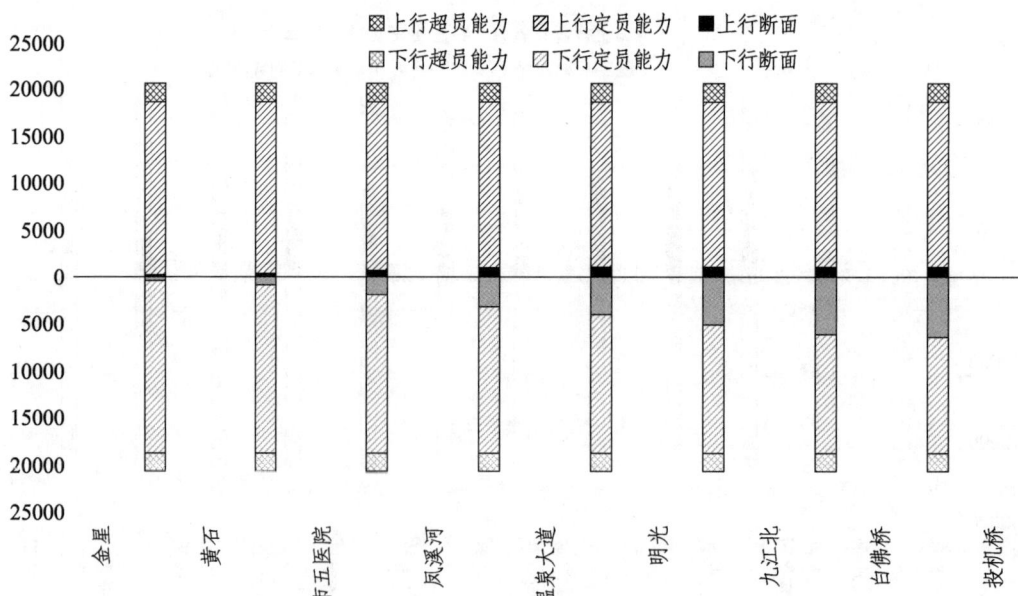

图 4-17 中断发生后 17 号线区间客流密度与能力匹配

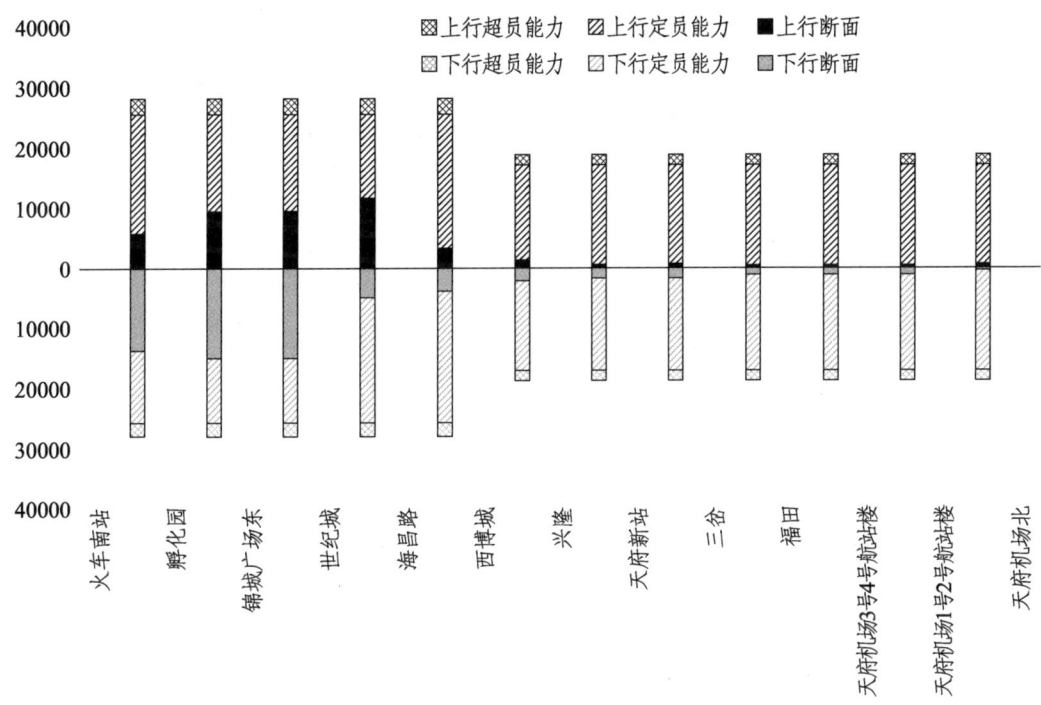

图 4-18　中断发生后 18 号线区间客流密度与能力匹配

如图所示，2、3、4、5、6、7 号线中断时段内客流断面较正常时段均有不同程度的增长，其中 3 号线省体育馆换乘客流增大，导致 3 号线省体育馆周边断面明显增大，因 5 号线与 1 号线方向均为南北走向，5 号线分流效果明显；7 号线上行方向太平园—火车南站这部分断面增长明显，可以考虑增开备用车缓解 7 号线的运力紧张情况。其他线路早高峰线路运力剩余较为宽裕，均能满足此次突发运营事件造成的运输能力变化带来的影响，因此不需要额外增大发车频率来提高运力。

4.4　本章小结

本章以成都地铁线网单一区间中断状态下的应急运输组织需求为背景，结合成都地铁运营现状站点数据，构建成都地铁线网拓扑模型。通过分析成都地铁网络拓扑结构，建立成都轨道交通线网结构特征指标与点（车站）、线（区间）重要度指标，以此作为线网结构分析基础。以突发客流的传播规律为核心，建立网络化运营中断条件下的客流重分配模型与算法，作为开展应急运输组织方案的理论依据。最后给出线路中断情况下的运输组织调整策略与成都地铁线间联动关系表作为应急情况下的调度参考，并以省体育馆—倪家桥区间中断为例，建立中断时刻的受影响乘客仿真模型，结合实际 AFC 数据与客流重分配模型与算法得到中断后的各线路运能匹配情况。

第5章

市域快线行车组织研究与实践

市域快线具有运距长、站点多和乘客起讫点较为集中等特点。单一站站停模式和常规运营方式相对较难满足这类线路的运输需求。为提升复合型机场线乘客服务水平，本节对城市轨道交通 18 号线快慢车运营模式及延时/全时运营情况进行了重点研究。

5.1 快慢车系统能力损失研究

5.1.1 快车不停站节约的时间

相比铁路运输，城市轨道交通的功能比较单一，因此一般在车辆制式上会选择全线统一车型，所以城市轨道交通的快慢车主要采用同一种车型，本节重点对此展开研究。对特殊情况下不同车型的快慢车混跑本节不做深入研究。

在快慢车采用同一种车型的前提下，由于快车在部分车站上不停车，并且会以给定的限速（通常为 60～80 km/h）通过站台。相比之下，慢车可以在停站时间以及启、制动上节约损失的时间，那么这部分时间就是快车不停站所节约的时间，我们可以将其分解为以下三部分：

① 停车附加时分：慢车制动进站与快车限速过站的时间差。
② 慢车的停站时间：慢车停站与快车不停站的时间差。
③ 起动附加时分：慢车起动出站与快车限速过站的时间差。

由此可以有以下定义：

$$t_{节约} = t_{停附加} + t_{起附加} + t_{停站}$$

式中　$t_{节约}$——快车不停站节约的时间，min；

　　　$t_{停附加}$——停车附加时分，min；

　　　$t_{起附加}$——起动附加时分，min；

　　　$t_{停站}$——慢车的停站时间，min。

一般来说，在车站范围内，快车和慢车的速度曲线有所区别，其余部分快车与慢车基本一致。因此，通过对各种车型以及不同站间距的列车进行模拟牵引计算，可以总结归纳出慢车的"停车附加时分"和"起动附加时分"。以下针对不同速度目标值的 4 种列车（80～140 km/h），以站间距按照 500 m 递增，区间为 500～4 500 m，分别对快、慢车进行模拟牵引计算，其中快车过站的限速为 80 km/h，统计不同列车的起、停附加时分见表 5-1。

表 5-1 不同列车的起、停附加时分

80 km/h（广州地铁 2 号线）：约 19 s			
站间距/m	慢车/s	快车/s	起、停附加时分/s
1 000	134.0	115.5	18.5
1 500	183.0	163.7	19.3
2 000	229.9	212.0	17.9
2 500	280.1	260.4	19.7
3 000	326.9	308.9	18.0
3 500	375.9	357.3	18.6
4 000	423.0	405.3	17.7
100 km/h（深圳地铁 3 号线）：约 25 s			
站间距/m	慢车/s	快车/s	起、停附加时分/s
1 000	137.1	112.4	24.7
1 500	175.7	150.7	25
2 000	213.9	189.2	24.7
2 500	251.8	226.7	25.1
3 000	290.0	264.8	25.2
3 500	329.0	304.0	25
4 000	366.3	341.0	25.3
120 km/h（深圳地铁 11 号线）：约 25 s			
站间距/m	慢车/s	快车/s	起、停附加时分/s
1 000	133.4	109.5	23.9
1 500	168.1	143.5	24.6
2 000	199.2	173.7	25.5
2 500	229.0	204.3	24.7
3 000	261.4	236.6	24.8
3 500	293.4	268.7	24.7
4 000	324.0	299.3	24.7

续表

140 km/h（广州地铁 2 号线）：约 23 s			
站间距/m	慢车/s	快车/s	起、停附加时分/s
1 000	133.4	111.0	22.4
1 500	171.3	148.4	22.9
2 000	204.7	181.4	23.3
2 500	235.9	212.5	23.4
3 000	266.5	243.3	23.2
3 500	296.3	273.2	23.1
4 000	326.0	302.3	23.7

通过牵引计算结果可以看出，各种列车在不同的站间距条件下，"停车附加时分"与"起动附加时分"合计约为 20~25 s。由于在城市轨道交通中，出于安全考虑，快车越行站的客流量一般不大，慢车的平均停站时间按 30 s 计算。所以，合计快车不停站所节约的时间应为 50 ~ 55 s。

由此看来，如果慢车停站时间是固定的，那么快车不停站所节约的总时间也是相对固定的，快车不停站所节约的时间就只会跟过站的限速、车辆性能相关，基本可以忽略线路条件不同的影响。在进行运行图铺画时，快车与慢车在区间的运行速度曲线的斜率相差较小，而停站时间引起的斜率差则反映了快慢车的速度差异。

因此，通过分析快车过站限速为 80 km/h 的条件下的研究成果，可以得出，在快慢车运输组织模式下，快车不停站所节约的时间可以按 1 min 取值，并且以此作为快慢车模式系统能力损失研究的前提条件。

5.1.2　系统能力的计算方法

考虑以开行慢车为主的快慢车运行模式，则是根据直达列车或者点对点的客流情况，适当加开部分快车。由于快车速度高于慢车，则快车的速度曲线斜率较大，因此，为了保证一定的发车密度，快车会超越在其前面的慢车，那么就需要在发生越行的站点设置越行会让线。

如图 5-1 所示，是在原来"站站停"模式下的运行图中，加开一对快车，可以看到，快车不能连续在 2 座车站越行相邻的慢车。这是因为，快车、慢车在各个区间的速度曲线斜率其实相差很小，如果慢车连续在 2 座车站被越行，则会造成慢车前后的到发间隔过短（如图中圆圈所示），即会小于列车最小的车站追踪间隔。

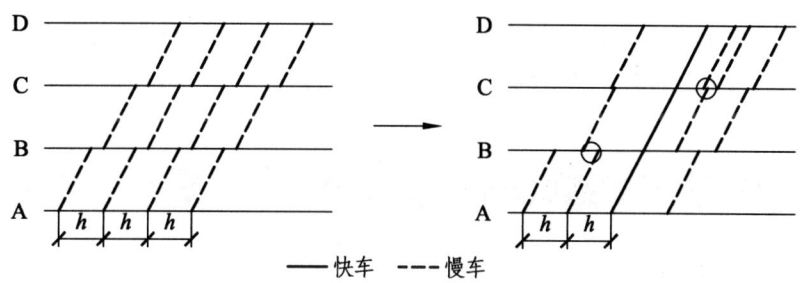

图 5-1 慢车中加开快车示意图 1

所以，为了避免上述情况的出现，需要确保前后慢车不在相邻的车站被越行，如图 5-2 所示。

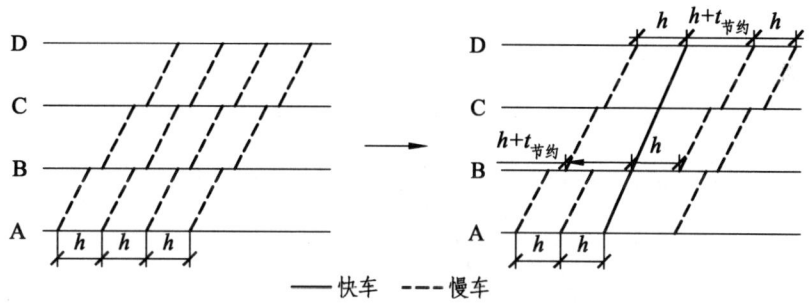

图 5-2 慢车中加开快车示意图 2

可以看到，当越行发生时，本来前慢后快的发车间隔变成了前快后慢，这样就会挤占第二列慢车的发车间隔。如图 5-2 所示，令 h 为系统的最小行车间隔，在增加一对快车以后，到达 D 站时，发车间隔从原来的 $3h$ 增加到 $3h+t_{节约}$，那么系统的能力损失就为 $t_{节约}$。并且，每增加 1 对快车，能力损失时间也同样会增加 $t_{节约}$。因此，我们可以得到快慢车模式下的系统能力计算公式：

$$N = \frac{60 - n_{快} \times t_{节约}}{h}$$

式中　N——系统最大开行对数，对/h；

h——系统最小行车间隔，min；

$t_{节约}$——快车不停站节约的时间，min；

$n_{快}$——快车开行对数，对/h。

根据上述的系统能力计算公式，如果最小行车间隔 h 为 2 min，快车开行对数 $n_{快}$ 为 12 对/h，由于快车不停站节约的时间 $t_{节约}$ 为 1 min，那么系统最大开行对数就为 24

对/h，此时，快车和慢车的开行比例就是 12 对/h：12 对/h。但是如果快车的开行对数小于 12 对/h，那么就可以根据实际需要来确定慢车的开行对数。

5.2 基于并站站点的越行点确定

1. 越行点的设置原则

越行点的设置有两个原则。一是在 A、B 两站之间，如果在 $m-1$ 站的发车间隔不小于系统的最小行车间隔 h，同时在 m 站的到达间隔时间又小于系统最小行车间隔 h 时，为了满足列车的到达间隔需求，应该在 $m-1$ 站进行越行线设置，如图 5-3 所示。

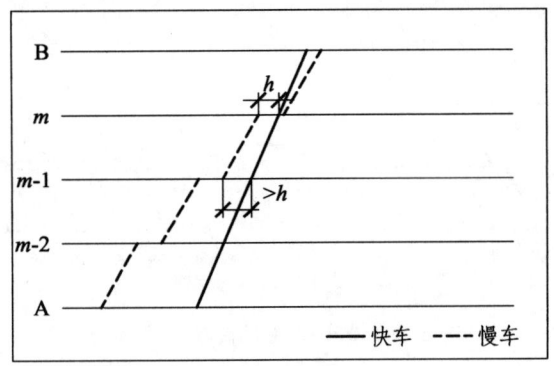

图 5-3 在 $m-1$ 站设置越行线示意图

二是在 A、B 两站之间，如果在 m 站的到达间隔不小于系统的最小行车间隔 h，同时在 m 站的发车间隔又小于系统最小行车间隔 h 时，为了满足列车的发车间隔的需求，应该在 m 站进行越行线设置，如图 5-4 所示。

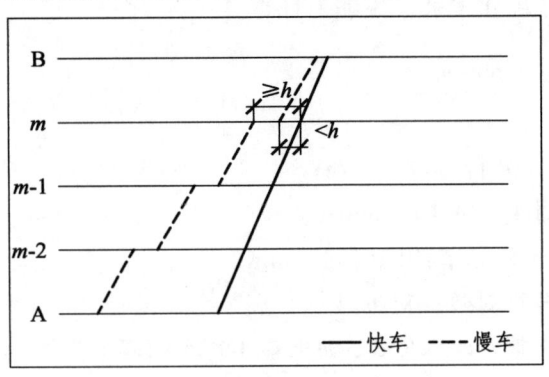

图 5-4 在 m 站设置越行线示意图

2. 越行点设置的影响因素分析

由于快慢车采用同一种车型（列车最高运行速度相同），越行点的确定主要受以下几个因素的影响：一是客流特征，需要根据客流需要来确定可以越行的车站；二是快车、慢车的总开行对数以及快车、慢车的开行对数比例；三是列车在首末站始发、终到的均衡程度，均衡程度会影响起、终点站的配线设置；四是工程的可实施条件等因素。

在以上几个影响因素中，如果快车不停站节约的时间一致的条件下，列车的开行密度、快慢车最小行车间隔对越行点的确定影响最大。因此，下面着重对这两个影响因素进行分析。

越行点与列车始发间隔的关系分析：

以下通过示例来说明越行点的发生位置与行车密度和发车间隔的关系。下列图示中三个时间的关系如下：$t_1 > t_2 > t_3 \geq h$，h 为系统最小行车间隔。

一是在 A、E 两站之间，如果快车和慢车都从 A 站等间隔发车。当快车和慢车在始发站的发车间隔为 t_1 时，那么越行点将会发生在 D 站，如图 5-5 所示。

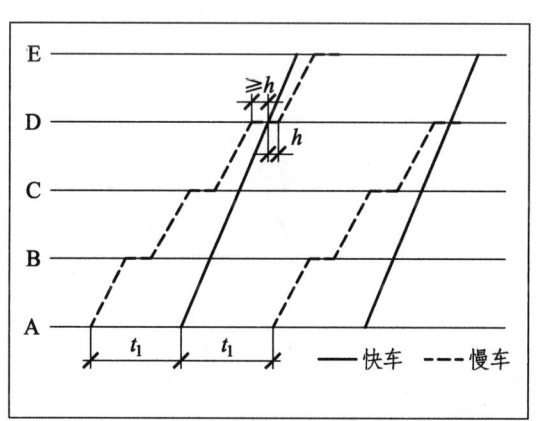

图 5-5　越行点与列车始发间隔的关系示意图 1

二是同样在 A、E 两站之间，同样快车和慢车都从 A 站等间隔发车，此时增大开行密度，同时快车和慢车在始发站的发车间隔缩短为 t_2，那么越行点将提前发生，即发生在原来的 D 站之前，我们假设越行点发生在 C 站，如图 5-6 所示。

三是通过对发车间隔的调整，可以实现不同的开行密度下，均保证越行点发生在 D 站。具体调整方法是：同样在 A、E 两站之间，"快车在前慢车在后"列车从 A 站等间隔发车，但此时将"快车在前慢车在后"列车在始发站的发车间隔缩短为 t_3，同时将"慢车在前快车在后"列车在始发站的发车间隔调整为 t_1，并且满足 $t_1+t_3=2t_2=t$（表示仅对发车间隔进行调整，开行密度不变）。这样就可以保持列车的开行对数不变，同时保证越行点发生在 D 站，如图 5-7 所示。这样，虽然不能保证快车和慢车之间发车间隔的均衡，但是能保证同种类型列车之间的间隔是均衡的。

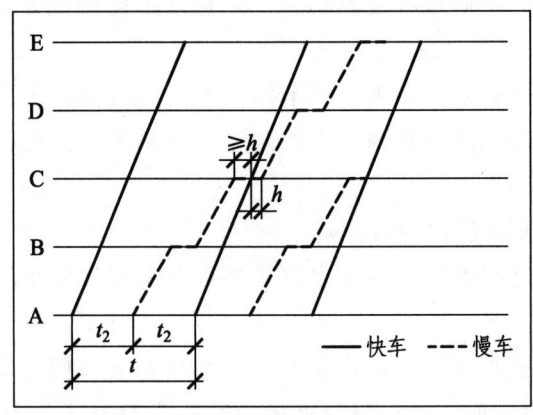

图 5-6　越行点与列车始发间隔的关系示意图 2

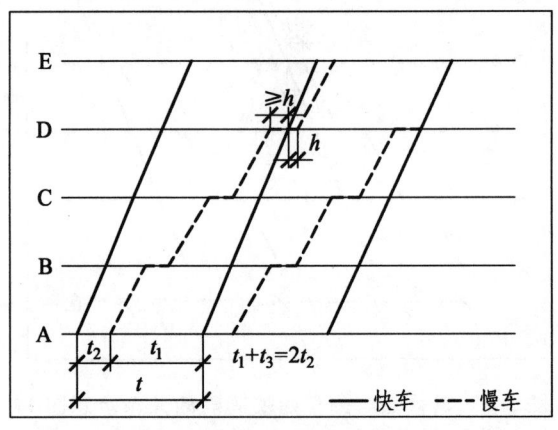

图 5-7　越行点与列车始发间隔的关系示意图 3

在每个将会发生越行的车站都设置越行线对工程和成本等方面有一定的难度，因此，我们可以对列车在始发站的发车间隔进行调整，就可以改变列车的越行点。同时，在快慢车的运行过程中，也可以让慢车提前等待快车越行，这种方法在既保证系统能力的同时，又能保证列车在合适的车站越行。

3. 越行点与列车开行密度的关系分析

快车、慢车的总开行对数以及快车、慢车的开行对数比例是影响越行点位置的重要影响因素。如果前后快慢车之间的发车间隔足够大，如图 5-8 所示，即当 t_1 大于两车的全程旅行时间差时，那么前行慢车就不会被后行快车追上，所以，此种情况下不需要设置越行点。

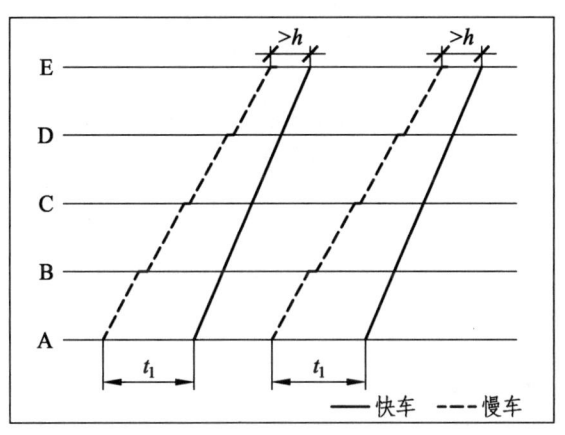

图 5-8 越行点与列车开行密度的关系示意图 1

此时加大开行密度，如图 5-9 所示，那么前后快慢车之间的发车间隔也会不断缩小，即 $t_2 < t_1$。那么后面快车追上前面慢车的位置将会提前，所以，此种情况下需要设置越行点。

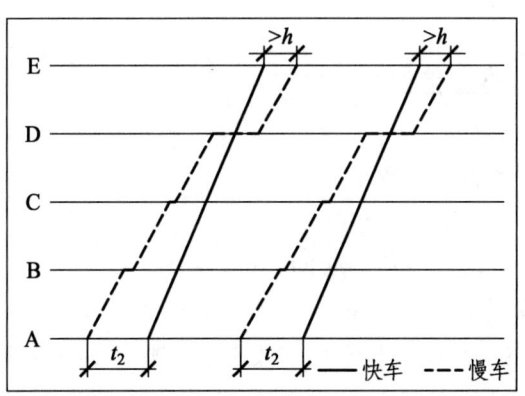

图 5-9 越行点与列车开行密度的关系示意图 2

如果进一步增加开行密度，即 $t_3 < t_2 < t_1$，如图 5-10 所示，此时，如果有足够多的车站，那么快车有可能超越两列以上慢车，越行点的数量也会随之增加。

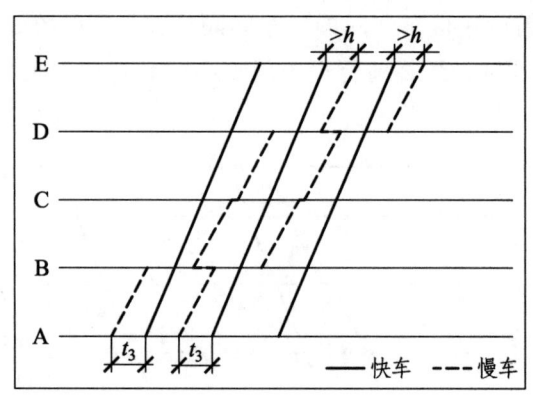

图 5-10 越行点与列车开行密度的关系示意图 3

4. 越行点的确定方法

（1）快、慢车开行对数为 1∶1 时。

从前面可以知道，城市轨道交通开行快慢车会造成系统能力的损失，并且开行快车的密度越大，系统的能力损失也就越严重。在以慢车为主的快慢车模式下，系统最大开行对数为 24 对/h，则快车开行密度为 12 对/h，快车、慢车的开行比例为 1∶1，系统运输能力损失为 6 对/h。

全线越行点的设置数量和设置原则受快车开行密度的影响。如果按快车、慢车开行比例为 1∶1 的模式，当快车均匀发车时，如图 5-11 所示，可以总结越行点的确定方法如下：

$$M = \frac{t_{快} - 2 \times h}{t_{节约}}$$

式中　M——越行点设置间隔，站；

　　　h——系统最小行车间隔，min；

　　　$t_{节约}$——快车不停站所节约的时间，min/站；

　　　$t_{快}$——快车的发车间隔，min。

因此，可以得出以下结论：快车均匀发车，若快车的发车间隔 $t_{快}$=5 min，即 12 对/h 时，越行点的设置为间隔 1 座站设置 1 个越行点；若快车的发车间隔 $t_{快}$=6 min，即 10 对/h 时，越行点的设置为间隔 2 座站设置 1 个越行点。

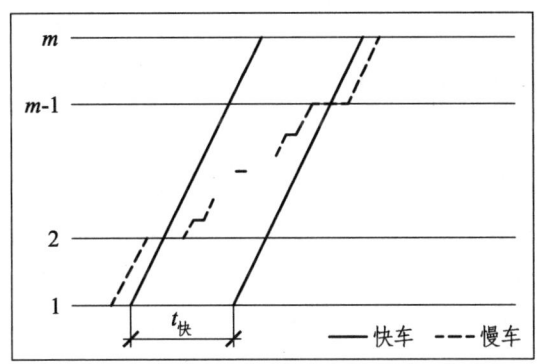

图 5-11 越行点设置原则示意图

（2）快、慢车开行对数非 1∶1 时。

先对快车开行密度小于 12 对/h，快车和慢车开行比例为 1∶1 的情况下，确定越行点的设置情况。如果快车和慢车的开行比例是 1∶2，则在已确定的 2 个越行点之间增加 1 个越行点。如果快车和慢车的开行比例是 1∶3，则在已确定的 2 个越行点之间增加 2 个越行点。

可以发现，应该在满足客流需求的基础之上制定快车、慢车的开行比例，并按照快慢车模式下的系统能力损失原则以及越行点的设置原则，使运行效果达到最优。

5. 基于并站站点客流的越行点设置

前文确定了并线线路形态下新线的并站站点，可以考虑并站站点的客流特征进行越行点的设置，有以下 3 种情况。

（1）大客流量站设置越行站。于大客流站设配线，可以更快地疏解站台的客流，同时，乘客可以乘坐慢车到达此站点换乘快车出行，满足乘客的出行时间需求。

（2）小客流量站设置越行站。于小客流站设配线，列车的停站时间较短，可以保证快车直接越行，慢车乘客尽量减少等车时间。其缺点是慢车无法直接换乘快车。

（3）不设置越行站。不设置越行站的情况下，列车虽然不用越行，但是乘客的等待时间加长。

比较分析三种越行站设置形式，建议当客流量比较少、大站之间间隔较短的情况下，采用非越行的形式；当大站之间距离较大时，采取越行的方式，结合客流实际情况考虑是在客流量大还是客流量小的站点设置越行。

同时，也可以考虑在规划设计层面，让越行站尽量设置在有新线引入处，充分应用新线引入正线兼做配线。

5.3 快慢车开行方案设计与评价

本部分在总结国内外快慢车组合运营案例经验的基础上,探讨快慢车开行方案要素和方法,主要包括运行交路、停站方案、开行列车对数与比例的确定方法,并进一步从乘客出行成本和轨道交通运营成本角度设计评价指标。依据线路的基本情况和客流特征,设计并比选出较优的快慢车开行方案。

5.3.1 快慢车开行方案设计

快慢车开行方案设计以线路条件和线路客 OD 矩阵为基础,确定列车的开行交路与列车开行对数、停站方案以及快慢车开行比例等要素。

1. 客流断面分析

(1) 断面不均衡系数。

在轨道交通线路上,由于各个车站乘降人数不同,线路单向各个断面的客流存在不均衡现象是不可避免的。轨道交通线路单项各个断面客流不均衡系数可表示为

$$\alpha = \frac{\sum_{i=1}^{K} p_i / K}{p_{\max}}$$

式中　α——单向断面客流不均衡系数;

p_i——单向断面客流量,人次/h;

K——单向全线断面个数,个;

$p_{\max}$——单向最大断面客流量,人次/h。

α 越趋向于 0,则线路单向的最大断面客流不均衡程度越大。$\alpha \geqslant 0.5$ 时,认为最大断面客流不均衡程度较小,则推荐采用单一交路方案;$\alpha < 0.5$ 时,即在线路单向最大断面客流不均衡程度较大,考虑多交路方案比选。

(2) 服务水平限值。

为保证城市轨道交通的服务水平,本章结合现有运营的实际情况将保证在高峰时段行车间隔不大于 6 min,平峰时段不大于 10 min,即保证在高峰时段所有区间的行车密度不小于 10 对/h,平峰时段所有区间的行车密度不小于 6 对/h。所以在 $\alpha < 0.5$ 时,还需判断 $p_{\max}$ 是否达到服务水平限值。服务水平限值的计算方法为

$$SL = 10 \times c_p$$

式中　SL——服务水平限值；

　　　c_p——列车的定员能力，人/列。

$p_{\max} \leqslant SL$ 时，推荐单一交路方案；只有在 $\alpha < 0.5$ 且 $p_{\max} > SL$ 时，考虑多交路比选。

2. 停站方案

快车停靠点主要受站点集散量的影响，站点集散量可根据线路客流 OD 矩阵推算。一般而言，站点集散量分布不均衡，乘客集中在几个主要的站点乘降的线路可考虑开行快慢车，描述线路站点集散不均衡的不均衡系数 γ 通过下式计算：

$$\gamma = \frac{Q_{\max}}{\sum_{m=1}^{M} Q_m / M}$$

式中　$Q_{\max}$——线路最大站点集散量；

　　　M——线路车站数量；

　　　Q_m——第 m 个车站的集散量。

γ 越大表明站点集散越不均衡，在国内开行的快慢车线路中，上海地铁 16 号线高峰时段站点集散不均衡系数达到了 2.8。因此，在快车停站方案的选择上，为方便大部分旅客换乘，集散量较大的站点应设为快车停靠站。对 Y 形交路而言，换乘站、主支线接驳点、小交路折返站等也可考虑设为快车停靠站，以增加线路的吸引范围。

3. 行车密度的计算

行车密度即小时列车的开行对数，计算公式为

$$n = p_{\max} / c_p$$

式中　n——列车行车密度，对/h；

　　　$p_{\max}$——最大客流断面乘客数量，人；

　　　c_p——列车的设计载客能力，人/列；

4. 行车密度的确定

在计算出行车密度之后，根据其计算相应的发车间隔，计算公式为

$$t = 3600 / n$$

式中　t——时段发车间隔，s；

n——时段每小时列车开行对数，对/h。

对于单一交路方案，计算出行车密度后，为保证服务水平，发车间隔不应大于 6 min，即需将计算出的行车密度进行适当的调整，保证所有区间的列车开行对数不小于 10 对/h；如果现状的行车密度已高于计算出的行车密度，且不小于 10 对/h，为保证服务水平不低于现状，则将行车密度调整为相应的现状行车密度；如果计算出的行车密度对应的发车间隔超出线路运输组织的技术水平时，行车密度只能调整为最小发车间隔对应的行车密度，并采取其他措施，如定时关闭部分车站来限制重点车站的客流，避免站台客流大量聚集，影响车站的运营。

对于嵌套交路方案，在确定大交路和小交路列车开行对数时，需要首先确定小交路未通过区间的最大断面客流，由此计算大交路列车开行对数，从而用小时行车密度与大交路列车开行对数相减得到小交路列车开行对数。确定嵌套交路的行车密度时，需结合计算行车密度，并考虑最低服务水平、现状服务水平的限制，以及铺画运行图的可行性来进行调整：为保证服务水平，并考虑客流密度，工作日早、晚高峰、双休日及节假日发车间隔不应大于 6 min；调整后的行车密度须保证不低于现状的服务水平；此外，为了方便运行图的铺画，应尽量保证调整后的大交路行车密度是小交路行车密度的整倍数。

5.3.2　快慢车开行方案评价指标

1. 乘客平均等待时间

等待时间成本即由站台候车时间产生的费用。

$$乘客总等待时间 = 总客流量 \times 平均等待时间$$

地铁行车密度大，乘客的到达独立于列车时刻，呈现随机正态分布。大量统计数据表明，在短行车间隔条件下，整体客流的平均等待时间趋近于行车间隔的一半，区段的乘客平均等待时间为 $T_i / (2 \times f_i)$，其中，T_i 为时段 i 的时长（min），f_i 为时段 i 内开行的列车对数。

对于单一交路方案，由于列车通过线路所有区间，故所有区间的乘客平均等待时间均相同，为高峰小时行车间隔的一半。

对于嵌套交路，小交路列车不通过线路所有区间，故小交路通过区段的区间乘客平均等待时间相同，为大交路列车与小交路列车合开的小时行车间隔的一半，而小交路未通过区段的区间乘客平均等待时间相同，为大交路列车行车间隔的一半。

2. 区间乘客舒适度

乘客乘坐地铁的舒适度主要以车上乘客所占平均面积来衡量，即通过车厢有效空余地板面积上每平方米站立乘客的数量来计算。若每平方米所站立的人数过多，则会导致地铁内部的拥挤度增加，降低乘客的舒适度。查阅相关资料可确定舒适度等级与车厢站席密度的关系如表 5-2 所示。

表 5-2 城市轨道交通不同等级舒适度技术指标特征

车厢舒适度等级	A	B	C	D	E
车厢站席密度 ε（人/m²）	$0 \leq \varepsilon \leq 3$	$3 < \varepsilon \leq 4$	$4 < \varepsilon \leq 5$	$5 < \varepsilon \leq 6$	$\varepsilon > 6$
舒适度	非常舒适	舒适	一般	拥挤	非常拥挤

车厢站席密度的具体计算公式为

$$\varepsilon_i = \frac{p_i}{S \times n_i}$$

式中 ε_i——列车上每平方米乘客数，人/m²；

p_i——断面客流量，人/h；

S——列车车厢有效空余面积，m²；

n_i——列车开行对数，对/h。

（1）满载率。

单个列车平均载客量少时，必然会引起运能的浪费，区间满载率 η 表示各区间高峰小时的运输能力利用率。区间满载率计算公式为

$$\eta_i = \frac{p_i}{c_p \times n_i}$$

式中 η_i——单位时间内，运营线路区间 i 的单向断面满载率；

p_i——单位时间内，运营线路区间 i 的单向断面客流量，人/h；

c_p——列车最大载客能力，人/列；

n_i——单位时间内，运营线路区间 i 的单向列车开行列数，列/h。

（2）运用车数与车辆配属，运用列车数是为了满足高峰小时的列车对数所需要的列车数，其计算方法为

$$N_{运用} = \frac{n_{高峰} \cdot \theta_{列}}{3600}$$

式中 　$N_{运用}$——运用车辆数，列；

$n_{高峰}$——高峰小时开行列车数，列；

$\theta_{列}$——列车周转时间，s。

（3）检修车辆数按照运用车的一定比例计算，即

$$N_{检修} = N_{运用}\eta_{检修率}$$

式中 　$N_{检修}$——检修车辆数，列；

$\eta_{检修率}$——车辆检修率，取 10%。

（4）城市轨道交通系统为了适应客流变化，确保完成临时紧急的运输任务，以及预防运用车发生故障，必须把若干技术状态良好的车辆储备起来，这部分车辆称为备用车。备用车辆数同样按照运用车的一定比例计算，即

$$N_{备用} = N_{运用}\eta_{备用率}$$

式中 　$N_{备用}$——备用车辆数，列；

$\eta_{备用率}$——备用检修率，取 10%。

（5）在运用车、检修车、备用车数量确定的基础上，可确定车辆配属数量，即

$$N_{配属} = N_{运用} + N_{备用} + N_{检修}$$

根据前述对可选开行方案的指标对比计算，对所有指标进行统计并对其进行分析，从而得到推荐开行方案。

5.4　成都地铁 18 号线快慢车行车组织优化实践

5.4.1　成都地铁 1 号线和 18 号线并线线路概况

成都地铁 1 号线经过北部发展区、主城区、市中心、天府软件园、天府新区，贯穿南北，线路南北两端相对房价较低，是上班族的居住集中区域，线路中部各种

企业单位较为集中，通勤客流比重较大。为解决成都地铁 1 号线的客流压力，新建成都地铁 18 号线，与 1 号线组成并线线路。18 号线从火车南站到西博城站区段，与成都地铁 1 号线组成并线线路，可在一定程度上分担成都地铁 1 号线的客流压力，并线情况如图 5-12 所示。

其中，成都地铁 18 号线位于成都市南北发展轴，具有较强的客流集散效应，可促进优化中心城的功能布局，减轻城市中心区的交通压力，改善城市生态环境和投资环境，增强成都市作为全省和西南地区重要中心城市的功能，从而实现城市的可持续发展。其连接中心城区和天府新区，符合成都市未来将形成"两区、双中心"的整体结构空间布局，可充分发挥轨道交通成网后的快速交通服务功能，并可分担 1 号线客流压力，缓解城市南北向客运供需矛盾。

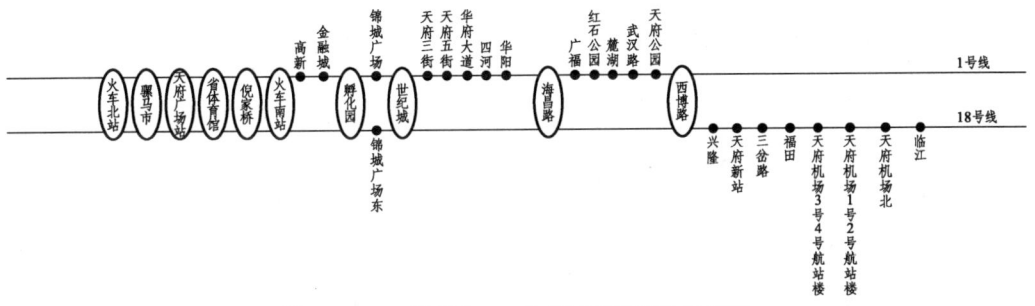

图 5-12　1 号线和 18 号线相同区段示意图

5.4.2　成都地铁 18 号线概况

1. 功能定位

18 号线兼具服务天府国际机场和南北通勤乘客，承担运输市郊客流、通勤客流、机场客流于一体的复合功能线。一、二期工程从火车南站至天府机场北，三期北延工程由火车南站沿人民路向北延伸至火车北站，一方面可以分担 1 号线的客流压力，为南北轴线提供快线服务，另一方面，进一步将火车北站枢纽与新机场联系起来，有利于提升交通一体化整体效果；三期临江段工程由天府国际机场引出远期接成渝高铁简阳南站，将机场与高铁站联系起来，有利于实现公铁联运。

成都地铁 18 号线是规划连接主城区、天府新区与天府国际机场的轨道交通快线，是机场客流高效、准点出行的有力保证。同时，18 号线由北向南连接火车南站、孵化园站、世纪城、西博城站、兴隆站及铁路天府新站枢纽，可以有效缓解南北向的交通拥堵，并为 1 号线分担长距离出行的客流压力。因此，18 号线的功能定位可以总结为：是轨道交通线网中集市域快线与机场专线功能为一体的复合线，其中西博城北站以北以市域快线功能为主，西博城以东以机场专线功能为主。

此外，18号线是连接成都主城区和天府新区及天府国际机场的重要轨道交通线路，将大大加强成都主城区与天府新区的交通联系，促进天府新城和规划空港新城的快速发展，有效带动沿线城市开发建设，为天府新区的崛起提供强大动力；从火车南站至新机场最快仅需40分钟，是机场客流高效、准点出行的有力保证。

2. 线路概况

成都地铁18号线一、二、三期全长约80.213 km，共设车站19座。由北至南依次为：火车北站、骡马市站、天府广场站、省体育站、倪家桥站、火车南站、孵化园、锦城广场东、世纪城、海昌路、西博城、兴隆、天府新站、三岔、福田、天府机场3号4号航站楼、天府机场1号2号航站楼、天府机场北、临江站，如图5-13所示。

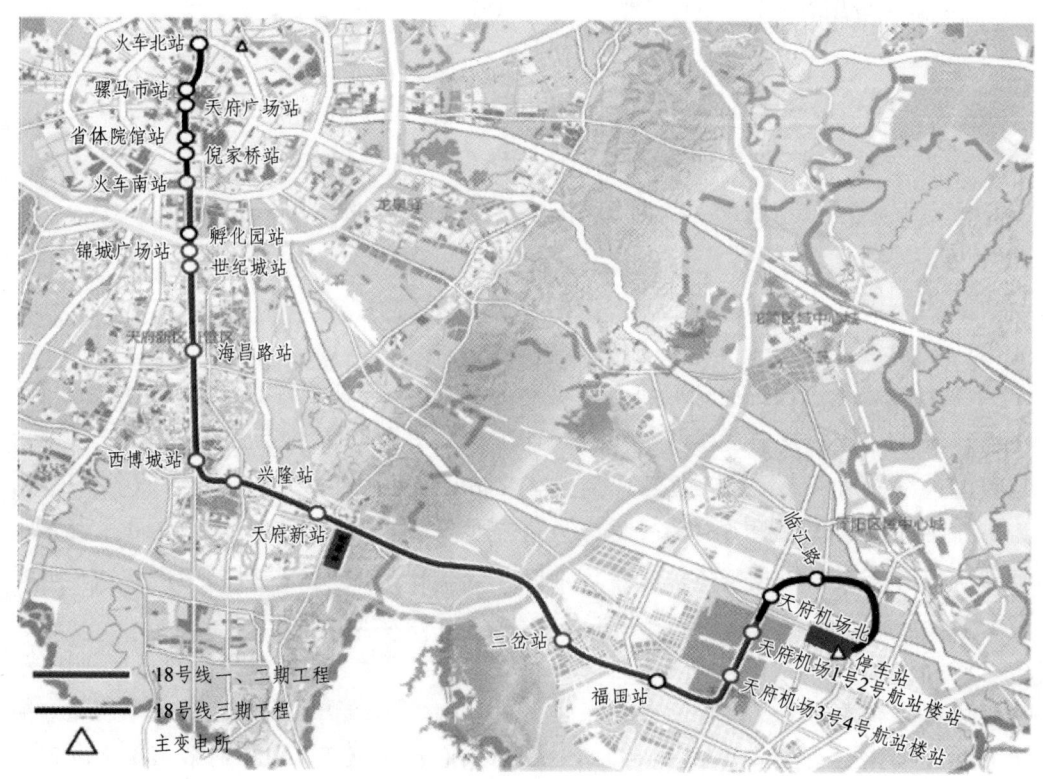

图5-13 成都地铁18号线线路概况

其中换乘站 10 座：火车北站换乘 1 号线、7 号线；骡马市站换乘 1 号线、4 号线；天府广场站换乘 1 号线、2 号线；省体育馆站 1 号线、5 号线；倪家桥站换乘 1 号线、8 号线；火车南站换乘 1 号线、7 号线；孵化园站换乘 1 号线、9 号线；世纪城站换乘 1 号线；海昌路站换乘 1 号线；西博城站换乘 1 号线。

线路自主城区始，至成都东部新区和天府新区止，沿线客流不均衡系数较高。一、二期工程主要为 1 号线分担客流，缓解成都地铁线网中南段客流压力，三期工程主要为连接天府国际机场与主城区，实现机场客流的快速输送。

全线最大站间距为 19.16 km，最小站间距为 0.96 km，平均站间距为 5.56 km，线路存在多处长大区间，全线 5 km 以上的长大区间共计 6 个，见表 5-3。

表 5-3　全线 5 km 以上的长大区间

区间	上行/下行	区间长度/m
世纪城—海昌路	上行	6 891.55
	下行	6 891.43
海昌路—西博城	上行	7 533.15
	下行	7 532.18
兴隆—天府新站	上行	5 286.77
	下行	5 279.76
天府新站—三岔（龙泉山隧道）	上行	19 182.93（9 690）
	下行	19 180.97（9 724）
三岔—福田	上行	7 981.34
	下行	7 985.37
福田—天府机场 1 号 2 号航站楼	上行	6 617.17
	下行	6 643.57

本节首先通过对快车不停站节约时间的测算，并对不同列车的启、停附加时分进行模拟牵引计算，总结出在快慢车运输组织模式下，快车不停站所节约的时间可以按 1min 取值，并提出快慢车模式下系统能力的计算公式。

接着，从越行点的设置原则出发，分析其影响因素，并总结出越行点的设置原则公式。同时研究基于并站站点客流特征的越行点设置，比较分析三种越行站设置形式，建议当客流量比较少、大站之间间隔较短的情况下，采用非越行的形式；当大站之间距离较大时，采取越行的方式，结合客流实际情况考虑是在客流量大还是客流量小的站点设置越行。同时，也可以考虑在规划设计层面，让越行站尽量设置在有新线引入处，充分应用新线引入正线兼做配线。

其次，提出了快慢车模式下车站配线的设置原则，并对单一越行站或兼具多功能的越行站配线设置形式的优缺点进行分析，得出越行站布置形式地下车站优先选用双岛正线外侧方案，高架或地面车站优先选用双岛正线内侧方案的结论。

最后，探讨快慢车开行方案设计的基本要素和方法，并给出开行方案的评价指标，为后续研究成都地铁 18 号线的运输组织方案提供理论支持，为城市轨道交通快慢车规划设计和运输组织提供思路。

5.4.3 快慢车方案确定

1. 快慢车运行组合

在上文中，根据成都地铁 18 号线的线路客流分布特征及车站配线情况，得出了在 18 号线的交路开行方案，结合成都地铁 18 号线组织开行机场快线和普通列车的运营模式，可以得到平峰时段线路上的快慢车运行组合，如图 5-14 所示。

（1）快车交路 1：火车南站—天府机场北。

（2）慢车交路 2（大交路）：火车南站—天府机场北。

（3）慢车交路 3（小交路）：火车南站—西博城。

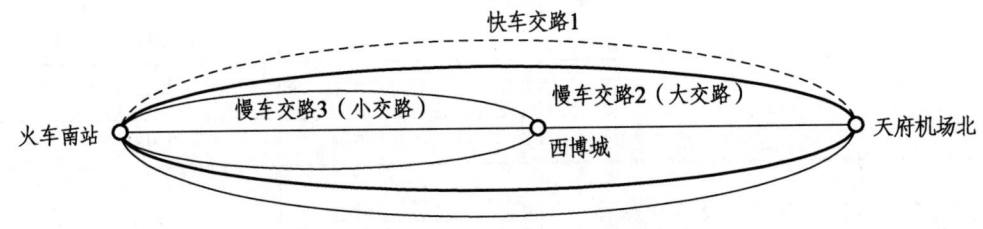

图 5-14 平峰时段快慢车运行组合

三个交路承担不同运输需求。快车交路 1 旅行速度高，以服务机场客流为主，兼顾市域快速通勤需求，线路最高运行速度达 140 km/h，可实现乘客快速位移的目的。慢车交路 2（大交路）运力均衡，成本可控，可以满足郊区与市区之间客流出行需求，满足沿线所有站点的可达，满足乘客不同层次的运输需求；慢车交路 3（小交路）行车间隔小，用以解决中心城区快速联络需求，分担通勤客流，辅助缓解 1 号线南段客流压力。在高峰时段不组织快慢车套跑模式，仅开行慢车大小嵌套交路，满足沿线客流的要求。故在分析快慢车开行比例时，不考虑高峰时段的情况。

由于在高峰小时仅开行嵌套交路方案，在平峰时段才考虑快慢车组合开行模式。所以，在分析各种快慢车开行比例前，先进行18号线开通当年平峰时段客流断面分析。根据客流预测结果得到开通当年18号线工作日平峰时段的区间客流密度，将其整合为区间客流密度图中，可更直观地反映上下行区间客流强度及变化趋势。

计算其单向平均断面客流量、单向最大断面客流量，并得到其单向断面客流不均衡系数见表5-4。

表5-4 开通当年18号线工作日平峰时段断面不均衡系数

指标	下行	上行
单向平均断面客流量/（人次/h）	840	770
单向最大断面客流量/（人次/h）	2 589	2 199
单向断面客流不均衡系数	0.32	0.35
服务水平限值/（人次/h）	20 448	

由表5-4知，18号线开通当年工作日断面客流不均衡系数均小于0.5，线路单向的最大断面客流不均衡程度较大，应考虑开行小交路。

2. 快慢车开行方案指标对比分析

快慢车开行比例是影响快慢车组织可行性的重要因素，不同的快慢车开行比例会造成列车发车间隔时间的不同。同时，列车发车间隔时间又会影响列车通过能力。为了研究怎样的快慢车开行方案可以满足沿线乘客的出行需求，同时达到运能的合理化。本部分将从列车满载率、乘客平均等待时间和企业运营成本三方面对方案进行对比分析研究，确定最佳开行方案。在保证满足运输需求的前提下，使运营成本最小。由开行当年的客流断面密度可以得出工作日平峰时段的行车密度为12对/h。在此基础上，根据不同快慢车开行方案的列车开行比例，确定各种列车开行数目。

（1）快慢车开行方案。

① 快慢车方案一：快车交路1∶慢车交路2∶慢车交路3=1∶1∶1，如图5-15所示。

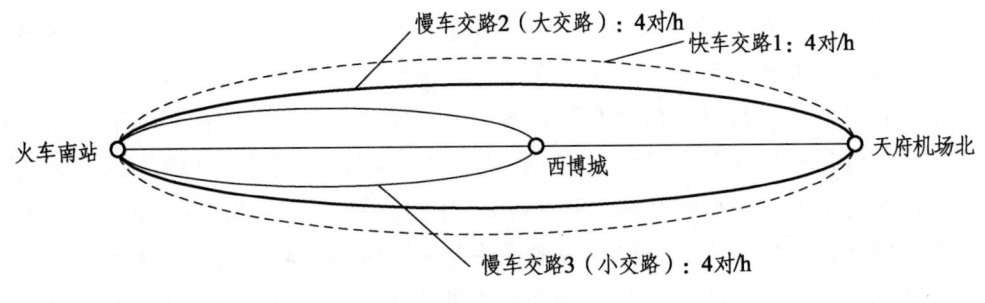

图 5-15　快慢车开行方案一

② 快慢车方案二：快车交路 1：慢车交路 2：慢车交路 3=1：1：2，如图 5-16 所示。

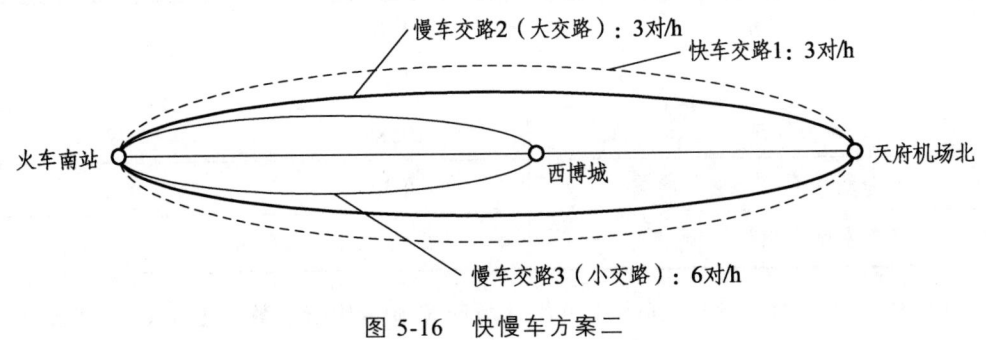

图 5-16　快慢车方案二

③ 快慢车方案三：快车交路 1：慢车交路 2：慢车交路 3=1：2：1，如图 5-17 所示。

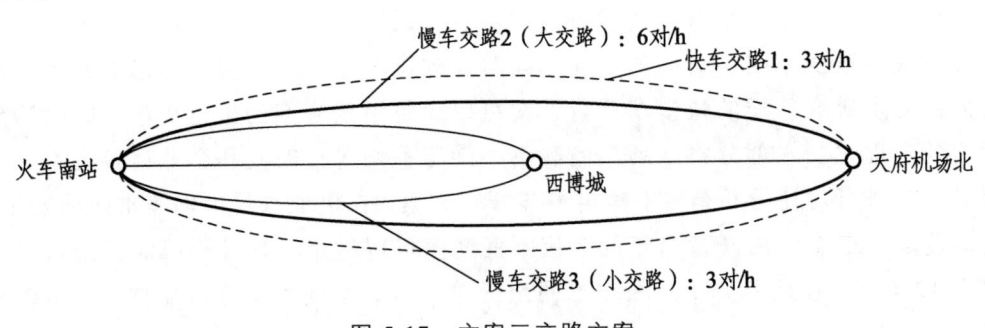

图 5-17　方案三交路方案

（2）方案指标对比分析。

分别对以上方案的主要指标进行对比分析。

① 平峰小时满载率。根据 18 号线开通当年平峰时段断面客流数据，结合本方案

在各交路所开行的列车对数，可得到三种方案线路平峰时段各区间的乘客满载率，如图 5-18~图 5-20 所示。

在方案一中，火车南站—西博城区段满载率较高，客流量最大的区间为火车南站—孵化园，最大满载率为 12.69%。西博城—天府机场北区段满载率较低，客流量最大的区间为西博城—兴隆，最大满载率为 4.06%。

在快慢车方案二中，火车南站—西博城区段满载率较高，客流量最大的区间为火车南站—孵化园，最大满载率为 12.69%。西博城—天府机场北区段满载率较低，客流量最大的区间为西博城—兴隆，最大满载率为 3.85%。

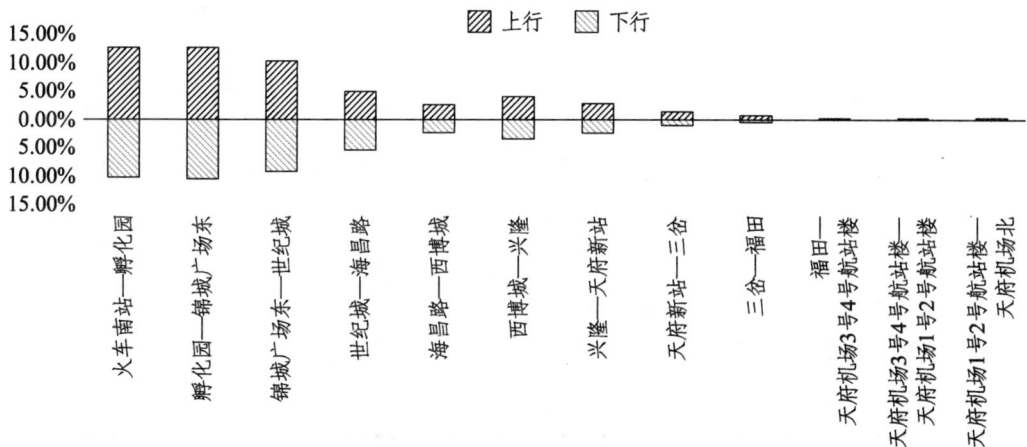

图 5-18　方案一：工作日平峰时段小时满载率

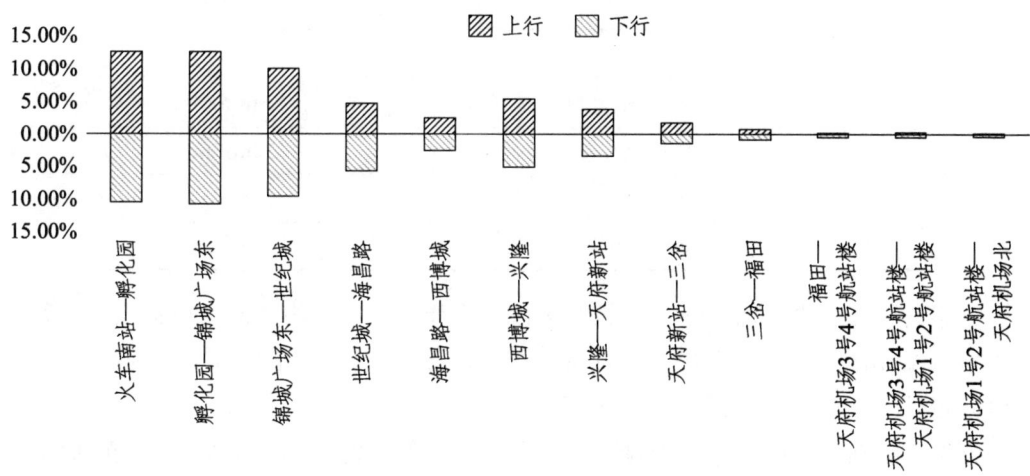

图 5-19　方案二：工作日平峰时段满载率

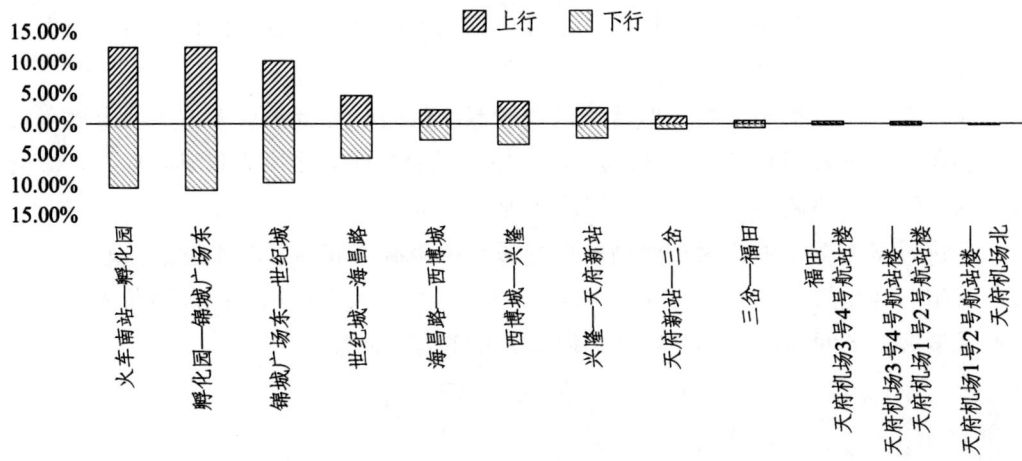

图 5-20 方案三：工作日平峰时段满载率

在快慢车方案三中，火车南站—西博城区段满载率较高，客流量最大的区间为火车南站—孵化园，最大满载率为 12.69%。西博城—天府机场北区段满载率较低，客流量最大的区间为西博城—兴隆，最大满载率为 3.61%。

② 乘客平均等待时间。分别对工作日平峰时段内的备选方案的乘客平均等待时间进行计算，得到的计算结果见表 5-5。

表 5-5　三种方案工作日平峰时段乘客平均等待时间

方案	区段	平峰时段乘客平均等待时间
方案一	火车南站—西博城	2 min 30 s
	西博城—天府机场北	3 min 45 s
方案二	火车南站—西博城	2 min 30 s
	西博城—天府机场北	5 min 00 s
方案三	火车南站—西博城	2 min 30 s
	西博城—天府机场北	3 min 20 s

方案一：在"火车南站—西博城"区段，平均等待时间为 2 min 30 s。在西博城—天府机场北区段，乘客平均等待时间为 3 min 45 s，前者属于乘客可接受范围，后者时间过长，会降低对沿线客流的吸引力。

方案二：在火车南站—西博城区段，乘客平均等待时间为 2 min 30 s。在西博城—天府机场北区段，乘客平均等待时间为 5 min，对于小交路未开行区段的乘客而言，平均等待时间偏长。

方案三：在火车南站—西博城区段，乘客平均等待时间为 2 min 30 s。在西博城—天府机场北区段，乘客平均等待时间为 3 min 20 s，对于小交路未开行区段的乘客而言，平均等待时间偏长。

③ 运能与运营成本分析。方案一：在每小时内开行的 12 对列车中，其中 4 辆列车仅进行小交路运转，车底周转较快。同时，车辆的损耗也较小。对运输企业而言，运营成本较为合理。

方案二：在每小时内开行的 12 对列车中，其中 6 辆列车进行小交路运转，车底周转较方案一更慢。同时，车辆的损耗也较大。对运输企业而言，运营成本更为高昂。

方案三：在每小时内开行的 12 对列车中，其中 3 辆列车进行小交路运转，车底周转较方案一更快。同时，车辆的损耗也较小。对运输企业而言，运营成本更为合算。

④ 综合对比分析。将上述三种快慢车开行比例方案进行横向对比分析，可得到表 5-6。从表中数据可以分析得出，方案一的平峰时段满载率较合理，而方案二和方案三的平峰时段满载率较低，运能造成较大浪费，三种方案的满载率程度均能够满足乘客在途旅行的较高的舒适度。从乘客平均等待时间考虑，方案一和方案三的乘客平均等待时间均控制在 4 min 内，一方面能够满足乘客出行的便利性，另一方面也能达到进一步吸引客流的目的。

表 5-6　快慢车开行方案比选

比选指标	方案一 快车交路 1：慢车交路 2：慢车交路 3 =1：1：6	方案二 快车交路 1：慢车交路 2：慢车交路 3 =1：1：2。	方案三 快车交路 1：慢车交路 2：慢车交路 3 =1：2：1。
小交路未经过区段乘客满载率	4.06%	3.85%	3.61%
小交路未经过区段乘客平均等待时间	3 min 45 s	5 min	3 min 20 s
运能与运营成本	小交路区段 4 列/h	小交路区段 6 列/h	小交路区段 3 列/h

而方案二的乘客平均等待时间为 5 min，与小交路区段的乘客平均等待时间 2 min 30 s 相差较大，会造成小交路未经过区段的乘客的出行不便利性，影响该区段

的乘客吸引力。

从运能与运营成本方面分析，方案三的小交路区段列车开行 6 对/h，对小区段客流的运输较为便捷，但对小区段未经过区段的沿线客流的吸引程度较低，无法最大限度满足乘客不同层级的出行需求，在长距离运输上，运能较为紧张，乘客出行便利性较差，舒适度不够，行车间隔设置不合理。方案三小交路仅开行 3 对/h，另外 9 辆车辆均进行全程周转，在长距离运能方面造成较大浪费，且从企业角度出发，小交路列车少意味着全路运用车数增加，线路投资增大，从运行经济性方面考虑不合理。

综合考虑运行经济性和适用性，选择方案一比较合理。

5.4.4 越行站与站型分析

考虑到成都地铁 18 号店的系统能力要求，并结合列车运行交路设置、车辆段/停车场布置及出入段线接轨方案，18 号线配线图如图 5-21 所示。

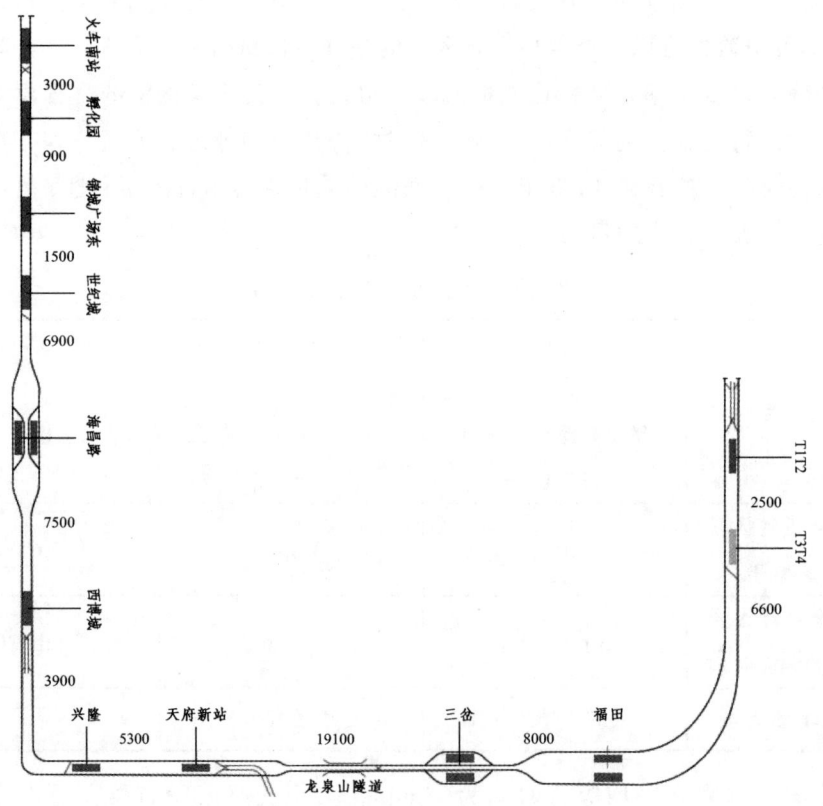

图 5-21　18 号线配线图

18 号线只有在平峰时段组织开行快慢车套跑模式。其中，工作日，平峰时段的行车密度为 12 对/h，发车间隔为 5 min，快车：慢车大交路：慢车小交路开行比例为 1：1：2。双休日和节假日，平峰时段行车密度为 6 对/h，发车间隔为 10 min，快车：慢车按 1：1 开行。

以 18 号线起始站、终点站、交路折返点站、两处越行站所在站为分界点，即火车南站、海昌路、西博城、三岔、天府机场北五个车站，计算列车在各区间上下行的区间旅行时分，并计算在越行站发生越行条件的最小间隔时间和最大间隔时间，可得表 5-7 所示数据。

表 5-7　列车区间旅行时分统计表　　　　单位：s

车站	慢车下行旅行时间	快车	旅行时间之差	T_{min}	T_{max}	慢车上行旅行时间	快车	旅行时间之差	T_{min}	T_{max}
火车南站	——	——	——	——	——	2 979	2 396	583	——	703
海昌路	704	562	142	262	307	2 267	1 785	442	562	703
西博城	1 029	842	187	307	520	1 903	1 509	394	514	562
三岔	2 102	1 702	400	520	698	852	699	153	273	514
天府机场北	2 977	2 399	578	698	——	——	——	——	——	——

（1）18 号线下行越行分析。

根据表 5-7 对下行列车旅行时间的统计可知，下行方向火车南站—西博城区间，慢车与快车之间的发车间隔只要满足 307 s 及以上就不会产生越行；下行方向火车南站—三岔区间，慢车大交路和快车大交路的发车间隔只要满足 520 s 及以上就不会产生越行；下行方向火车南站—天府机场北区间，慢车大交路和快车大交路的发车间隔只要满足 698 s 及以上就不会产生越行。

综上所述，工作日平峰时段，下行方向列车发车顺序为：慢车大交路、慢车小交路、快车大交路、慢车小交路，发车间隔均为 6 min，慢车大交路和快车大交路的发车间隔为 1 200 s，满足不发生越行条件，下行方向列车不会发生越行；节假日平峰时段，下行方向列车发车顺序为：慢车大交路、快车大交路，发车间隔均为 10 min，火车南站—海昌路、火车南站—西博城、火车南站—三岔区间的发车间隔均满足不发生越行条件，火车南站—天府机场北区间慢车大交路和快车大交路的发车间隔不满足条件,将会产生越行,即下行方向快车在三岔越行慢车。

(2)18号线上行越行分析。

上行方向天府机场北—三岔区间,慢车与快车之间的发车间隔只要满足 273 s 及以上就不会产生越行;天府机场北—海昌路区间,慢车大交路和快车大交路的发车间隔只要满足 562 s 就不会产生越行;天府机场北—火车南站区间,慢车大交路和快车大交路的发车间隔只要满足 703 s 就不会产生越行。

综上所述,工作日平峰时段的上行方向列车发车顺序为:慢车大交路、慢车小交路、快车大交路、慢车小交路,保证平均发车间隔时间为 6 min,同时调整慢车小交路和快车大交路的发车间隔,慢车大交路和快车大交路的发车间隔为 1 200 s,满足不发生越行条件,上行方向列车不会发生越行;节假日平峰时段,上行方向列车发车顺序为:慢车大交路、快车大交路,发车间隔均为 10 min,天府机场北—三岔、天府机场北—西博城、天府机场北—海昌路区间的发车间隔均满足不发生越行条件,天府机场北—火车南站区间慢车大交路和快车大交路的发车间隔不满足条件,将会产生越行,即上行方向快车在海昌路越行慢车。

快慢车越行点的确定,结合18号线的停站方案、停车线以及沿线车站周边的情况,可以得知18号线共设置2处越行点,分别位于海昌路站和三岔站。根据上述越行站的配线形式可以得知,越行站配线具有如图5-22所示四种基本形式。

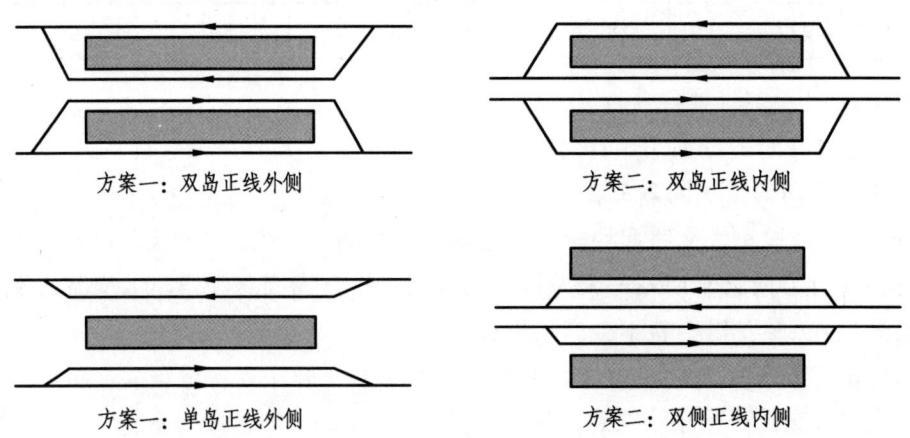

图 5-22　18号线的越行站配线形式比选

考虑到运营功能方面,方案一和方案二较好。同时结合实际线路的敷设方式,推荐海昌路站采用方案一,即双岛正线外侧方案。推荐三岔站采用方案二,即双岛正线内侧方案。

由于天府新站—三岔站穿越了龙泉山脉，约 18 km 的山岭隧道不具备设置停车线的条件，为了防止故障列车停放占用越行线情况的发生，研究了两个具备独立停车线的配线方案，如图 2-23 所示。

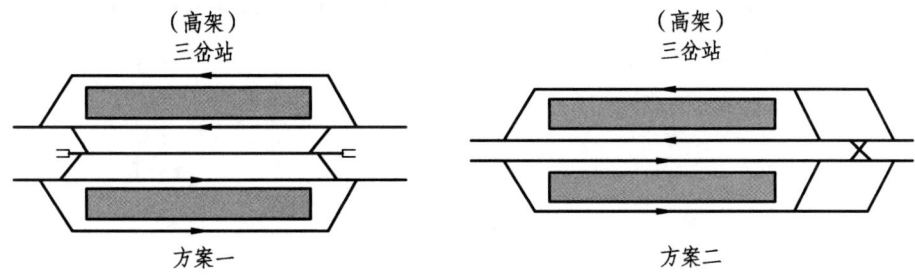

图 5-23　三岔站配线形式比选

方案一是在正线中间设置了一条停车线，使其具备越行和故障车停放功能。而方案二则是在正线两侧放置两条停车线，停车线的两端分别与越行线和正线连通，具备越行+故障车+热备车或工程车停放功能，停车线设置为线两列位，利于提高救援效率。

相比方案一，方案二的运营功能相对较优，因此，推荐采用方案二。

5.4.5　列车停站分析

1. 快车停靠站点选择

确定快车停靠站点是使得整个快慢车开行方案科学实用的关键性步骤。确定快车停靠站点可以缩短乘客的在途旅行时间，成都地铁 18 号线的职能之一就是机场专线，并针对此提出了 140 km/h 的运行速度，这都是服务于 18 号线快速输送机场专线乘客的需求。

根据上节中的 18 号线开通当年客流分析的结果，其中小交路运行区段由于担当了市郊线路的功能，并承担了 1 号线的部分客流强度，该区段的客流量相较于小交路未经过区段的客流量明显更高。快线停靠车站主要为客流集散大的车站。

在选择快车停靠车站时，一方面，需要保证快车停靠车站尽可能少，缩短快车乘客在途旅行时间，扩大快慢车运行时间差距，以适应不同层次乘客的运输需求；另一方面，快车停靠车站的设置应与客流强度相适应，由于线路客流不均衡程度高，在客流高断面区段，应设置高密度快车停靠站点，在客流低断面，应根据实际情况减少快车停靠站点设置。

18号线大小交路快慢车停站方案如图5-24所示。

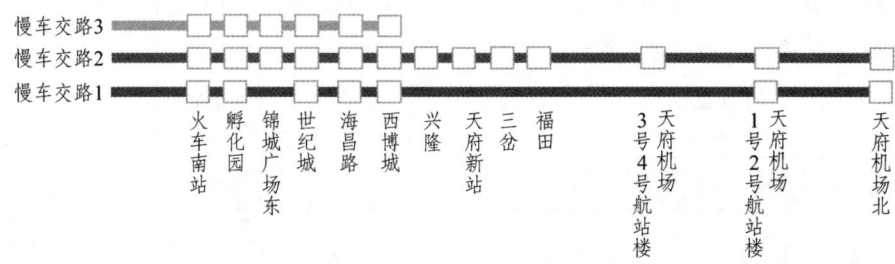

图5-24　18号线快慢车列车停靠站示意图

其中，因为开行全线慢车站站停行车模式，可满足全线直达性，考虑到小交路未经过区段客流量较小，结合本线兼顾市域快线和机场线的复合功能定位，快车不停车通过南部沿线上下车客流较小的车站。且在三岔站设置越行站，供慢车避让快车。故在小交路未经过区段仅在天府机场1号2号航站楼设置一个快车停靠站，确保了天府新区中长距离通勤客流和机场客流能够快速到达中心城区，同时也满足快车乘客直达机场乘降的功能。

在"火车南站—西博城"小交路区段，由于沿线客流量大，且该部分区段与1号线并线。一方面，起到了分担1号线客流量、缓解1号线线路压力的作用，另一方面，也是为了给18号线吸引更多客流量，提高线路的运营价值，在该小交路区段的火车南站、孵化园、世纪城、海昌路、西博城5个车站均设置快车停靠站。其中，由于18号线的锦城广场东站与1号线的锦城广场站不为同一车站，不可站内直接换乘，对客流量的直接疏解作用较小，故在该车站不设置快车停靠站。

2. 快慢车共轨与普通站站停模式对比分析

在前述章节中已经分析了快慢车的各种运行模式，接下来对共轨与普通站站停模式进行对比分析，进一步确定成都地铁18号线的运营模式。

通过比较分析，得出：

（1）站站停运行模式单程运行时分（含站停时间）上行为2 979 s，下行为2 977 s，其中西博城站—天府机场北的单程运行时分（含站停时间）上行为1 903 s，下行为1 908 s；快慢车共轨运行模式快线的上下行单程运行时分（含站停时间）均为2 396 s，其中西博城站—天府机场北的单程运行时分（含站停时间）上行为1 509 s，下行为1 528 s。快车以在南部部分小客流车站不停站通过的方式，明显缩短了西博城站—

天府机场北的单程运行时分，节省了中长途乘客的出行时间。

（2）由于慢车要避让快车，实际运行中快慢车共轨运行模式的慢车全线比站站停运行模式全线的旅行时间会有所增加。

（3）快慢车共轨模式设 2 个快慢车越行站，即海昌路站和三岔站。其中三岔站采用双岛四线高架站，海昌路站采用双岛四线地下站，规模较大，较普通单岛或侧式车站土建工程投资成本增加。

3. 快慢车共轨停站方案优缺点

相较于普通站站停模式而言，快慢车共轨停站方案更适合于成都地铁 18 号线的复合型要求，可最大限度适应 18 号线的运营模式，是综合衡量各种要素得出的。

快慢车共轨停站方案的优点：

（1）18 号线线路长、平均运距大，长途客流占比较大，如果对其采用"站站停"的运行模式，那么频繁的停站会干扰中长途客流，无法满足中长距离乘客的出行需求。因此，从 18 号线实际考虑，采用快慢车共轨的运行模式，可以有效提高快车的平均旅行速度，快速输送机场专线客流。

（2）开行快车缩短了长距离出行旅客的在途时间，有效地分离了中长途乘客和短途乘客，既满足了乘客的不同出行需求，也提高了线路的运营效率，有助于提高全网的整体运营效率。

（3）慢车大交路运力均衡，成本可控，可以满足郊区与市区之间客流出行需求。慢车小交路行车间隔小，用以解决高新区与天府新区快速联络需求，辅助缓解 1 号线南段客流压力。

快慢车共轨停站方案的缺点：

（1）越行站规模较大，海昌路站和三岔站是采用双岛四线的形式，增加建设成本。

（2）存在较为困难的乘客指示，在运营初期，快车乘客和慢车乘客不易区分快慢车停靠站点，可能导致错乘误乘。

（3）慢车在运行过程中由于要避让快车，因此会在侧式站台进行避靠，容易引发乘客不满情绪，加大了乘客安全的不确定性，降低了越行站站台的安全性。

（4）因为快慢策划运行模式较为复杂，乘客对其不熟悉，在车站范围内咨询逗留时间延长，延缓乘客疏散速度，造成车站拥堵；在快车停靠站该风险程度更高，如果在客流瓶颈处拥堵，可能会引发客运危机。

对于长途客流，18号线采取快慢车共轨运行模式适应不同层次的乘客需求。对提高快车运行速度、组织快慢车共轨运营等方面做出新的尝试。对长短途客流进行分流，减少了不同出行需求客流之间的相互干扰，减少乘客出行时间和城市轨道交通运营成本，实现了天府新区中长距离通勤客流和机场客流能够快速到达中心城区，提高了客流吸引力，在尽量降低对慢车影响的前提下提高了快车的运营效率，以较小的土建代价取得了较好的运营效果，提高了地铁的运营效率和服务水平，实现较好的综合社会效益。

5.5 市域快线延时/全时运营的可行性分析

随着我国城镇化进程的持续推进，城市及其周边地区的产业布局、居住和商业等空间资源组织的方式也在逐渐发生变化，许多城市，特别是大城市的功能轴带都或多或少地发生了延展或迁移，诞生了新的城市次中心，甚至有些规划线与其他城市的边缘区域产生了交叉和重叠，共同形成了或正在形成都市圈或城市带，也因此产生了在中心城市与周边组团城市或城市次中心及卫星城镇之间的短途城际出行需求。同时，城市或城市群对外的综合交通枢纽或大型机场/车站等也常常布置于稍远离城市核心区域的位置或者布置在新的城市次中心地区，因此也产生了中心城市与这些大型交通枢纽之间的出行需求。

上述两类出行需求的出行规律性较为明显，对出行时间和便捷性的要求更加敏感，二者叠加，促进了服务于都市圈或城市带的中心城市与周边城镇或次中心组团的市域快线的产生。市域快线对于优化城市功能布局、促进城市和小城镇协调发展以及有效扩大公共服务供给具有重要价值，连接大型枢纽的市域快线是提升交通服务水平和枢纽运营效率、加快构建现代化综合交通运输体系、推动基础设施高质量发展的重要设施。

运营时长的增加，无论对于地方客流还是对于机场客流来说，均是服务质量中重要的考核标准，如何平衡和兼顾夜间运营效率和运营需求，是市域快线持续关注和需要探讨的问题。

以广州地铁集团有限公司、广州地铁设计研究院股份有限公司、北京交通大学、中国城市轨道交通协会等单位为代表的城市轨道交通设计和研究领域的专家学者及其团队，针对国内外城市轨道交通延时或通宵运营可行性、复合功能的市域线路或机场线路运营模式以及我国典型城市轨道交通线路开展通宵运营的基本条件等，进行了较为系统的研究。其中的主要研究成果如下：

目前，全球城市轨道交通行业有15个城市实施了通宵运营，按照通宵运营实施日期进行划分，主要分为3类。第1类：纽约、芝加哥、哥本哈根等4个城市每天实施；第2类：伦敦、柏林等9个城市在每周固定日期实施；第3类：我国香港、台北在重大节假日实施，具体见表5-8。

表5-8 城市轨道交通行业通宵运营信息

城市	通宵运营日期	运营模式	范围	间隔/min	特点
纽约	每天	快慢车	全网	20	线路设计为三、四轨
芝加哥	每天	站站停	部分线路	15	夜间预留1.5~2 h不运营
哥本哈根	每天	站站停	全网	15~20	夜间维护时段间隔拉大或提前发布区段停运公告
伦敦	周五、周六	站站停	部分线路	10~20	通宵运营线路均为连接交通枢纽及市中心线路
斯德哥尔摩	周五、周六	站站停	部分线路	30	
柏林	周五、周六	站站停	部分线路	15	
中国香港	中秋、平安夜、跨年夜、除夕	站站停	全网	3~15	—

5.5.1 通宵运营行业概况

5.5.1.1 每天通宵运营

1. 纽约地铁

纽约地铁共有10条线路，总运营长度为394 km，2017年日均客运量为471万人次（工作日560万人次，周六320万人次，周日250万人次），其中工作日午夜（凌晨0:00—6:00，下同）客运量约为8.5万人次，占全天客流的1.5%左右。纽约地铁线路大多有3~4条轨道，许多线路和车站都有快车和慢车经停，通常站台中间的轨道用来开行快车，外面的两条轨道开行慢车，如图5-25所示。

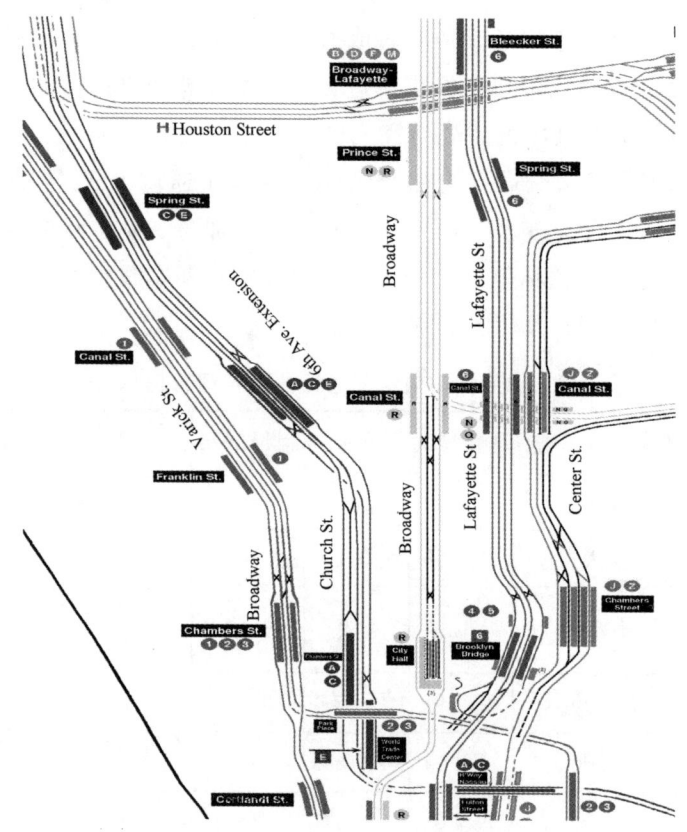

图 5-25　纽约地铁官网发布线路配线图

由于 3～4 轨设计，纽约地铁实施通宵运营条件较为成熟，大部分地铁线路均实现了通宵运营，特别是经过曼哈顿和布鲁克林区域的线路。

2. 哥本哈根地铁

哥本哈根地铁共有 2 条线路，均为双轨线路，运营长度 34 km，两条线路主要连接机场以及市中心区域，周五至周六夜间间隔 15 min，周日至周四间隔 20 min。夜间通宵运营若需要维护作业，将拉长行车间隔或者提前发布区段停运通告。

5.5.1.2　固定日期运营

以伦敦地铁为例，伦敦地铁线网共 11 条线路，均为双轨线路，总运营长度 402 km，2016 年日均客运量为 378 万人次。从 2016 年 8 月起，中央线、维多利亚线、朱比利线、皮卡迪利线和北线相继在周五、周六实施通宵运营。伦敦地铁实施通宵运营的 5 条线路覆盖了伦敦主要交通枢纽（希斯罗机场以及市区绝大部分火车站）、金融中心伦敦金融城、政治中心威斯敏斯特教堂区域以及购物中心牛津街。

5.5.1.3　重大节假日通宵运营

以我国香港地铁为例，共有 11 条线路，总运营长度为 264 km，日均客运量约 550 万人次。香港地铁线路同样均为双轨线路，在每年中秋、平安夜、跨年及除夕 4 天全线网执行通宵运营，夜间运营间隔根据客流情况，一般在 3~15 min。

5.5.2　通宵运营影响

实施通宵运营在方便市民出行、提升城市形象的同时，也会带来运营成本增加、夜间噪声、运营安全和综合治理等方面的风险与挑战。

1. 对运营成本的影响

实施通宵运营后，夜间司机、车站工作人员以及安检人员等岗位均需安排人员；同时设备超负荷运作，损耗增大；夜间列车、车站的牵引、照明、空调等其他能耗同样也将增大。随着人力成本、设备成本以及能耗成本的上涨，地铁运营成本将有所增加。

2. 对运营安全风险的影响

夜间司机容易出现疲劳、打瞌睡等状况，在突发故障或正常操作时，容易出现误操作；同时由于设备超负荷运行，设备的损耗增大，设备性能可靠度降低；由于通宵运营导致夜间检修作业时间减少，日均施工作业强度增大，高强度的夜间施工作业可能导致作业质量的下降，进一步增加安全风险。

针对上述对安全风险的影响，行业内应对措施是：合理设置司机夜班排班，保证夜班前充足的休息时间，建立司机疲劳检测系统，对司机驾驶状态及时进行检测及提醒；增加关键设备备件数量，适当提高设备的检修频率和更换频率；同时增加夜间检修人员数量，优化排班，引进现代化的检修设备，提高设备设施检修效率。

3. 综治问题

通宵运营后，夜间醉酒搭乘地铁、恶意破坏车站设备、站内盲流逗留等情况有可能增加，地铁车站需增加夜间安保力量，成立夜间巡逻小组，对线路沿线情况进行安全巡视，同时协调政府部门，加大夜间地铁巡逻警力，保障夜间发生综治事件时能够安排足够力量及时处理。

4. 夜间噪声问题

由于夜间环境较为安静，地面及高架段地铁夜间运行时的噪声对沿线居民的生活将产生较大影响，容易造成群体投诉事件的发生。针对此类问题，地铁可在高架及地面段加装隔音屏障等降噪设备，同时适当降低地铁夜间运行速度，尽可能降低地铁运行带来的噪声。

5.5.3 既有线路通宵运营实施建议

5.5.3.1 既有线路设备功能情况

目前多数城市轨道交通已投入运营服务线路均未实施通宵运营，若在此类既有线路基础上实施通宵运营，设备功能对通宵运营的实施有较大影响。以广州地铁为例，对既有线路设备功能进行梳理，影响通宵运营较大的设备情况具体如下：

（1）既有线均为双轨线路，通宵运营时夜间施工作业将受到较大影响。

（2）信号自动列车监控（Automatic Train Supervision，ATS）系统不支持大于24h运行图，通宵运营第二日运行图需在前一天夜间运营时套用，可能对正常运营造成影响。

（3）夜间设备自检、重启时影响正常运营，如信号系统自检、部分线路信号自检时需占用信号及道岔，短时影响正常运营。

（4）反向运行时部分线路列车自动驾驶（Automatic Train Operation，ATO）系统自动运行、停站、折返等功能不完善，同时站台门与车门不能联动开关，需增加软管灯及屏蔽门控制盘。

5.5.3.2 实施建议

综合上述分析，考虑线路设备功能现状，参考同行业通宵运营经验，同时综合考虑服务水平以及运营成本等因素，对城市轨道交通通宵运营既有线路实施的建议如下：

实施日期：在现有设备功能不完善时，若需要实施通宵运营，原则上在重大节假日（如跨年夜）实施；在设备功能改造完成后，若有需要，可考虑在固定日期（如周五、周六）实施。实施范围：原则上优先考虑连接高铁、机场等交通枢纽与市中心的线路。

交路模式：原则上实施双线循环交路，故障情况下可考虑拉风箱运行。

行车间隔：原则上夜间优先采用大站快车模式运行；参考同行业其他地铁通宵

运营间隔情况，考虑设置在 15~25 min。

5.5.3.3 生产运作调整

根据通宵运营实施建议，由于并未连续实施通宵运营且实施日期不多，对城市轨道交通整体的生产运作影响不大，建议在已有生产运作基础上进行调整即可。

1. 施工作业调整

施工作业在计划编排阶段需考虑通宵运营，将施工作业集中安排在非通宵运营日期完成，同时需在通宵运营前完成行车关键设备的日常维护；压缩作业周期，可适当增加维修人员数量或采用智能检修设备进行辅助，提高施工效率和质量；轨道巡检作业的周期可结合通宵运营实施日期进行调整，如由每 2 天 1 次调整为 1 周 3 次。

2. 站务、乘务调整

夜间需增加对外服务人员、安检人员、保洁人员、夜间运行交路及司机等岗位设置；夜间乘客较少，可适当关闭部分出入口以及部分区域的照明、空调等；夜间车站综治压力较白天有所增加，需加强夜间安保巡视力量。

5.5.4 成都地铁 18 号线延时/全时运营的可行性

从功能定位来看，成都地铁 18 号线沿着成都市唯一的核心功能轴带（人民路—天府大道）向南北展开，是贯穿老城核心区、连接天府新区和东部新区、有效拉近城市中心和次中心及组团的时空距离、带动新城区发展、促进城市空间结构转型的市域快线。同时，18 号线与 1 号线共走廊敷设，不仅能够形成"普快同廊"格局，极大地分担能力紧张的 1 号线的客运压力，共同提高南北轴带通勤效率，更能够支撑该核心轴带的高强度、高水平、高效率集聚发展。另外，18 号线还连接了成都市的第二机场——天府国际机场以及成都铁路枢纽中的主要客运站——天府新站，集"快慢组合、共线运营"等多种运营组织模式和功能于一体，兼顾中心城区、市域及机场客流，且即将组织与 19 号线的共线运营，与资阳线（S3）、眉山线（S5）、德阳线（S11）互联互通或同台换乘。可以看出，这是一条典型的具有复合功能的市域快线。

从进站客流来看，成都地铁 18 号线目前的运营时段为 06:00 至 23:30，节假日临时组织延时服务，在以上条件下，因其串联城市中心各组团及关联大型交通枢纽的特殊性质，18号线夜间客流具有一定的潜力，据成都地铁运营有限公司线网客流预测显示，其夜间进站客流中，每周日至每周四的日客流量变化不大，周五和周六的夜间进站客流量相较来说增幅较大，节假日的客流总量和高峰现象明显，特别是主要交通枢纽站点的夜间客流增幅明显。

从运营模式来看，考虑到18号线为常规双线单方向运营的线路，若每天实施通宵运营，对线网夜间设备检修影响较大，同时运营成本将大幅提升；而基于18号线夜间客流情况及预测数据来看，若采用固定日期通宵运营的模式，则可将固定日期选择为每周五和周六，此时，通宵运营将直接导致可进行检修作业的天数减少，为完成既定的检修任务，则每晚需增加检修作业次数，因此将造成每月的施工数量大幅增加，投入的人力和生产运作成本也将相应增加；若在重大节假日组织通宵运营，由于不需要连续执行运营任务，对线网整体运作影响较小，可行性较高。

实施通宵运营期间，原则上宜采用大站快车模式，间隔 15～25 min；同时可考虑匹配地面公共交通服务时间，期间短时停运，对设备设施进行维护作业。

综合前述国内外运营经验来看，实施通宵运营的理想线路条件为三线或四线线路，成都地铁18号线为双线线路，若实施通宵运营，会对地铁夜间检修作业造成一定影响。在未来轨道交通线网逐步完善的条件下，新老城区之间、周边城区和中心城区与大型交通枢纽之间培育出具有足够强度的客流时，可以考虑将线路改造为三线或四线线路，以满足通宵运营条件，提升该市域快线的服务水平。

5.6 本章小结

本章以成都地铁市域快线（机场线）18号线为研究对象，以快慢车行车组织理论为基础开展了相关研究，并对市域快线的延时/全时服务可行性进行了探讨。

第6章

长大线路多点发车组织研究与实践

随着城市线网发展,线路长、站点多为突出特点的长大线路不断涌现。以成都市轨道交通线网为例,1、2、3、4、6 号线线路长度均超过 40 km,后续新开线路也多为长大线路。采用首班车起点站始发方案时,线路长度影响着不同站点乘客乘车时间先后和等候时间长短。以成都地铁 6 号线为例,线路全长 68.76 km,全线共设 56 个车站,线路全线运行时间为 123 min,若实行起点站始发方案,则终点站附近的车站要在首班车发车约两个小时后才能迎来本站的首班车,过大的时间跨度显然不能满足乘客的出行需求。因此,若线路里程过长,则应视情况采用多点发车技术。

为保证运营安全,还须在首班车开行之前对线路进行轧道,检查线路运行状况。由于轧道车过程一般采取"人工驾驶、限速运行"方式进行,当线路里程过长时,轧道车行车时间也会过长,轧道车的发车时间与线路维护时间可能产生冲突,对首班车发车时间、夜间列车整备及线路维护等造成影响,需要进行分段轧道。首班车采用多点发车技术时,若将首班车赋予轧道车的功能,在运行至发车站台的途中进行分段轧道,则可以减少从轧道车发出至首班车发车时间的时间间隔,减小与线路维护时间冲突的可能性。轧道车前一晚到达指定位置进行存放,在首班车之前进行分段轧道,在下一个已轧道完成的区间担负首班车的功能实现上线运营,这样既检验了线路运行状况,又节省了时间和资源成本,提升了首班车发车前的工作效率。本章节探讨的就是长大线路条件下,采用首班车多点轧道和多点发车技术结合的运输组织优化与实践问题。

6.1 长大线路多点发车技术采用原则

以成都地铁为例,目前各线的运营服务时间均在 17~18 h,且现有施工检修已采取分项实施和分段请点方式,施工作业时间大多已压缩至 4 h 左右,根据目前运行图的情况,结合长大线路特点,综合考虑服务水平及列车利用率的提升、员工通勤、施工作业时间、运营秩序稳定等因素,通过组织首班车之前的空驶列车到达不同站点后在首班车时刻同时投入载客服务的方式,实现了长大线路"多点发车"运营组织。"多点发车"运营模式较常规运营模式首班车最多可提前 30 min,能够更好地适应地铁各大枢纽站的接驳需求,提高了运营服务水平。

为保证运营前布车需要,除轧道车、员工通勤车外,在首班载客车之前还有部分空驶列车,列车空驶造成列车运能利用率不够充分。"多点发车"方案通过提前部分车站的运营服务时间,能够有效提高空驶列车利用率及线路运营服务水平。但是,线路进行首班车多点发车可以提升线路沿线居民首班车服务质量的同时，随之而来的就是运行成本的急剧增加。为了兼顾服务质量和运行成本，根据成都地铁运营实践，若线路空驶列车满足以下条件，可以考虑进行首班车多点发车。

（1）"多点发车"方式的首班车数量受运营开始前的空驶列车数量影响，若此类空驶列≥2则可以满足按"多点发车"方式开行首班车的条件；若空驶列车数量<2，则可以考虑通过开行双首班车的方式提前始发站首班车时间。

（2）"多点发车"方式较常规首班车最多可提前的时间受到第一列空驶列车始发车和首班车列车始发的时间差影响，若时间差≥15 min，则可以满足按"多点发车"方式开行首班车的条件，若时间差<15 min，则可以考虑通过开行双首班车的方式提前始发站首班车时间。

6.2 首班车多点发车技术确定方法

由于城市轨道交通长大线路贯穿城区、连接郊区，且线路常规首班车一般在线路两端发出，运行至中心城区的时间一般较长，导致中心城区大量乘客被首班车服务时间延后，使得中心城区乘客最早出行时间延后，增加了中心城区乘客首班车出行时间。因此需要在该种线路采用首班车多点发车模式，以减少中心城区乘客首班车等候时间。

在首班车发车之前，预先在需要发车的车站布置列车，并且在列车布置过程中作为轧道车进行轧道。在首班车发车时间，多个车站同一时刻发车。考虑一条线路多点发车，线路的多点发车方案如图 6-1 所示。线路共有 n 座车站，$\{S_i\}$ 为线路车站的集合，$i \in n$；$\{S_{ubj}\}$ 为中心城区车站的集合，$j \in i$ 且 $j \leqslant i, \{S_{ubj}\} \in \{S_i\}$。

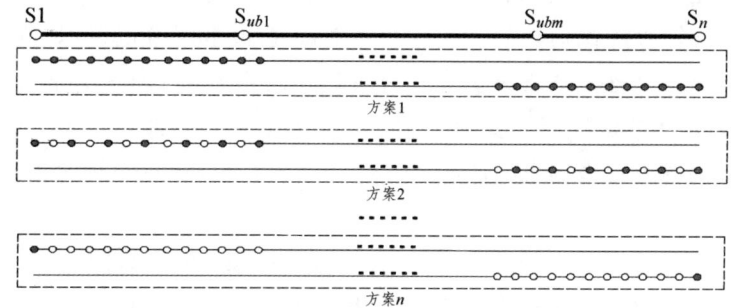

图 6-1　线路的多点发车方案

首班车列车数越多，运营服务水平越高，最极端的方案就是在每一车站均布置一列首班车，所有站点同一时刻发车，则线路上车站所有乘客的首班车等待时间最短，但这种情况明显不符合实际。随着首班车列车数量的增加，列车布置时间、晚间存车设备、运用车数等均相应增加，造成运营成本急剧上升。但只采用两端发车的常规模式，不能解决中心城区首班车等待时间长的问题。因此，需要综合考虑运用车数（上线列车数量不能大于高峰时期的上线列车数）、线路存车设备、列车轨道方式等因素，最终确定线路多点发车方案。

6.2.1 首班车多点发车位置确定方法

综合考虑首班车最低载客约束、线路首班车最晚服务时间等各种因素，确定首班车进行多点发车的线路车站位置。

（1）首班车最低载客约束。

轨道运营公司为实现企业运营效益，需要运行在轨道线路上的列车保持一定标准的载客人数。

$$\sum_{g\in\{i|P_j^i<C_0\}} g \leqslant N_0, \ j=1,2,\cdots,n$$

式中　C_0——车辆的最低载客人数标准，当乘客人数小于这一数值时，运营公司认为属于低载客运行；

　　　N_0——列车运行1个往或返时允许低载客人数运行的最大区间数；

　　　g——列车低载客运行的区间。

（2）线路首班车最晚服务时间。

考虑到满足乘客出行需求，尤其是长大线路上出行时间较长的因素，一般首班车时间不能太晚。以成都地铁为例，首班车时间在06:00—06:30，以满足乘客上班、上学等通勤需求。首班车从首班车发车位置集 $\{SC_{k,h}^d\}$ 中 $\max(K)$ 车站运行至 S_{n-1} 或 S_{2n-1} 车站的时间为 T_Δ^1 或者 T_Δ^2，其中，当 $d=1$，$K\in\{S_1, S_n\}$ 时，为下行首班车进行多点发车的车站的标号；当 $d=2$，$K\in\{S_{n+1}, S_{2n}\}$ 时，为上行首班车进行多点发车的车站的标号。

线路首班车最晚服务时间 $T_l^d = T_f + T_\Delta^d$，T_f 为首班车发车时间。

根据最晚服务时间确定多点发车中的线路上，下行第一班车的位置，即 $\max(K)$ 已知。根据首班车最低载客约束区间数量及列车运行时间确定余下的列车位置。即

$$Tra_{p,k}^d = \frac{\max(K)}{num^d} \times k + \sigma_k$$

式中　$Tra_{p,k}^d$——上行或者下行的第 k 列首班车的发车位置；

num^d——上行或者下行开行的首班车数量；

σ_k——列车位置调整函数，当由于客流原因或者线路渡线不满足后续列车布置规则时考虑。

6.2.2　首班车多点发车列车布置方法

由线路乘客最晚首班车服务时间为推导基础，通过计算各区间的运行时间和各站停站时间、是否有渡线等，反推线路上下行开行第一列首班车的车站位置，确定第一个位置后，找寻满足上下行与第一个车站位置构成环形的第二个车站。构成环形的条件为：第二列车发车位置的车站存在渡线，并且距第一列列车发车车站的距离不小于第二列列车发车的位置距第一列列车发车车站的距离。

6.2.3　首班车分段轧道列车布置方法

采用首班车多点发车技术时，首班车同时担负轧道车功能进行分段轧道，能够第一班列车发车的规则：开到下行的第一个车站第一列车沿着上行的轨道开到上行的第一个车站后，进入下行轨道，继续行驶到下行的第一个车站。上行的第一列列车同理行驶到上行的第一个车站。后续列车按照第一列的方法行驶，或者在本线上行驶，首班列车轧道示意图如图 6-2 所示。直到第 $num^d - 2$ 列车从线路端部发出，并沿着对应方向的轨道行驶至相应位置，从而保证线路上下行的每个区间至少有一列列车轧道。至此，若列车都能行驶至相应的车站，表明整条线路处于行车安全状况下，首班车作为轧道车的功能完结，并且首班车到达了相应的发车位置。

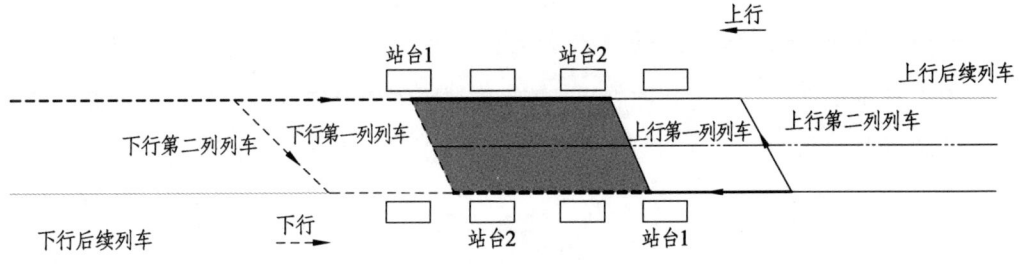

图 6-2　首班车列车轧道示意图

6.2.4 首班车列车存放位置确定

为节省首发列车到达车站的时间，可在夜间将首班车列车存放在对向正线存车线或站线。早班车在首班车发车前需要对线路各区间进行轧道作业，因此上下行首班车存放列车位置应该满足一定的要求。

第 d 方向第 h 列列车夜间存放位置集合表示为 $\{ST_{k,h}^d\}$，第 h 列列车进行轧道时换轨位置集合为 $\{ER_{k,h}^d\}$。由于首班车承担了轧道任务，需要对线路各区间进行轧道，因此，存放列车位置集合与列车进行换轨位置集合应满足以下条件：

（1）当 $d=1$ 时，$\{ST_{k,h+1}^d \leqslant ER_{k,h}^d \mid k \in \{S_{n+1}, S_{2n}\}\}$。特别地，$h=num^2-2$ 时，列车从线路端部发车，沿着 $d=2$ 的运行轨道运行至换轨点进行换轨。$h=num^1-1$ 时，列车从端部发车并沿着 $d=1$ 方向运行至对应车站位置，其他按首班车列车轧道方法运行。

（2）当 $d=2$ 时，$\{ST_{k,h+1}^d \leqslant ER_{k,h}^d \mid k \in \{S_1, S_n\}\}$。特别地，$h=num^2-2$ 时，列车从线路端部发车，沿着 $d=1$ 的运行轨道运行至换轨点进行换轨。$h=num^2-1$ 时，列车从端部发车并沿着 $d=2$ 方向运行至对应车站位置，其他按首班车列车轧道方法运行。

6.2.5 首班车列车存放位置选取原则

为不影响夜间线路维护作业，夜间存放在车站或者区间的列车不能占用正线，故应该存放在上下行轨道间的渡线、贯通式单折返线或者贯通式双折返线上，从而最大限度减小对线路维修作业的影响，且存放位置不能距离首班车发车位置太远。考虑最坏情况，则是所有列车从线路一端车辆段或者停车场发出，即退化为传统的首班车发车模式。最好情况，第 d 方向上第 h 列列车在夜间存放列车的位置 $ST_{k,h+1}^d = ER_{k,h}^d$，并且该站恰有渡线或者折返线可以进行存车。

当部分 $ER_{k,h}^d$ 的 K 车站没有条件进行存车时，可以在后续车站的贯通式双折返线上进行两列列车的存放，以减小列车从存放位置行驶至发车位置的时间。

6.2.6 首班车列车布置时间计算方法

根据首班车列车布置方法布置后，布置列车所需要时间 $ARRT$ 为上下行所有列车进行轧道并行驶至相应位置的最大用时 $\max(MT_h^d)$，即 $ARRT = \max(MT_h^d)$。其中

$$MT_h^d = \Sigma(CT_{ST_{k,h}^d}^{[ER_{k,h}^d]} + CT_{[ER_{k,h}^d]}^{SC_{k,h}^d} + ET_h^d + EN_h^d)$$

式中　CT——首班车作为轧道列车在区间运行时间；

ET_h^d——在 d 方向上，第 h 列列车在换轨点换轨进入对向轨道所需时间；

EN_h^d——在 d 方向上，第 h 列列车在存放位置发出时间。

考虑列车布置过程中列车可能产生冲突，计算列车布置时间应考虑如下条件。

（1）当下（上）行首列列车运行至换轨点时，上（下）行首列列车运行至该点的时间应该大于等于列车安全运行间隔时间 T_{SF}，即

$$\{MT_1^1 \geqslant CT_{ST_{k,1}^2}^{ER_{k,1}^2} + EN_1^2 + T_{SF} \cup MT_1^2 \geqslant CT_{ST_{k,1}^1}^{ER_{k,1}^1} + EN_1^1 + T_{SF}\} = \text{ture}$$

式中　k——位置参数，即线路车站的编号或者换轨点的编号。

（2）下（上）的第 num^d-2 进行换轨后进入本方向轨道时，第 num^d-1 运行至该点的时间间隔应该大于等于列车间安全运行时间，即

$$\{CT_{ST_{k,num^1-2}^1}^{ER_{k,num^1-2}^1} + EN_{num^1-2}^1 \leqslant CT_{ST_{k,num^1-1}^1}^{ER_{k,num^1-1}^1} + EN_{num^1-1}^1 + T_{SF} \cap$$

$$CT_{ST_{k,num^2-2}^2}^{ER_{k,num^2-2}^2} + EN_{num^2-2}^2 \leqslant CT_{ST_{k,num^2-1}^2}^{ER_{k,num^2-1}^2} + EN_{num^2-1}^2 + T_{SF}\} = \text{true}$$

式中　k——位置参数，即线路车站的编号或者换轨点的编号。

以上两个约束条件中各列列车从存放位置发出时间不同。

6.3 评价指标

（1）平均运营服务时间：指线路各个车站首班车至末班车间的时间差，即

$$T_{avg}^d = \frac{T_{L,n}^d - T_{f,n}^d}{n} \text{。}$$

首班车从存放位置对线路分段进行轧道后，到达指定车站 $Tra_{p,k}^d$ 承担首班车任务。首班车从该位置行驶到第 n 站的时间为

$$T_{f,n}^d = T_f + \sum_{i=k}^{n} St_i^d + \sum_{i=k}^{n-1} Ss_i^d$$

晚班车从线路一端发车后到达第 n 站的时间为

$$T_{L,n}^d = T_l + \sum_{i=k}^{n} St_i^d + \sum_{i=k}^{n-1} Ss_i^d$$

式中　T_l——晚班车发车时间；

St_i^d——第 i 个区间运行时间，当 $d=1$ 时，第 i 个区间为第 i 个车站与第 $i+1$ 个车站之间的区段，当 $d=1$ 时同理；

Ss_i^d——在 d 方向上的第 i 个车站的停站时间。

（2）施工时间。

列车从贯通式双折返线、渡线等上运行至车站正线的时刻越迟，用于线路施工作业的时间越长，故施工时间转化为列车从存放位置发出、运行至指定首班车发车车站的时间 $\max(Tran_h^d)$ 越小。

$$Tran_h^d = T_f - EN_h^d$$

6.4 成都市轨道交通 6 号线多点发车组织实践分析

为验证长大线路的首班车多点发车方法的有效性，本节以成都地铁 6 号线为例进行计算。成都地铁 6 号线列车采用 8 辆编组的 6M2T 型车辆，全车定员 2 414 人，最大载客量可达 3 466 人，最高运行速度 80 km/h；采用站站停站方案；上行方向为兰家沟—望丛祠，下行方向为望丛祠—兰家沟；首班车上下行采用多点发车方式，发车时间均为 60:10。

上下行站间距（下行：望丛祠—和平街序号为 1；上行：兰家沟—回龙序号为 1）见表 6-1。

表 6-1　6 号线上下行站间距表　　　　　　　　　　单位：m

下行	1	2	3	4	5	6	7	8	9	10	11	12	13	14	15	16	17	18	19
上行	55	54	53	52	51	50	49	48	47	46	45	44	43	42	41	40	39	38	37
站间距	1185	859	994	1285	1224	1546	2435	1869	1582	1535	1658	1888	725	936	1016	1150	905	726	933
下行	20	21	22	23	24	25	26	27	28	29	30	31	32	33	34	35	36	37	38
上行	36	35	34	33	32	31	30	29	28	27	26	25	24	23	22	21	20	19	18
站间距	1331	1198	1033	955	936	1114	1190	1134	779	1139	1320	819	1584	1380	2832	1022	1332	786	1000
下行	39	40	41	42	43	44	45	46	47	48	49	50	51	52	53	54	55		
上行	17	16	15	14	13	12	11	10	9	8	7	6	5	4	3	2	1		
站间距	763	767	915	762	1360	1794	985	1477	1206	1075	1278	1332	1480	1065	759	2151	1719		

由于部分参数没有相应的参考数据，故首班车进行多点发车的位置沿用目前实施方案，对部分不满足多点发车的车站进行修改。首班车进行多点发车的上下行车站集合表见表 6-2 和表 6-3。

表 6-2　6 号线上行首班车多点发车车站集合表

车站名称	人民北路	前锋路	牛王庙	金融城东	新川路	麓山大道	杭州路	松林	兰家沟
车站线路编号	21	23	27	34	40	44	48	52	56
车站发车序号	1	2	3	4	5	6	7	8	9

表 6-3　6 号线下行首班车多点发车车站集合表

车站名称	新鸿路	人民北路	金府	侯家桥	犀浦	檬梓	望丛祠
车站线路编号	23	21	16	12	9	5	1
车站发车序号	1	2	3	4	5	6	7

由于张家寺—兰家沟段线路设施设备的特殊性，不满足首班车分段轧道的轧道方法，故从张家寺—兰家沟采用传统的轧道方法，即从张家寺发出下行轧道车，运行至兰家沟；其余区间运用早班分段轧道方法进行轧道；首班车作为轧道车时速度按照列车旅行速度计算；列车从发车位置发出进入轨道和换轨等的时间总和取值为 10 min。模型求解的结果如图 6-3 所示。

通过上述结果表明，首班车晚间存放在线路的特定位置存车设备上，次日运行至特定车站担当该车站的发出，不仅可以有效减少首班车轧道列车的轧道时间，而且能较好地解决中心城区乘客首班车等待时间长的弊端。

由各站首班车发车时间已知，故根据列车在各区间运行时间，各站停站时间可得各站的首班车到达时间，而晚班车方案使用成都地铁已使用方案，首末班车各站的到达时间表见表 6-4。故得到各站的平均运营服务时间，进而求得线路上下行的平均运营服务时间与目前成都地铁平均运营服务时间相同。

各个存车点首班车进行轧道作业的发车时间见表 6-5。相比成都地铁目前的轧道车最早发车时间 5:05，运用首班车分段轧道方案后，轧道车最早发车时间为 5:34，延后了 29 min。在不考虑晚间列车布置占用线路施工时间的条件下，首班车进行轧道发车时间延后 29 min，减小了与线路施工维修时间发生冲突的可能性。

方向	列车序号	存车位置	发车位置	运行线路	途经所用渡线(折返线)	运行距离/km	运行时间/min	存车位置发车时间
下行	1	6C4	新鸿路	6C4—W2119—进入上行轨道—W3401—W3403—进入下行轨道—新鸿路	人民北路—梁家巷间渡线	15.39	27	5:34:00
	2	6C4	人民北路	6C4—W1621—进入上行轨道—W2401—进入下行轨道—人民北路	兴盛—青龙间渡线	11.268	20	5:40:00
	3	6C3	金府	6C3—W1621—进入上行轨道—W2105—W2117—进入下行轨道—金府	6C4折返线	15.19	26	5:34:00
	4	6C3	侯家桥	6C3—W1623—进入上行轨道—W1605—W1623—进入下行轨道—侯家桥	6C3折返线	10.625	18	5:42:00
	5	6C1	犀浦	6C1—W1111—进入上行轨道—W1605—W1623—进入下行轨道—犀浦	6C3折返线	11.397	20	5:40:00
	6	6C1	樱桦	6C1—W1115—进入下行轨道—樱桦	—	4.323	8	5:52:00
	7	6C1	望丛祠	6C1—W1115—进入下行轨道—望丛祠	—	0	0	6:06:00
下行旅行速度 34.47								
上行	1	6C7	人民北路	6C7—W4022—进入下行轨道—W3402—W3416—进入上行轨道—人民北路	6C8折返线	9.478	17	5:43:00
	2	6C8	前锋路	6C8—W4626—进入下行轨道—W4006—W4020—进入上行轨道—前锋路	6C7折返线	16.204	28	5:32:00
	3	6C8	牛王庙	6C8—W4624—进入上行轨道—牛王庙	—	12.009	21	5:39:00
	4	6C10	金融城东	6C10—W4624—进入上行轨道—金融城东	—	3.854	7	5:53:00
	5	6C11	新川路	6C11—W5518—进入上行轨道—新川路	—	5.598	10	5:50:00
	6	6C11	蕙山大道	6C11—W6222—进入上行轨道—蕙山大道	—	10.627	19	5:41:00
	7	6C12	杭州路	6C12—W6222—进入上行轨道—杭州路	—	5.165	9	5:51:00
	8	6C12	松林	6C12—W6612—进入上行轨道—松林	—	5.694	10	5:50:00
	9	6C12	兰家沟	6C12—W6612—进入上行轨道—兰家沟	—	0	0	6:06:00
上行旅行速度 34.43								
轧道车	1	6C8	6C8	6C8—W4626—进入下行轨道—兰家沟	—	24.006	42	5:54:00

图 6-3 多点发车列车进行轧道时从存车位置发车时间表

表 6-4　6 号线首末班车时刻表

车站名称	下行		上行	
	首班车	末班车	首班车	末班车
望丛祠	06:10	22:30	——	——
和平街	06:12	22:32	06:56	00:28
郫筒	06:14	22:34	06:54	00:26
蜀新大道	06:16	22:36	06:52	00:24
檬梓	06:10	22:38	06:50	00:22
尚锦路	06:12	22:40	06:48	00:20
红高路	06:14	22:43	06:46	00:17
天宇路	06:17	22:46	06:43	00:14
犀浦	06:10	22:49	06:40	00:11
兴业北街	06:13	22:51	06:37	00:09
梓潼宫	06:15	22:54	06:35	00:06
侯家桥	06:10	22:56	06:32	00:04
兴盛	06:13	22:59	06:30	00:01
青杠	06:14	23:01	06:28	23:59
西华大道	06:16	23:03	06:26	23:57
金府	06:10	23:04	06:24	23:56
星河	06:12	23:06	06:22	23:54
西南交大	06:14	23:08	06:20	23:52
沙湾	06:16	23:10	06:18	23:50
西北桥	06:18	23:12	06:16	23:48
人民北路	06:10	23:15	06:14	23:45
梁家巷	06:12	23:17	06:12	23:43
前锋路	06:14	23:19	06:10	23:41
建设北路	06:16	23:21	06:16	23:39
新鸿路	06:18	23:23	06:14	23:37
玉双路	06:20	23:25	06:12	23:35
牛王庙	06:22	23:27	06:10	23:33
顺江路	06:24	23:29	06:22	23:31
三官堂	06:26	23:31	06:21	23:29
东光	06:28	23:33	06:19	23:27
琉璃场	06:30	23:35	06:16	23:25
琉三路	06:32	23:37	06:14	23:23

续表

车站名称	下行		上行	
	首班车	末班车	首班车	末班车
金石路	06:35	23:39	06:12	23:21
金融城东	06:37	23:42	06:10	23:18
中和	06:40	23:45	06:20	23:15
张家寺	06:43	23:47	06:18	23:13
陆肖	06:45	23:49	06:16	23:10
观东	06:47	23:51	06:14	23:09
新通大道	06:49	23:53	06:12	23:06
新川路	06:51	23:55	06:10	23:05
龙灯山	06:53	23:57	06:16	23:03
蒲草塘	06:54	23:59	06:14	23:01
万安	06:56	00:01	06:13	22:59
麓山大道	06:59	00:03	06:10	22:57
沈阳路	07:01	00:06	06:16	22:54
昌公堰	07:05	00:09	06:12	22:50
杭州路	07:07	00:12	06:10	22:48
天府商务区	07:09	00:14	06:17	22:46
西博城	07:12	00:16	06:15	22:44
秦皇寺	07:14	00:18	06:12	22:41
松林	07:16	00:21	06:10	22:39
钓鱼嘴	07:19	00:24	06:15	22:36
回龙	07:22	00:27	06:12	22:33
兰家沟	——	——	06:10	22:30

表6-5　6号线早班车进行轧道作业的发车时间

方向	列车序号	发车位置	存车位置	存车位置发车时间
下行	1	新鸿路	6C4	5:34
	2	人民北路	6C4	5:40
	3	金府	6C3	5:34
	4	侯家桥	6C3	5:42
	5	犀浦	6C1	5:40
	6	檬梓	6C1	5:52
	7	望丛祠	6C1	6:06

续表

方向	列车序号	发车位置	存车位置	存车位置发车时间
上行	1	人民北路	6C7	5:43
	2	前锋路	6C8	5:32
	3	牛王庙	6C8	5:39
	4	金融城东	6C8	5:53
	5	新川路	6C10	5:50
	6	麓山大道	6C11	5:41
	7	杭州路	6C11	5:51
	8	松林	6C12	5:50
	9	兰家沟	6C12	6:06
轧道车	1	龙灯山停车场	6C8	5:54

由于 6 号线贯穿城区连接郊区，由郊区搭乘首班车的多数乘客是搭乘首班车进城上班、上学等，而由郊区到郊区的乘客较少，若郊区首班车开行方案与城区一样，则需要投入较多列车，当投入列车大于全线平峰开行列车时，虽然列车服务水平提高了，但是运营成本急剧提高，不利于企业的运营。故首班车开行方案采用"城区密集，郊区疏散"方案进行线路首班车列车发车位置的确定。目前开行的首班车发车位置之间的运行时间如图 6-4 所示。其中下行首班车发车位置最大运行时间为 15 min，上行最大为 11 min。

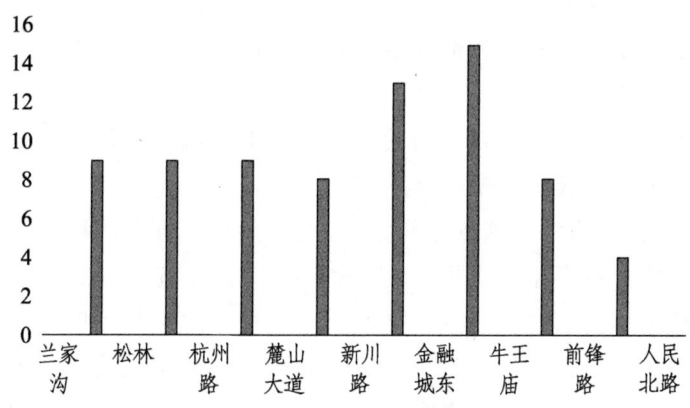

（a）下行首班车发车位置间运行时间

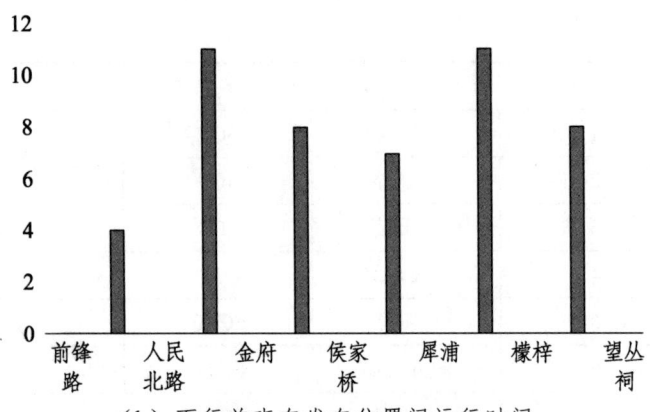

(b) 下行首班车发车位置间运行时间

图 6-4 6号线首班车发车位置之间的运行时间

为进一步减少郊区乘客首班车的等待时间，优化线网各线间首班车乘客到达目的地的成本，使换乘乘客等待时间最小，尽可能满足与该线路能够进行换乘的大多数客流的需求。在确定各线首班车发车时间时，时间点确定的原则如下：

（1）需要以线网某一条线路为绿波线路，推导该绿波线到达各线的时间和各换乘站换乘时间的长短，以此来界定各线的首班车发车时间范围。

（2）在线网晚班车收车时间不变或者延后的前提下，线网首班车最晚发车时间应该较早，以及增加线网各线的平均服务时间。

（3）线路最早首班车的时间应该满足在首班车达到相邻的首班车发车车站时，列车发车时间不超出首班车时间的最晚时间。

进行线路首班车发车车站的确定时，发车位置选取的原则：

（1）在满足列车行驶安全的前提下，首班车位置尽量选在换乘站和在首班车发车之前进站量较大的车站。

（2）郊区的首班车发车位置之间的距离应该大于城区的最大发车位置间距，以保证列车拥有一定的满载率，提高收益。

按照上述方法，以成都地铁6号线为例，对多点发车方案进行比较分析见表6-6。

综合考虑线路首班车服务水平、列车利用率、员工通勤、施工作业时间、夜间线上存车组织难易程度、首班车发车之前列车运行组织难易程度等，建议采用方案三，在现在首班车运行方案的基础上加开三列列车，分别是从琉璃场和西博城开往兰家沟、犀浦开往望丛祠。其中琉璃场发出列车夜间存在6C7存车线，西博城发出列车夜间存在6C10；犀浦发出列车夜间存在6C4。即下行发车时间06:10，下行发车车站：西博城、琉璃场、前锋路、人民北路、金府、侯家桥、犀浦、檬梓，望丛祠；上行发车时间 06:10，上行发车车站：犀浦、人民北路、前锋路、牛王庙、金融城东、新川路、麓山大道、杭州路、松林、兰家沟。

表 6-6　6 号线多种多点发车方案比较分析

方案	首班车时间	优点	缺点	较目前提早时间
方案一：现在运行的早班车多点发车方案	下行：06:10 前锋路，人民北路，金府，侯家桥，犀浦，檬梓，望丛祠 上行：06:10 人民北路，前锋路，牛王庙，金融城东，新川路，麓山大道，杭州路，松林，兰家沟	1. 部分列车进行轧道后投入载客服务，提升列车利用率。 2. 提升部分区段的服务水平	1. 部分列车需要较早发出进行轧道作业，轧道车发线异常时预留的处理时间较短，最坏情况可能影响全线列车的运营。 2. 仅提升了主城区的服务水平，郊区的早班车首班车服务时间相对较低	—
方案二：按照现有运行图，在线路早班车首班车发车从车辆，停车场和存车线上进行分段轧道，在早班车发车时间点到达发车位置投入载客服务。特别地，新增车站的早班车列车由夜间收车时，安排技术状态良好的列车存放在新增车站相邻的存车线上	下行：06:10 琉璃场，前锋路，人民北路，金府，侯家桥，犀浦，檬梓，望丛祠 上行：06:10 兴业北街，人民北路，前锋路，牛王庙，金融城东，新川路，麓山大道，杭州路，松林，兰家沟	1. 部分列车进行轧道后投入载客服务，提升列车利用率。 2. 提升全线的服务水平	1. 部分列车需要较早发出进行轧道作业，轧道车发线异常时预留的处理时间较短，最坏情况可能影响全线列车的运营。 2. 列车利用率较低。 3. 琉璃场至回龙区段运行时间较长，回龙早班车服务时间延后较长	下行：琉璃场—回龙区段各站均提前 15 min 35 s。 上行：兴业北街—和平街区段各站均提前 22 min 46 s

续表

方案	首班车时间	优点	缺点	较目前提早时间
方案三：按照现有运行图，在线路早班车首班车发车从车辆、停车场和存车线上进行分段轧道，在早班车发车时间点到达发车位置投入载客服务。特别地，新增车站的早班车列车由夜间收车时，安排技术状态良好的列车存放在新增车站相邻的存车线上	下行：06:10 西博城，琉璃场，前锋路，人民北路，金府，侯家桥，犀浦，檬梓，望丛祠 上行：06:10 犀浦，人民北路，前锋路，牛王庙，金融城东，新川路，麓山大道，杭州路，松林，兰家沟	1. 部分列车进行轧道后投入载客服务，提升列车利用率。 2. 提升全线的服务水平。 3. 与6号线的换乘站多数均开行早班车首班车，有利乘客快速达到目的地	1. 部分列车需要较早发出进行轧道作业，轧道车发线异常时预留的处理时间较短，最坏情况可能影响全线列车的运营。 2. 列车利用率较低。 3. 琉璃场至回龙区段运行时间较长，回龙早班车服务时间延后较长	下行：琉璃场—西博城区段各站均提前15 min 35 s；西博城—回龙区段各站均提前56 min 33 s。 上行：犀浦—和平街区段各站均提前25 min 16 s
方案四：采用方案三的早班车首班车发车时间和发车位置，在前一晚列车收车时，安排技术状态良好的列车停靠在采用早班车进行轧道的位置进行存放，在前往早班车发车位置的途中进行轧道作业，在早班车发车时间点到达发车位置投入载客服务	下行：06:10 西博城，琉璃场，前锋路，人民北路，金府，侯家桥，犀浦，檬梓，望丛祠 上行：06:10 犀浦，人民北路，前锋路，牛王庙，金融城东，新川路，麓山大道，杭州路，松林，兰家沟	1. 早班车进行分段轧道，减小列车轧道时间。 2. 提升全线的服务水平。 3. 早班车从存车位置发车较晚，增加线路施工作业时间。 4. 与6号线的换乘站多数均开行早班车首班车，有利乘客快速到达目的地	（1）晚间安排技术状态良好的列车行驶至相应位置时，收车方法较为复杂。（2）早班车首班车发车时间点之前，早班车进行分段轧道作业较复杂，需要列车司机对轧道线路具备一定的熟悉程度	下行：琉璃场—西博城区段各站均提前15 min 35 s；西博城—回龙区段各站均提前56 min 33 s。 上行：犀浦—和平街区段各站均提前25 min 16 s

综上所述，经行多点发车方案时，在线路上开行的首班车数量越多，分布越均匀，整条线路首班车服务水平提升越多，首班车用车数量也随着增加。由于首班车开行时间较早，考虑乘客的出行时间分布，搭乘首班车的乘客数量较少，因此，首班车的发车位置应遵循"城区密，郊区疏，发车位置多在换乘站"的原则。

6.5 本章小结

由于轧道车在长大线路采用传统轧道方案进行轧道需要较长的时间，本节首先采用了首班车在晚间指定位置进行存放，在首班车时间之前进行分段轧道，既完成了首班车多点发车的列车布置，也对线路进行了轧道；减少了轧道车的使用，轧道车最早发车时间延后了 29 min；不仅能减少列车的使用数量，减少采购列车的成本，而且增加了线路维修时间和列车司机等的休息、列车检查等时间，有利于更加安全地运行。其次在列车多线发车方案采用了"城区密，郊区疏，发车位置多在换乘站"的原则，即提升线路自身首班车服务水平的同时，也增加线网首班车的通达性，增加了线网的换乘客流乘坐不同线网首班车的可能性。

第7章

通勤线路异型交路组织
研究与实践

7.1 通勤线路客流分析

在大线网背景下的通勤线，随着出行需求和出行路径的增多，客流变化及其规律结构更加复杂，同时显现出一些明显的特征，包括客运量持续增长性和客流分布不均衡性。

（1）持续增长性。

在城市轨道交通网络形成和演变的过程中，由于线路和车站的不断新建，线网覆盖面和辐射范围持续扩大，网络的可达性也逐渐提高。同时，由于通勤线车站周边的用地性质变化导致工作岗位数量增加，使线路客流持续增长；随着城市轨道交通设备、技术运用以及运营组织管理水平全面提升，城市轨道交通在多种交通方式中更具优势。

（2）分布不均衡。

城市轨道交通网络客流时间分布不均衡主要体现在早晚高峰时段客流量显著高于全日其他时段，导致高峰时段出现列车车厢拥挤、车站站台滞留人数多、换乘通道拥堵等现象。1号线各站进出站量的"驼峰"基本都不同程度地集中在早高峰（08:00—09:00）和晚高峰（18:00—19:00）时段。空间分布不均衡客流空间分布的不均衡性主要体现在进出站量（OD分布）的不均衡和区间断面（客流密度）的不均衡。通勤线客流流向不均衡，指在同一时段线路中某一方向的客流偏高，而另一方向相对偏低，形成的根本原因是相对方向上客流出行需求的差异，具体表现在线路上区间上下行断面客流量的差异，站内相对方向换乘流线上客流量的差异，以及进出站客流量的差异等，容易产生城市轨道交通线路单向运输压力过大而逆向运力资源浪费的问题。

结合线网条件下的通勤线特征，通勤线的运营组织难点包括以下几点。

① 线路客流量大，高峰期行车密度大，对运营调度与信号设备能力提出较高要求。同时对于运营过程中的可靠性要求较高，应采用先进的自动化信号技术设备以提高工作效率，降低设备故障率。

② 1号线三期支线导致运营组织难度增加，采用Y形交路使得支线行车间隔受到重合区段的制约而难以缩小，服务水平受限。同时采用Y形交路导致两交路相互影响较大，对列车和信号系统的稳定性以及人员的应急处理能力要求较高。在采用非贯通式的交路模式下，乘客需要在交路变更站进行换乘，增加客运组织难度。

③ 行车调度与应急处理难度大。由于站台客流密度大，乘客步行速率低，因此，乘客上下车的效率会显著降低，列车在车站停车时间延长，造成列车延误。如处理不及时，延误互相叠加，将极大地降低运输能力。而减弱运输能力后的城市轨道交通系统则更无力疏运车站中的乘客，形成恶性循环。

④ 通勤线站台拥挤，车站客流积压问题。在特定的运输组织方案下，线路的运输能力是有上限的。当运输能力的供给结构无法适应客流需求的时空分布时，会导致部分车站站台的客流积压。在大线网中，新线开通会使得网络的可达性明显提升，吸引客流的显著攀升，同时也会影响客流的出行结构，通勤线高峰时段客流出行需求的时空分布相对集中，将会产生较大的客流压力，也会导致站台的换乘客流积压。

7.2 通勤线路 Y 形交路

Y 形交路是有异型交路的一种类型，即两条线路在某一节点站合二为一，成为一条线路。根据线路的长短以及线路的走向特征，可分别确定主线及支线。Y 形交路的交路方案需结合线路的客流分布特征、主支线的客流交换量以及站场布置等特点确定。分析异形交路的几种形式，分析各交路方案的优缺点，针对 1 号线实际设施设备和客流情况，提出 1 号线交路组织方案。

Y 形交路的交路方案可分为独立分段交路方案和贯通式交路方案两种。独立分段交路模式是指主支线各开行独立交路，跨区域的客流全部在节点站进行换乘，如图 7-1 所示。此时主线的交路方案可按照报告前述的直线型交路方案的确定原则进行确定。

图 7-1 Y 形交路独立分段交路方案示意图

贯通式交路模式是指全线采用大交路套跑，根据客流特征采用 1∶1 或 2∶1 发车比例，如图 7-2 所示。此时两条线路的交路方案可按照直线型交路方案的确定原则进行确定。

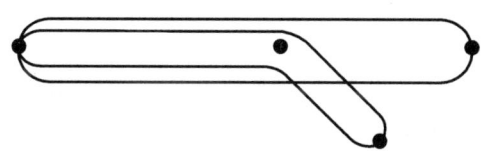

图 7-2　Y 形交路贯通式交路方案示意图

分析 Y 形交路方案的优缺点，是最终确定 Y 形型交路方案的基础之一。贯通式交路以及独立式交路的优缺点，主要从直达性、对客流特征的适应性、列车运用的数目、运营组织的难易程度等角度比较，具体分析见表 7-1。

表 7-1　Y 形交路方案的优缺点分析

分类	优点	缺点
贯通式交路	1. 适应核心区段客流较大，未重合区段客流较小的客流分布特点。 2. 直达性好，无须换乘。 3. 列车运用数少	1. 支线行车间隔受到重合区段的制约而难以缩小，服务水平受限。 2. 两交路相互影响较大，对列车和信号系统的稳定性以及人员的应急处理能力要求较高。 3. 客运组织较复杂
独立分段交路	1. 主支线路发车间隔无相互影响，主支两区段的运输能力得到充分利用。 2. 两交路独立运行，可实行分段调度管理，行车组织和客运组织简单，降低运营复杂度	1. 对于乘客来说，需要在换乘站换乘，直达性较差。 2. 列车运用数较多

由表 7-1 可知，贯通式交路的直达性较好、乘客换乘少、列车运用较少，但是两交路相互制约的程度较高，运输组织的灵活性较差，适用于线路运营初期支线客流量较小的情况；独立分段交路需要较多的运用车数，乘客换乘较为复杂，但系统的可靠性更强，运营管理简单，随着客流量的增长，将显示出更大的优越性。

7.3　成都地铁 1 号线 Y 形交路行车组织优化实践

针对 1 号线三期 Y 字形线路特点，为充分研究 "Y 形贯通" 和 "主、支线独立" 两种交路方式选择最优方案，应从线路特点、客流走向特征、运力匹配等方面进行考虑分析，对选择条件和影响因素归纳为以下几点。

(1)客流分布特征。

主要体现在两条非共线区段客流特征和分布情况,结合各峰期客流走向、断面客流量,确定共线区段、两条支线区段运力安排是否可以和客流需求进行匹配。

(2)换乘客流量。

在选择开行交路时,主要从乘客乘车便捷性、快捷性,以及减少站内客流积压情况等服务角度,从全日和各峰期间,主线与支线的换乘客流量进行考虑分析。

(3)站场布置。

一是应根据车辆段(场)位置,从转峰期间出、收车的便捷性和时效性进行考虑;二是要根据主、支线交界的节点车站配线设置,如折返线位置、折返能力;三是从乘客换乘便捷性服务角度和车站客运组织难度考虑。

结合1号线实际,对1号线交路方案进行比选。两种交路形式的优缺点对比见表7-2。

表7-2 1号线运营交路对比

	优点	缺点
Y形贯通运营交路	1. 客运组织方面:乘客直达性较高,四河站主支线同方向可进行同站台换乘;五根松往韦家碾方向乘客不用在四河换乘,避免列车在四河清客,减少车站换乘压力,便于客运组织。 2. 乘客服务设施:列车广播、PIS不用单独设置,与既有线大小交路显示方案一致,提高主、支线列车的通用性,便于行车调整;做好同台换乘方向的区分和指引后,便于导向标识的设置且相对简单,乘客容易辨别。 3. 行车组织:间隔基本相同情况下,可以节约列车	1. 平、低峰非共线区段行车间隔略大,行车间隔不易匹配。 2. 发生应急情况时,各交路运行组织相互影响较大。 3. 韦家碾往四河以南的乘客需选择交路乘车
主线、支线独立	1. 支线独立运营,行车组织相对简单。 2. 平、低峰非共线区段行车间隔相对均匀,便于匹配。 3. 发生应急情况,各交路之间运行组织相互影响要小于Y形交路	1. 直达性较差:由于四河只能站前折返,上行主支线同方向将不能同站台换乘,需通过站厅换乘,站厅楼梯处拥挤,客运组织较复杂,且容易造成乘客投诉。 2. 因列车广播、PIS要求固定,降低主、支线列车的通用性,不便于应急情况行车调整。 3. 间隔基本相同情况下,用车数增加

四河站台为 2 岛 4 侧站台，设置"4 扶、2 梯"；采用 Y 形贯通交路运行时，乘客正常在上下行主线站台侧进行乘降；采用主、支线独立运行交路时，由于四河只能采用站前折返，支线往北边的乘客需在四河支线下行站台下车后，通过换乘楼梯前往主线上行站台换乘，根据实际客流数据对四河早高峰换乘进行仿真模拟，会有大量的客流在换乘通道处积压。

分析早高峰 Y 形贯通交路可知：

（1）四河上行客流分散在上行主线和上行支线侧，主要集中在楼梯、电扶梯处，与既有站台客流特征一致；

（2）站台客流秩序相对平稳，电扶梯、楼梯以及通道处未出现大量乘客积压的情况。

分析早高峰主、支线独立运行交路：由于上行支线列车到达后，前往主线的乘客需要在下行支线站台清客，通过换乘通道换乘至上行主线站台，所以通过仿真演示，各换乘通道处乘客积压严重。

对该交路下的线路运输能力进行分析。1 号线各时段的线路通过能力见表 7-3。由于韦家碾站、科学城站、五根松站的折返时间在双休日和工作日是相同的，故双休日运输组织中两站折返能力与工作日运输组织中相同。

将分析得到的 1 号线高峰能力与其高峰区间客流密度进行比较，如图 7-3~图 7-6 所示。

工作日早高峰时段客流密度较大，超过定员能力，最小行车间隔为 2 min，客流密度最高区段满载率约 93.81%。

表 7-3 成都地铁 1 号线现状能力统计

线路运输能力		工作日			双休日		
	区段	韦家碾—四河	四河—五根松	四河—科学城	韦家碾—四河	四河—五根松	四河—科学城
线路通过能力/（对/h）	高峰	30（早）30（晚）	15（早）15（晚）	15（早）15（晚）	16	8	8
	平峰	14	7	7	14	7	7
	低峰	12	6	6	12	6	6
全日列车能力/（人次/d）		939 520			722 256		
折返站折返能力/（列/h）		韦家碾—18 对/h，科学城—17 对/h，五根松—17 对/h					

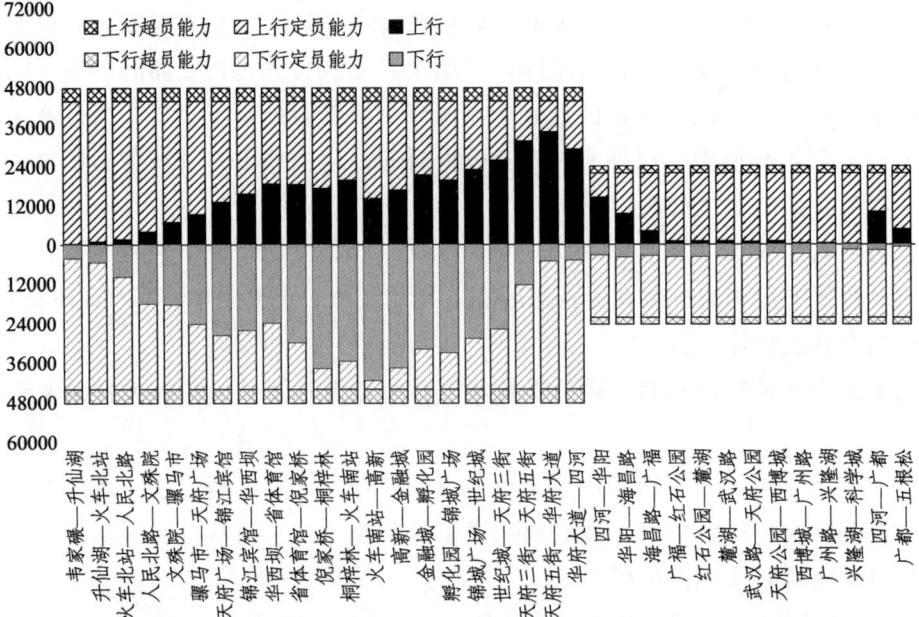

图 7-3 成都地铁 1 号线现状工作日早高峰区间客流密度与能力匹配

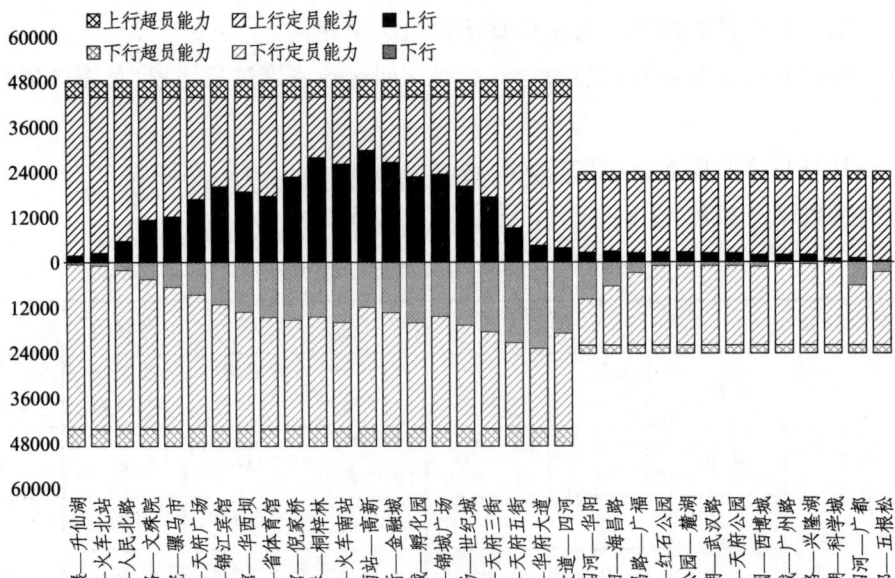

图 7-4 成都地铁 1 号线现状工作日晚高峰区间客流密度与能力匹配

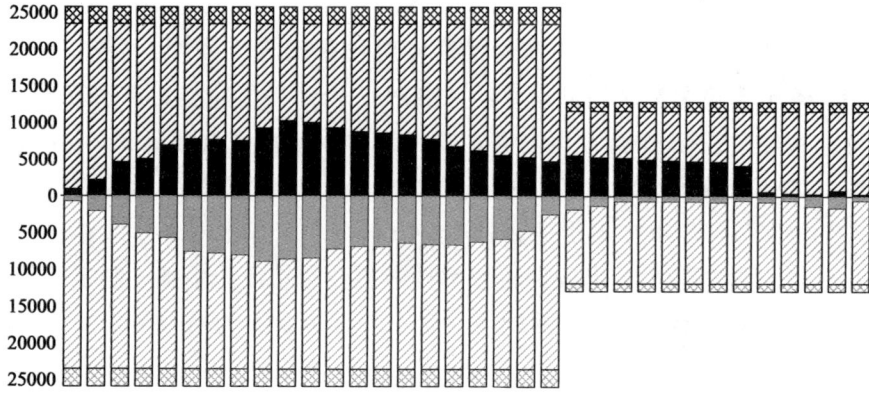

图 7-5　成都地铁 1 号线现状双休日高峰区间客流密度与能力匹配

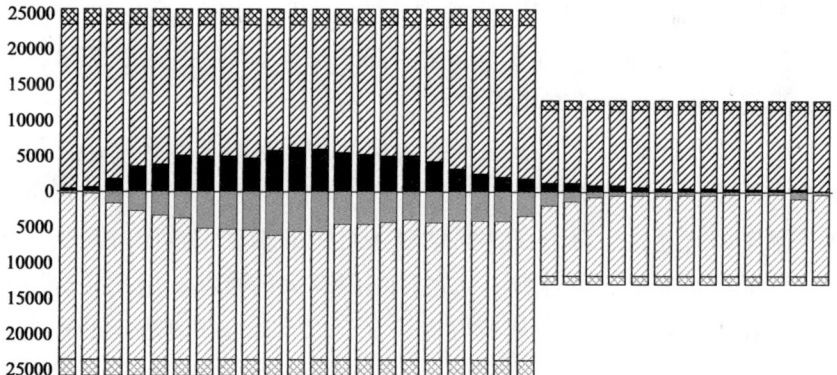

图 7-6　成都地铁 1 号线现状节假日高峰区间客流密度与能力匹配

工作日晚高峰时段定员能力均能满足晚高峰时段区间客流强度，最小行车间隔为 2 min，客流密度最高区段满载率约 67.87%。

双休日高峰时段定员能力均能满足高峰时段区间客流强度，最小行车间隔为 3 min 35 s，客流密度最高区段满载率约 43.98%，全线各区间能力富余较大。

节假日高峰时段定员能力均能满足高峰时段区间客流强度，最小行车间隔为 3 min 35 s，客流密度最高区段满载率约 27.60%，全线各区间能力富余较大。

主、支线独立运营和 Y 形贯通两种交路方案在多家行业内 Y 形线路的实际运营中均有采用。不同城市的 Y 形线路主要都以客流分布特征为基础，制定开行比例和开行间隔，同时重点参考节点站的配线设置，并兼顾乘客的换乘需求来确定具体的交路方案。

（1）采用站前折返制约了站台的换乘能力，在高峰期换乘客流较大时，对主、支线独立运营影响较大；而平、低峰期采用 Y 形贯通交路，非共线区段考虑实际客流与运力匹配，行车间隔又会较大，压缩间隔又会造成运力过多的浪费。

（2）采用站前折返时，根据客流预测仿真结果，主、支线独立运营交路会造成换乘站（四河）在高峰期客流的严重拥堵，而 Y 形贯通交路直通性高，能够缓解节点站（四河）的换乘客流压力。

（3）Y 形贯通交路列车运行图在开行比例组织上，为减少往南位移乘客列车选择次数，以及实际运输组织的难度，多采取 1∶1 的开行比例，而结合实际客流特征，主、支线 2∶1 或 1∶2 的开行方案也会被采用，也可采取适应客流需求而在每日各峰期采取不同交路的多交路行车组织方案。

综上所述，结合前面关于 Y 形交路的优缺点及影响因素的研究，以及 Y 形贯通运营、主（支）线独立运营交路行车组织方案的对比分析，如采用 Y 形贯通式交路虽然提高了乘车的直通性，降低了四河站客运组织的难度，也同时减少了运用车数和运营成本，但会造成平、低峰非共线区段间隔较大的情况，因此结合行业内相关行车组织方法和成都地铁 1 号线实际客流特征，以及综合平衡客运服务质量和运输成本，建议：

（1）1 号线采用贯通式交路方案，两条交路分别是韦家碾—科学城、韦家碾—五根松，如图 7-7 所示。上行方向为科学城—韦家碾、五根松—韦家碾，下行方向为韦家碾—科学城、韦家碾—五根松、韦家碾—科学城这一交路。

（2）在 1 号线三期空载阶段应对 Y 形贯通交路和主、支线独立交路均进行验证，相关信号、PIS 等设备应具备主、支线独立交路运行功能，调度、司机、站务掌握独立运行工作业务，便于在应急或其他情况须变更交路时的行车调整。

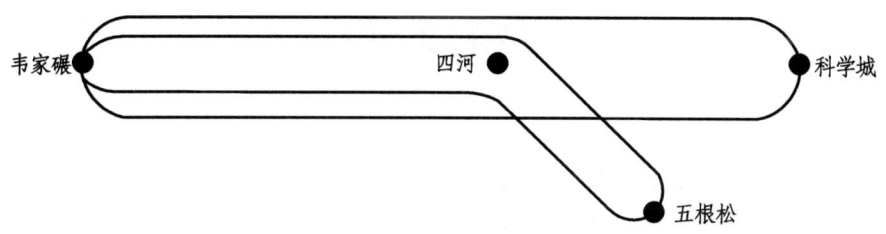

图 7-7　成都地铁 1 号线交路示意图

（3）四河具备站后折返线的条件时，在支线客流需求较大以及支线与四河以南客流需求不均衡时，常态化组织主、支线独立运行。

7.4　本章小结

本章以成都地铁通勤线路 1 号线的 Y 形交路为研究对象，对线路行车组织优化问题进行研究，有关成果可以对相应线路的行车组织方法、运营效果和组织效率优化提供具有针对性和可操作性的优化建议。

参考文献

[1] 袁翔,左毅,王菁,等.数据驱动的态势认知技术及发展思考[J].中国电子科学研究院学报,2022,17(02):134-140.

[2] 国务院关于印发"十四五"现代综合交通运输体系发展规划的通知[J].中国对外经济贸易文告,2022(18):3-23.

[3] 江志彬,唐雁,王智永,等.苏州轨道交通线网指挥中心的网络化运营模式优化[J].都市快轨交通,2022,35(05):158-162.

[4] 陈春娇,王婵婵.上海城市轨道交通夜间延时运营需求及精细化管理对策研究[J].城市轨道交通研究,2022,25(03):6-10.

[5] 樊茜琪.城市轨道交通换乘站客流匹配评估指标研究[J].城市轨道交通研究,2022,25(07):140-146.

[6] 吕昌明.穿越中心城区市域快速轨道交通技术标准研究——以成都市轨道交通13号线为例[J].铁道标准设计,2022,66(05):32-38.

[7] 周官武.脆弱的联盟——论复杂性建筑与复杂性科学的关系[J].工业建筑,2022,52(01):47-51.

[8] 郑翔,李晨林,徐行方.基于扣除系数的快慢车模式下线路通过能力计算[J].城市轨道交通研究,2022,25(01):38-42.

[9] 刘明.深大市域铁路运输组织模式分析[J].铁道建筑技术,2022(10):212-216.

[10] 王少楠,陈炎,叶轩,等.北京市中心城区外地铁线路开行快慢车对策研究[J].铁道标准设计,2022:1-7.

[11] 何明健.地铁站大客流风险分析和疏导标识优化研究[J].消防界(电子版),2022,8(17):119-122.

[12] 毛如香,汪波,李梁,等.市域轨道交通系统的技术发展特征[J].电力机车与城轨车辆,2022,45(04):7-12.

[13] "十四五"现代综合交通运输体系发展规划[J].铁道技术监督,2022,50(02):9-23.

[14] 交通运输发展向世界一流水平迈进[N]. 中国交通报.

[15] 勾画美丽中国"交通工笔画"[N]. 中国水运报.

[16] 蔡涵哲, 马鹏, 江志彬, 等. 广州市域快速轨道交通18号线和22号线快慢车及共线运营下的线路通过能力分析[J]. 城市轨道交通研究, 2022, 25（10）: 98-102.

[17] 沈如意. 城市轨道交通网络客流分布与大站空车停站方案优化研究[D]. 西南交通大学, 2021.

[18] 蔡梦璇. 城市轨道交通并线线路形态下的快慢车模式研究[D]. 西南交通大学, 2021.

[19] 陈卓. 城市轨道交通网络瓶颈识别方法研究[D]. 西南交通大学, 2021.

[20] 陈紫瑄. 基于仿真的区域轨道交通枢纽设施设备配置优化研究[D]. 西南交通大学, 2021.

[21] 付奕铭. 基于AnyLogic的轨道交通换乘站客流仿真研究[D]. 西南交通大学, 2021.

[22] 李蓓. 短时中断情况下城市轨道交通客流分配方法[D]. 北方工业大学, 2021.

[23] 施康勋. 市域快线快慢车行车组织设计与列车运行图自动铺画研究[D]. 西南交通大学, 2021.

[24] 张国奥. 基于仿真的城市轨道交通网络动态客流分配研究[D]. 西南交通大学, 2021.

[25] 唐欢. 城市轨道交通突发大客流协同疏运研究[D]. 兰州交通大学, 2021.

[26] 吴金龙, 丁小兵, 刘志钢, 等. 快慢车模式下基于扣除系数的线路通过能力研究[J]. 城市轨道交通研究, 2021, 24（03）: 97-101.

[27] 牛惠民. 轨道列车时刻表问题研究综述[J]. 交通运输系统工程与信息, 2021, 21（05）: 114-124.

[28] 阎志远, 汪健雄. 京张高铁多模态智能票务模式研究[J]. 铁路计算机应用, 2021, 30（07）: 14-20.

[29] 王潇骁. 城市轨道交通运能提升策略研究[J]. 城市轨道交通研究, 2021, 24（09）: 69-72.

[30] 魏建强, 周虎利. 城市轨道交通超长线路统计分析及思考[J]. 都市快轨交通,

2021，34（01）：22-28.

[31] 高国飞，张星臣，罗强，等. 市域快速轨道交通快慢车混合运行时线路通过能力计算方法[J]. 中国铁道科学，2021，42（01）：156-165.

[32] 陈韬，田方晓，任瑞银，等. 高速铁路线网能力研究综述[J]. 交通运输工程与信息学报，2021，19（03）：51-58.

[33] 郑小康. 北京市郊铁路城市副中心线客流特征分析与思考[J]. 现代城市轨道交通，2021（08）：90-94.

[34] 苟明中. 成都市轨道交通市域快线技术创新与实践[J]. 现代城市轨道交通，2021（04）：11-15.

[35] 罗强，陈军华，高国飞. 基于不同功能定位的轨道交通机场线规划与运营问题研究[J]. 铁道标准设计，2021，65（07）：59-64.

[36] 王静，张源，廖唱，等. 城市轨道交通机场线客流特征分析及建议[J]. 综合运输，2021，43（06）：22-27.

[37] 杨恺鹤，丁小兵，刘志钢，等. 城市轨道交通客流时段OD对挖掘及快慢车停站方案确定算法研究[J]. 智能计算机与应用，2021，11（04）：39-43.

[38] 王学贵. 基于都市圈融合发展理念的成都市域快线13号线互联互通方案研究[J]. 铁道标准设计，2021，65（04）：6-13.

[39] 杨陶源，赵鹏，姚向明，等. 轨道交通延误条件下列车跳站与客流控制协同优化模型[J]. 交通运输系统工程与信息，2021，21（02）：105-110.

[40] 宋以华，刘子长，张晓航，等. 跨区域城市轨道交通线路运营管理模式研究[J]. 城市轨道交通研究，2021，24（08）：89-92.

[41] 孙元广，田梦，金华. 考虑多列车种类的快慢车运行模式分析与评价[J]. 城市轨道交通研究，2021，24（08）：128-131.

[42] 吴祥国，张建嵩，高志刚，等. 重庆主城区轨道交通客流时空特征分析[J]. 铁道运输与经济，2021，43（07）：125-130.

[43] 曹崇阁，徐行方，郑翔. 基于系统聚类的市域轨道交通快慢车停站方案[J]. 交通与运输，2021，37（03）：41-44.

[44] 石修路，蔡肇萍. 重庆市轨道交通27号线快慢车模式研究[J]. 交通运输工程与信息学报，2021，19（02）：74-83.

[45] 胡康琼. 上海轨道交通 21 号线运行方案研究[J]. 城市轨道交通研究, 2021, 24 (08): 84-88.

[46] 陈阳, 缪道平, 陈福贵. 重庆市轨道交通快慢车运营方案设计研究[J]. 现代城市轨道交通, 2021 (09): 76-81.

[47] 高国飞, 张星臣, 陈修全, 等. 市域快速轨道交通快慢车运行组织下越行站设置方法及模型研究[J]. 铁道学报, 2021, 43 (12): 8-19.

[48] 陈福贵, 赵壹. 不等速快慢车模式系统能力计算方法研究[J]. 铁道标准设计, 2021, 65 (04): 31-35.

[49] 赵璐, 丁小兵, 刘志钢, 等. 基于弹性需求的市域轨道交通快线快慢车开行方案研究[J]. 城市轨道交通研究, 2021, 24 (03): 92-96.

[50] Kianinejadoshah A, Ricci S. Comparative Application of Analytical and Simulation Methods for the Combined Railway Nodes-Lines Capacity Assessment[J]. Transportation Research Procedia, 2021, 55: 103-109.

[51] 王丹力, 郑楠, 刘成林. 综合集成研讨厅体系起源、发展现状与趋势[J]. 自动化学报, 2021, 47 (08): 1822-1839.

[52] 吕红霞. 区域轨道交通运输组织决策理论及关键技术[M]. 科学出版社, 2021.

[53] 高昆仑. 城市轨道交通运营中断下客流分布与运行调整研究[D]. 北京交通大学, 2020.

[54] 何传磊. 多制式轨道交通网络的构建及其耦合协调度研究[D]. 西南交通大学, 2020.

[55] 李竹君. 城市轨道交通机场线客货列车开行方案优化研究[D]. 北京交通大学, 2020.

[56] 唐炜. 城市轨道交通网络优化研究[D]. 西南交通大学, 2020.

[57] 王丹丹. 城市轨道交通运营中断下面向乘客的列车运行调整研究[D]. 北京交通大学, 2020.

[58] 吴兴堂. 轨道交通网络特性及时刻表协调优化[D]. 北京交通大学, 2020.

[59] 杨明靖. 城市轨道交通大客流运营组织策略研究[D]. 长安大学, 2020.

[60] 邓波尔. 考虑服务水平的高速铁路路网能力研究[D]. 西南交通大学, 2020.

[61] 李赛. 地铁系统服役能力建模与保持策略研究[D]. 北京交通大学, 2020.

[62] 王靖. 城市轨道交通市郊线路快慢车开行比例优化研究[D]. 上海工程技术大学, 2020.

[63] 谭小土, 赵壹, 陈思遐. 成都18号线行车组织方案研究[J]. 四川建材, 2020, 46（02）: 163-164.

[64] 史丰收, 刘劲, 陈哲. 城市轨道交通通宵运营研究[J]. 都市快轨交通, 2020, 33（02）: 146-151.

[65] 周宏昌. 多重功能复合的市域快轨速度目标值研究——以成都市轨道交通13号线为例[J]. 铁道标准设计, 2020, 64（02）: 15-21.

[66] 万浩纯, 丁小兵, 刘志钢, 等. 城市轨道交通市郊线快慢车开行方案精细性优化建模研究[J]. 城市轨道交通研究, 2020, 23（11）: 73-77.

[67] 黄秋瑜, 赵源, 丁小兵, 等. 基于市域轨道交通线路客流分布的快慢车开行比例方案[J]. 城市轨道交通研究, 2020, 23（01）: 101-105.

[68] 张麒宸. 基于客流特征的穿城市域快线运营模式[J]. 都市快轨交通, 2020, 33（02）: 75-81.

[69] 周旭. 成都市轨道交通市域快线关键技术研究及应用[J]. 现代城市轨道交通, 2020（11）: 1-6.

[70] 曾思萌. 地铁大客流拥堵传播建模及客流控制策略研究[D]. 南京理工大学, 2019.

[71] 党彤彤. 城市轨道交通路网运输能力分析与计算方法研究[D]. 北京交通大学, 2019.

[72] 董巍. 有轨电车蓉2号线首开段运输组织[D]. 西南交通大学, 2019.

[73] 李晗. Y型轨道交通线路列车开行方案优化研究[D]. 大连交通大学, 2019.

[74] 赵美怡. 城市轨道交通网络脆弱性分析与评估[D]. 西南交通大学, 2019.

[75] 鹿金炜. 基于航班信息的机场快轨客流特征分析与运行图优化研究[D]. 北京交通大学, 2019.

[76] 陈思遐. 城市轨道交通潮汐客流与线网运能匹配研究[D]. 西南交通大学, 2019.

[77] 赵若愚. 拥堵条件下城市轨道交通客流诱导方法与系统研究[D]. 北京交通大学, 2019.

[78] 王乐. 城市轨道交通快慢车与跨线运行组合开行方案优化研究[D]. 北京交通

大学，2019.

[79] 代然然. 天津地铁 3 号线快慢车组合运行模式研究[D]. 天津大学，2019.

[80] 汪敏，袁润文. 城市轨道交通换乘问题分析与对策探索[J]. 产业与科技论坛，2019，18（01）：230-231.

[81] 薛锋，何传磊，黄倩. 成都地铁网络的关键节点识别方法及性能分析[J]. 中国安全科学学报，2019，29（01）：93-99.

[82] 黄中祥，唐志强，覃定明，等. 无人驾驶环境下考虑 OD 结构的路网容量模型[J]. 中国公路学报，2019，32（12）：98-105.

[83] 禹丹丹，豆飞，芦毅，等. 基于限流指数的城市轨道交通常态限流方案评估[J]. 武汉理工大学学报（交通科学与工程版），2019，43（04）：646-651.

[84] 祝红斐. 成都轨道交通 10 号线的复合功能定位及其行车组织方案[J]. 城市轨道交通研究，2019，22（05）：125-127.

[85] 田达睿. 复杂性科学在城镇空间研究中的应用综述与展望[J]. 城市发展研究，2019，26（04）：25-30.

[86] 殷峻. 上海轨道交通超大网络运能精细化管理研究[J]. 城市轨道交通研究，2019，22（06）：7-10.

[87] 朱颖，任磊，苏智慧. 郑州市郊铁路运营方案研究[J]. 城市轨道交通研究，2019，22（04）：39-41.

[88] 陈虹兵. 城市轨道交通通宵运营模式实践研究——以广州地铁为例[J]. 交通世界，2019（23）：33-36.

[89] 陈虹兵. 广州地铁快慢车运营模式研究与实践[J]. 中国标准化，2019（14）：225-226.

[90] 杨薛臣，丁小兵，刘志钢. 城市轨道交通市郊线快慢车开行比例优化研究[J]. 城市轨道交通研究，2019，22（08）：98-102.

[91] 陈维亚，王婕妤，章雍，等. 高峰时段城市轨道交通快慢车与多站限流协同优化方法[J]. 铁道科学与工程学报，2019，16（12）：3143-3151.

[92] 汤莲花，徐行方. 快慢车模式下轨道交通市郊线路通过能力计算[J]. 同济大学学报（自然科学版），2019，47（07）：1022-1030.

[93] 雷越晴. 地铁 X 号线 PPP 项目物有所值定性评价指标体系研究[D]. 西南交通

大学，2018.

[94] 董瀚萱. 城市轨道交通车站承载能力计算及客流控制分析[D]. 长安大学, 2018.

[95] 薛宇飞, 马驷. 基于客流预测结果的地铁既有线延线开通交路方案研究[J]. 交通运输工程与信息学报, 2018, 16 (04): 118-123.

[96] 安小米, 马广惠, 宋刚. 综合集成方法研究的起源及其演进发展[J]. 系统工程, 2018, 36 (10): 1-13.

[97] 魏玉光, 夏阳, 赖艺欢. 城市轨道交通线路通过能力计算方法研究[J]. 中国铁道科学, 2018, 39 (02): 112-118.

[98] 郑翔, 王莹, 孙元广, 等. 城市轨道交通快、慢车运营组织模式研究综述[J]. 交通工程, 2018, 18 (04): 38-42.

[99] 徐吉庆. 深圳地铁 13 号线快慢车组合运营方案研究[J]. 城市轨道交通研究, 2018, 21 (12): 47-51.

[100] Cats O, Haverkamp J. Optimal infrastructure capacity of automated on-demand rail-bound transit systems[J]. Transportation Research Part B: Methodological, 2018, 117: 378-392.

[101] 郭廷龙. 城市轨道交通环线设置问题研究[D]. 西南交通大学, 2017.

[102] 刘志祥. 城市轨道交通加权网络鲁棒性研究[D]. 兰州交通大学, 2017.

[103] 宋世忠. 生物质成型燃料产业发展关键问题的系统建模与分析[D]. 清华大学, 2017.

[104] 赵宇. 基于分层递阶的地铁线路客流协调控制方法[D]. 北方工业大学, 2017.

[105] 王海啸. 地铁服务能力瓶颈区段客流特性分析及调控策略研究[D]. 东南大学, 2017.

[106] 杜延帅. 客流波动下城市轨道交通运输组织关键技术研究[D]. 西南交通大学, 2017.

[107] 李曼. 城轨路网客流模态建模及其演化机理研究[D]. 北京交通大学, 2017.

[108] 李思杰, 徐瑞华, 杨儒冬. 基于运力协调的城市轨道交通网络列车运行计划优化[J]. 东南大学学报（自然科学版）, 2017, 47 (05): 1048-1054.

[109] 鲁工圆, 马驷, 王坤, 等. 城市轨道交通线路客流控制整数规划模型[J]. 西南交通大学学报, 2017, 52 (02): 319-325.

[110] 孙艺恬，王治，张亮，等. 北京新机场轨道交通与市区线网衔接规划方案分析[J]. 城市轨道交通研究，2017，20（06）：31-36.

[111] 曾加胤. 基于模糊综合评价的地铁项目PPP模式VFM评价研究[D]. 西南交通大学，2016.

[112] 周旭. 成都地铁新机场线快慢车运营组织设计[D]. 西南交通大学，2016.

[113] 王智鹏. 城市轨道交通网络瓶颈识别与能力加强研究[D]. 西南交通大学，2016.

[114] 周玮腾. 拥塞条件下的城市轨道交通网络流量分配演化建模及疏导策略研究[D]. 北京交通大学，2016.

[115] 张振宇. 城市轨道交通Y型运行交路研究[J]. 交通与运输，2016，32（06）：19-21.

[116] Cascetta E, Coppola P. Assessment of schedule-based and frequency-based assignment models for strategic and operational planning of high-speed rail services[J]. Transportation Research Part A: Policy and Practice, 2016, 84: 93-108.

[117] 秦勇. 轨道交通突发事件分析与动态应急管理方法[M]. 科学出版社，2016.

[118] 李凌燕. 城市轨道交通网络突发大客流传播机理及组织优化[D]. 西南交通大学，2015.

[119] 刘芳林. 运营中断对城市轨道交通网络的影响及应急策略研究[D]. 北京交通大学，2015.

[120] 刘扬. 城市轨道交通列车开行方案设计研究[D]. 长安大学，2015.

[121] 钱堃. 城市轨道交通客流强度特征和换乘组织研究[D]. 北京交通大学，2015.

[122] 赵娟. 超饱和客流情况下城市轨道交通网络运输能力的测算[D]. 北京交通大学，2015.

[123] 刘凯，杜丽娟. 换乘站客流特征及客流组织[J]. 科技视界，2015(22)：326-327.

[124] 程雯，韩宝明. 北京地铁6号线快慢线运营模式设计[J]. 都市快轨交通，2015，28（05）：71-76.

[125] 韩雪. 城市轨道交通网络线路中断下的行车调度调整[D]. 南京理工大学，2014.

[126] 胡建强. 城市轨道交通路网运输能力计算方法研究[D]. 北京交通大学，2014.

[127] 胡帅. 基于仿真的城市轨道交通路网运输能力计算方法研究[D]. 北京交通大学，2014.

[128] 李铮. 基于CBTC的ATS系统与外系统接口模块的设计与实现[D]. 中国铁道科学研究院，2014.

[129] 凌娟. 钱学森综合集成法研究[D]. 长沙理工大学，2014.

[130] 戴彬，吴梅，彭双. 产学研合作创新风险管理系统研究[J]. 科技管理研究，2014，34（13）：62-65.

[131] 陈福贵，汤珏. 地铁快慢车模式系统能力损失原则研究[J]. 铁道工程学报，2014，31（12）：96-100.

[132] 田亚平，耿中华. 综合集成工程在推动航天创意经济发展中的应用[J]. 北华航天工业学院学报，2014，24（06）：21-24.

[133] 丁丹丹，付国平，夏青. 杭州地铁1号线主支交路运行方案及实践[J]. 都市快轨交通，2014，27（01）：24-27.

[134] 叶立国. 系统科学方法探赜[J]. 中国石油大学学报（社会科学版），2014，30（01）：71-75.

[135] 汪波. 城市轨道交通网络运营理论与应用[M]. 人民交通出版社股份有限公司，2014.

[136] 冯峥. 基于通信的列车自动防护系统（ATP）关键技术研究[D]. 中南大学，2013.

[137] 王媛媛. 城市轨道交通列车运行图编制理论与方法研究[D]. 西南交通大学，2013.

[138] 吴震，黑钊，张继德. 移动闭塞条件下高速列车运行间隔建模及仿真[J]. 黑龙江科技信息，2013（22）：110-111.

[139] 许心越，刘军，李海鹰，等. 基于RSM的地铁车站集散能力仿真计算[J]. 铁道学报，2013，35（01）：8-18.

[140] 朱炜，韩斌. 运输需求预测综合集成方法研究[J]. 交通运输系统工程与信息，2013，13（03）：25-32.

[141] 王媛媛，倪少权. 城市轨道交通大小交路模式列车开行方案的优化[J]. 铁道学

报, 2013, 35 (07): 1-8.

[142] 周菁楠, 李伟. 城市轨道交通换乘站客流实时预测与客运组织应用[J]. 中国铁路, 2013 (08): 81-84.

[143] 马小毅, 金安, 刘明敏, 等. 广州市轨道交通客流特征分析[J]. 城市交通, 2013, 11 (06): 35-42.

[144] 张琳卿, 韩宝明, 李得伟. 快慢车开行且昼夜运营的纽约地铁[J]. 都市快轨交通, 2013, 26 (04): 119-122.

[145] 侯晶晶. 地铁站点旅客换乘模式研究[D]. 长安大学, 2012.

[146] 徐田坤. 城市轨道交通网络运营安全风险评估理论与方法研究[D]. 北京交通大学, 2012.

[147] 徐吉庆, 陈福贵, 汤珏. 城市轨道交通越行方案行车组织设计[J]. 四川建筑, 2012, 32 (01): 75-77.

[148] 钟丽萍, 冷伏海. 基于综合集成论的情报研究理论阐释[J]. 情报理论与实践, 2012, 35 (06): 7-11.

[149] 王静, 刘剑锋, 孙福亮. 北京市轨道交通线网客流分布及成长规律[J]. 城市交通, 2012, 10 (02): 26-32.

[150] 刘海洲, 周涛, 高志刚. 轨道交通长大线路存在的问题及思考[J]. 都市快轨交通, 2012, 25 (01): 54-57.

[151] 贺易. 成都地铁1号线一期工程项目风险管理研究[D]. 西南交通大学, 2011.

[152] 李延泉. 某型运输飞机机械故障智能综合诊断研究[D]. 东北大学, 2011.

[153] 王久亮. 城市轨道交通车站设施设备服务水平分级与能力计算方法研究[D]. 北京交通大学, 2011.

[154] 杨维. 城市轨道交通路网承载能力计算方法研究[D]. 北京交通大学, 2011.

[155] 张芸. 城市轨道交通线路运输能力研究[D]. 北京交通大学, 2011.

[156] 牛惠民, 陈明明, 张明辉. 城市轨道交通列车开行方案的优化理论及方法[J]. 中国铁道科学, 2011, 32 (04): 128-133.

[157] Chen A, Kasikitwiwat P. Modeling capacity flexibility of transportation networks[J]. Transportation Research Part A: Policy and Practice, 2011, 45(2): 105-117.

[158] 毛保华等. 轨道交通网络化运营组织理论与关键技术[M]. 科学出版社，2011.

[159] 孙荣霞. 基础设施 BOT-TOT-PPP 集成融资模式的研究[D]. 昆明理工大学，2010.

[160] 赵楠. 基于机器学习的供应链绩效智能分析方法研究[D]. 天津大学，2010.

[161] 朱正祥. 领域驱动知识发现方法研究[D]. 大连理工大学，2010.

[162] 郭平. 城市轨道交通客流特征及预测相关问题[J]. 城市轨道交通研究，2010，13（01）：58-62.

[163] 苗东升. 钱学森与《实践论》——再谈复杂性科学的认识论[J]. 西安交通大学学报（社会科学版），2010，30（01）：65-70.

[164] 刘晓娟. 城市轨道交通 CBTC 系统关键技术研究[D]. 兰州交通大学，2009.

[165] 宁斐. 基于过程重构的铁路客运服务系统集成及设计方法研究[D]. 中国铁道科学研究院，2009.

[166] 王晶. 城市轨道交通列车自动防护系统建模与仿真实现[D]. 北京交通大学，2009.

[167] 张一梅. 基于路网的城市轨道交通系统运输能力研究[D]. 北京交通大学，2009.

[168] 齐磊磊，颜泽贤. 混沌边缘的复杂性探析——对不同领域内复杂性产生条件的同构性分析[J]. 自然辩证法通讯，2009，31（02）：19-26.

[169] 齐磊磊. 论复杂性的基本根源——从系统科学的角度[J]. 系统科学学报，2009，17（01）：6-10.

[170] 徐瑞华，罗钦，高鹏. 基于多路径的城市轨道交通网络客流分布模型及算法研究[J]. 铁道学报，2009，31（02）：110-114.

[171] 金娟. 基于移动闭塞原理的列车追踪运行仿真[D]. 西南交通大学，2008.

[172] 甘孟军，吕永宏. 移动闭塞原理、系统结构、应用及发展趋势[J]. 甘肃科技，2008（02）：87-91.

[173] 毕湘利. 从可持续发展角度谈城市轨道交通的规划和设计[J]. 城市轨道交通研究，2008，11（12）：1-4.

[174] 倪宏革，李林，贾韶丽. 用开放的复杂巨系统理论研究煤瓦斯突出规律[J]. 自然灾害学报，2008（05）：16-20.

[175] 金娟，杨梅，王长林. 基于移动闭塞原理的地铁列车线路通过能力的研究[J]. 铁路计算机应用，2008（06）：7-10.

[176] 金万寿. 论移动闭塞原理、系统结构及发展趋势[J]. 铁路通信信号工程技术，2008，5（06）：12-14.

[177] 路飞. 移动闭塞条件下地铁列车的运行优化[D]. 山东大学，2007.

[178] 宣蕾. 网络安全定量风险评估及预测技术研究[D]. 国防科学技术大学，2007.

[179] 祁生林. 生态清洁小流域建设理论及实践[D]. 北京林业大学，2006.

[180] 张成. 城市轨道交通客流特征分析[D]. 西南交通大学，2006.

[181] 崔霞，戴汝为. 以人为中心的综合集成研讨厅体系——人工社会（一）[J]. 复杂系统与复杂性科学，2006（02）：1-8.

[182] 洪玲，陈菁菁，徐瑞华. 市域快速轨道交通线行车间隔优化问题研究[J]. 城市轨道交通研究，2006（03）：35-37.

[183] 张博. 低速磁浮列车电—机械联合制动控制方法研究[D]. 国防科学技术大学，2005.

[184] 钱学森. 一个科学新领域——开放的复杂巨系统及其方法论[J]. 城市发展研究，2005（05）：1-8.

[185] 顾基发唐锡晋. 综合集成方法的理论及应用[J]. 系统辩证学学报，2005（04）：1-7.

[186] 刘海东毛保华何天健丁勇王璇. 不同闭塞方式下城轨列车追踪运行过程及其仿真系统的研究[J]. 铁道学报，2005（02）：120-125.

[187] 成思危. 论中国社会主义市场经济制度下的发展计划[J]. 公共管理学报，2004（02）：4-12.

[188] 嘎日达. 论科学研究中质与量的两种取向和方法[J]. 北京大学学报（哲学社会科学版），2004（01）：54-62.

[189] 顾保南曹仲明. 城市轨道交通路网结构研究[J]. 铁道学报，2000（S1）：25-29.

[190] 成思危. 论软科学研究中的综合集成方法[J]. 中国软科学，1997（03）：68-71.

[191] 陆以勤，韦岗. 从复杂性科学再认识科学的简单性原则[J]. 自然辩证法研究，1996（11）：22-26.